인과

인과
CAUSATION

김동현, 박일호, 여영서, 이영의, 전영삼, 최원배 지음

인과

김동현, 박일호, 여영서, 이영의, 전영삼, 최원배 지음

펴낸이 | 이숙
펴낸곳 | 도서출판 서광사
출판등록일 | 1977. 6. 30.
출판등록번호 | 제 406-2006-000010호

(10881) 경기도 파주시 회동길 77-12 (문발동)
대표전화 (031) 955-4331   팩시밀리 (031) 955-4336
E-mail: phil6161@chol.com
http://www.seokwangsa.co.kr | http://www.seokwangsa.kr

제1판 제1쇄 펴낸날 ― 2020년 12월 20일
제1판 제2쇄 펴낸날 ― 2022년 9월 30일

ISBN 978-89-306-2382-7   93160

이 책은 과학철학의 중요한 주제인 인과를 다루고 있다. 인과는 입증, 확률, 법칙, 설명 등과도 밀접히 관련되어 있는 주제로, 과학철학뿐만 아니라 형이상학, 인식론, 심리철학에서도 활발히 연구되고 있다.

이 책은 『입증』(2018)에 이은 우리의 두 번째 공동 연구 결과이다. 첫 번째 책을 출판한 이후, 우리는 여러 차례의 회의와 연구 모임을 가져 다음 책의 주제를 '인과'로 정했다. 이 책의 주제가 결정되었지만 책을 쓰는 작업을 바로 진행하기는 어려웠다. 그 이유는 인과가 여러 가지 주제와 분야에 걸쳐 있으므로 우리가 어떻게 이 주제에 접근할 것인지를 결정해야 했기 때문이다. 우리는 논의의 초점을 "인과란 무엇인가"라는 기초적인 물음에 맞추고, 이 물음에 대해 그들 나름대로 적절한 대답을 제시하는 대표적인 이론들을 다루기로 하였다. 우리는 그런 이론으로 다섯 가지 인과 이론(규칙성 이론, 반사실적 이론, 확률 이론, 과정 이론, 조종 이론)을 선정하였고, 거기에 서론과 결론 부분을 더해 모두 7개의 장으로 책을 구성하기로 하였다. 1장은 여영서, 2장은 최원배, 3장은 김동현, 4장은 박일호, 5장은 전영삼, 6장은 여영서, 7장은 이영의가 맡아서 썼다.

　우리는 이 책의 주요 독자를 인과 문제에 관심이 있는 일반인이나 대학생으로 잡았고, 이에 맞추어 인과에 관한 주요 이론을 충실하게 소개하고자 하였다. 더욱 전문적인 내용에 관심을 갖는 사람이라면 각 장 끝에 소개해 놓은 관련 문헌을 참고하기 바란다.

　끝으로 이 책의 준비 모임에 지속적으로 참석하고, 또 이 책의 초고를 꼼꼼하게 읽어준 한양대 정재민 교수에게 감사의 말씀을 드린다. 더불어 『입증』에 이어 이 책을 출판해준 서광사에 감사드린다.

2020년 8월 31일
공동 저자를 대표하여
이영의

1

원인과 결과

1.1 인과관계

'인과'는 원인과 결과 혹은 원인과 결과 사이의 관계라는 뜻이다. 원인
과 결과는 개념상 서로 뗄 수 없는 관계를 지니기에, 인과의 본성을 제
대로 파악하기 위해서는 인과관계를 정확하게 밝히고 이해하는 것이
무엇보다 중요하다.

인과관계는 일상에서, 또 여러 학문 영역에서 다양한 표현으로 사용
된다. 예를 들어, "흡연은 폐암의 **원인**이다."와 "대형 교통사고는 대부
분 졸음운전의 **결과**이다."처럼 원인이나 결과란 표현을 직접 사용하기
도 하고, "재래시장의 화재는 전기 합선으로부터 **발생했다**."와 "땀을
흘리는 운동은 스트레스를 줄이는 **효과가 있다**."처럼 인과의 의미를 지
니는 '발생했다'나 '효과가 있다' 등의 표현을 사용하기도 하며, "상품
에 대한 수요가 증가하면 그 상품의 가격이 상승한다."와 "푸른색 리트
머스 용지를 산성 용액에 넣으면 붉은색으로 변한다."처럼 인과의 의

미를 지니는 표현을 전혀 사용하지 않기도 한다. 물론 "상관관계는 **인과관계**를 함축하지 않는다."처럼 인과라는 표현을 그대로 사용하면서 인과관계를 진술하기도 한다.

이러한 인과 진술들은 모두 "C는 E의 원인이다."라는 주장을 내세운다. 즉 "C와 E 사이에 C가 원인이고 E가 결과인 인과관계가 성립한다."고 주장하는 것이다. 이런 인과 진술의 의미는 무엇일까? 그런 인과 진술의 참과 거짓은 어떻게 판단할까?

일단 인과 진술이 직접적으로 관찰한 사실을 진술한 것은 아니라는 점에 주목하자. 나무에서 사과가 떨어지는 것을 직접 우리 눈으로 본 후에 "나무에서 사과가 떨어졌다."라고 진술하는 것과 다르다는 말이다. 일찍이 흄(D. Hume, 1711-76)이 지적했듯이, 인과관계 그 자체는 우리 눈으로 직접 볼 수 없다. 원인에 해당하는 사건과 결과에 해당하는 사건은 우리 눈으로 직접 볼 수 있지만 말이다. 예를 들어, 우리는 전기 합선이 있었다는 것과 화재가 발생했다는 것을 우리 눈으로 직접 볼 수 있다. 하지만 그 둘 사이를 연결하는 인과관계 그 자체를 우리 눈으로 직접 볼 수 있는 것은 아니다.

그렇다고 해서 당장 인과관계를 부정할 수 있는 것도 아니다. 무엇보다도 인과관계가 세계를 이해하는 가장 중요한 개념이고 수단이라는 점에는 의심이 여지가 없기 때문이다. 예를 들어, 아기가 울면 우리는 아기가 우는 원인이 무엇인지 파악해야 아기를 잘 키울 수 있다. 또 트럭이나 버스처럼 차의 크기가 클수록 브레이크가 작동하여 감속하는 데에 시간이 오래 걸린다는 인과관계를 이해할 때, 그런 큰 차 앞에 갑자기 끼어드는 일에 더 조심하게 될 것이다. 인과관계를 이해하지 못하는 사람과는 일상생활에서도 효율적인 의사소통이 어렵다.

학문의 영역에서도 마찬가지이다. 인과관계를 상정하지 않는다면 우리가 세상을 이해하고 설명하고 예측할 때 많은 난관에 부딪힐 것이다. 무엇보다도 설명과 예측 작업이 중심이 되는 과학 탐구가 그 목적을 성취하기 어려울 것이다. 자연과학만이 아니라 책임, 자유의지, 합리적 의사결정 등의 사회과학적 개념을 이해하는 데 있어서도 인과관계는 중요한 역할을 하기 때문이다. 과학자들이 종종 인과관계에 대해 말하기를 조심스러워하지만 그것은 인과관계를 밝히기가 쉽지 않은 일이기에 그런 것이지 인과관계 자체를 의심하기 때문에 그런 것이 아니다.

과학자들은 이미 시조새, DNA, 원자, 쿼크 등과 같이 직접 관찰할 수 없는 것들에 대해 말하는 방법을 잘 알고 있고, 직접적인 관찰이 불가능한 인과관계 역시 마찬가지의 방법을 통해 잘 파악하고 있다. 그 대표적인 하나의 방법은 대조 실험이다. 예를 들어, 아스피린을 저녁에 복용하면 혈압을 낮추는 효과가 있다는 인과 진술이 참인지 판단하기 위해서 우리는 아스피린을 복용한 실험군 사람들과 아스피린 모양새의 가짜 위약을 복용한 대조군 사람들을 서로 비교해 볼 수 있다. 실험군 사람들의 혈압이 낮아진 반면 대조군 사람들은 그렇지 않다는 결과가 나온다면, 그 인과 진술은 참이라고 추정할 수 있는 것이다. 인과관계는 우리 눈으로 직접 관찰할 수 있는 것은 아니지만 추론할 수 있는 것임에는 틀림이 없다. 어떻게 정확하게 추론할 수 있는가가 문제일 뿐이다.

1.2 인과의 문제

이런 식의 대조 실험조차 가능하지 않은 경우에도 인과 진술의 참과 거짓을 판단할 수 있을까? 엄밀한 과학의 영역에서 과연 인과관계, 나아가 인과 개념 자체를 사용할 수 있는지에 대해서는 의심의 눈초리가 있었다. "천체역학과 같은 고등 과학에서는 '원인'이라는 단어를 찾아볼 수 없다."면서 러셀(B. Russell, 1872-1970)이 인과 개념은 과학적이지 않다고 주장했을 때, 논리실증주의자들을 중심으로 하는 20세기의 많은 철학자들, 나아가 다수의 통계학자들과 사회과학자들이 이 주장에 공감했던 것이다.

사실 물리학 같은 학문 영역에서는 지금도 사회과학과 같은 학문의 영역보다 '원인'이라는 단어를 사용하는 빈도가 매우 낮다. 하지만 '원인'이라는 단어의 사용을 꺼린다고 해서 엄밀한 학문 영역에서 인과 개념을 사용하지 않는다고 말할 수는 없다. 물리학에서 사용하는 도플러**효과**(doppler effect)나 광전**효과**(photoelectric effect), 약학의 플라시보 **효과**(placebo effect) 같은 표현을 보면, 물리학이나 약학에서 인과 개념을 전제한다는 것은 부정하기 어렵다. 효과는 곧 결과이고, 원인 없는 결과는 없으니 말이다. 게다가 이와 같은 학문 분야에서 '원인'이라는 표현을 좀 더 직접적으로 사용하는 경우도 있다. 「유전상수가 낮아지는 원인과 이온 분극의 효과」와 같은 물리학의 논문 제목이나 「6번 뇌신경마비의 원인과 자연 경과」 및 「소아 구강알레르기증후군의 원인과 임상 특성」과 같은 의학 논문의 제목이 그런 경우이다.

러셀을 비롯해서 논리실증주의자들이 인과 개념을 비과학적이라고 생각했던 이유는 인과 진술이 참인지 거짓인지를 경험적으로 판단할 수 없다고 보았기 때문이다. 인과 진술은 논리 규칙의 귀결도 아니고 직접적인 경험적 근거도 찾을 수 없다는 것이다. 그런 인과 진술은 "인류의 역사는 절대정신의 자기실현 과정이다."라는 헤겔의 형이상학적 주장처럼 참, 거짓을 판단할 수 없는 무의미한 주장을 펼치고 있다고 생각했던 것이다. 참과 거짓을 판단할 수 없는 주장이라면 무의미한 것이라는 극단적인 입장을 내세우며 현대 과학철학의 출발점이 된 논리실증주의의 입장에서 볼 때, 직접적인 경험적 증거를 확보하기 어려운 인과 진술 및 인과에 대한 논의 모두가 매우 의심스러웠던 것이다. 하지만 이러한 과격한 생각은 철학의 역사에서 논리실증주의가 좌초된 이후, 더 이상 누구도 동의하지 않는 것이다.

러셀 및 논리실증주의자들이 주는 교훈은 분명하다. 인과 진술을 적절한 경험적 증거를 제시하며 뒷받침하는 것이 쉽지 않고, 인과 개념을 조심스럽게 사용해야 한다는 것이다. 이 점에는 여전히 많은 사람들이 동의한다. 인과관계가 무엇인지를 정확하게 파악하고 분석하기가 엄밀한 과학의 영역에서조차 쉽지 않다.

그러한 상황이 일상의 맥락에서는 다를 수 있을까? 앞서 살펴본 것과 마찬가지로, 우리는 일상적으로 원인과 결과 사이의 인과관계를 다양하게 표현하고 있고, 그러한 표현이 크게 부정확하다거나 애매모호하다고 여기지 않는다. 우리는 대개 주저하지 않고 인과 진술을 사용한다. 하지만 조금 더 생각해 보면, 인과관계를 정확하게 분석하고 파악하는 것은 일상의 맥락에서조차 불분명하고 어려운 일임이 드러난다.

다음 사례를 보자. 길거리에서 어떤 사람이 폭행을 당했다. 하지만 주변 사람 누구도 그 사람을 도우려 나서지 않았다. 그럼 그 가해자를 막지 않은 주변 사람에게도 그 폭행 사건의 원인이 있다고 해야 할까? 무엇보다도 막지 못한 것이 아니라 막지 않은 것이라면, 그 주변 사람 역시 그 폭행 사건에 대해 책임을 져야 할 것이고, 그런 점에서 그 주변 사람에게도 그 폭행 사건의 원인이 있다고 판단할 수 있다. 이 판단은 그 가해자에게 폭행 사건의 직접적인 원인이 있다는 것을 부정하는 것이 아니다. 아무것도 하지 않은 그 주변 사람에게도 부분적인 원인이 있다는 판단이다. 여기서 특별히 주목할 것은 직접적인 원인과 부분적인 원인의 구분이 아니다. 그 폭행의 발생을 막기 위한 어떤 행위, 즉 어떤 주변 사람이 그 피해자를 돕는 사건이 발생하지 않았다는 것이다. 그 사건의 부재가 그 폭행 사건의 원인이 된다는 것, 즉 부재 인과(causation by omission)를 인정하게 되는 것이다.

하지만 부재 인과를 인정하는 순간, 어려운 문제들에 봉착한다. 물론 내가 기르던 화초가 말라 죽었다면 그 원인은 그 화초의 소유주인 내가 제때에 물을 주지 않았기 때문이다. 내가 제때에 물을 주는 사건이 부재했기 때문이다. 그것은 우리의 상식에 부합한다. 하지만 다른 사람이 물을 주지 않은 것도 그 화초가 말라 죽은 원인일까? 마찬가지로, 어린아이가 굶어 죽었다면 그 원인은 그 부모가 제때에 먹이지 않았기 때문일 것이다. 하지만 아프리카의 어린아이가 굶어 죽은 것을 두고 아프리카의 굶는 어린아이를 돕자는 유니세프의 호소에 무관심했던 나의 행위가 원인이라고 할 수 있을까? 부재 인과를 인정한다면, 아프리카의 굶는 어린아이를 위해 내가 아무것도 하지 않은 것 역시 원인이라고 인정해야 하는가? 무수히 많은 부재 사건이 모두 원인으로 인정받을 수 있는 것인가? 하나의 사건과 관련해서 무수히 많은 인과관계가 존재한다는 뜻인가?

이번에는 "흡연은 폐암의 원인이다."와 같은 인과 진술을 생각해 보자. 그것은 "철수가 30년간 흡연을 한 것은 철수가 폐암에 걸린 원인이다."라는 것처럼 구체적이고 특정한 사건, 즉 철수가 폐암에 걸린 사건의 원인을 따지는 개별 사건 차원의 인과 진술과는 다르다. "흡연은 폐암의 원인이다."는 법칙 차원의 인과 진술이라고 할 수 있는데, 그것은 "내가 아는 어떤 사람은 평생 담배를 끼고 살았는데, 90살이 넘도록 건강에 별 이상이 없이 잘 살고 있다."는 식으로 구체적인 개별 사례를 들어 반박할 수 있는 것이다. 이런 반박이 효과적이라고 생각하는 사람들에게 "흡연이 폐암의 원인이다."라는 인과 진술은 "흡연을 하게 되면 언제나 폐암에 걸린다."와 같은 뜻이다. 반면 흡연이 폐암의 원인이라는 주장을 적극적으로 받아들이는 몇몇 사람들은 건강을 위해 흡연을 그만두겠다고 결정하기도 한다. 이 사람들은 흡연을 한다고 언제나 폐암에 걸리는 것은 아니지만 흡연을 함으로써 폐암에 걸릴 확률이 높아진다는 의미에서 흡연이 폐암의 원인이라고 생각한다. 이 사람들은 "흡연이 폐암의 원인이다."라는 인과 진술을 "흡연을 하면 폐암에 걸릴 확률이 높아진다."로 이해하는 것이다.

하지만 확률을 높인다고 해서 모두 원인은 아니다. 예를 들어, 미국 소매점 고객의 구매 내역 빅 데이터를 살펴보니, 아기 기저귀를 구매할 때 맥주를 함께 구매한 경우가 많았다고 한다. 그럼 기저귀를 구매한 사람이 맥주를 구매할 확률이 높다고 예측할 수 있다. 높은 상관관계에 근거한 그럴듯한 예측이라고 할 수 있다. 그렇다고 해서 기저귀 구매와 맥주 구매 사이에 인과관계가 있다고 말할 수는 없을 것이다. 누구도 기저귀 구매가 맥주 구매의 욕구를 불러일으킨다고 주장하지 않을 것이기 때문이다.

좀 더 데이터를 분석해 보니, 기저귀를 구매하는 많은 사람들이 아기 엄마와 함께 소매점에 오거나 아기 엄마 대신 소매점에 온 젊은 아빠들이고, 젊은 아빠들은 기저귀를 구매할 때 추가로 맥주까지 구매하는 경우가 많았다고 한다. 여기서 문제가 되는 것은 바로 아무 관계가 없어 보이는 두 사건 사이에 높은 상관관계가 성립할 때, 우리는 둘 중 하나가 다른 하나의 원인이라고 말할 수 있는지, 없다면 왜 없는지, 그 판단 기준이 무엇인지 등에 대해서 인과관계에 대한 이해 없이는 적절한 답을 할 수 없다는 것이다. 인과관계에 대한 이해 없이 빅 데이터를 분석해 봐야 얻을 수 있는 것이 많지 않다. 인과관계에 대한 이해가 있기에 우리는 단순하게 기저귀와 맥주를 같이 진열하는 것을 넘어서서 젊은 아빠들을 대상으로 하는 상품을 함께 진열하는 전략을 택할 수 있는 것이다.

정리해 보자면, 우리는 원인과 결과라는 표현, 나아가 인과라는 표현을 일상적으로 아무 문제 없이 잘 사용하고 있다. 과학적 논의에서도 큰 불편함이 없다. 과학자들은 인과 개념을 조심스럽게 사용하지만 자신들이 인과 개념을 정확하게 파악하고 있지 못하다고는 의심하지 않는다. 그런데 원인과 결과, 그리고 인과관계가 무엇인지를 정확하게 분석하려고 하면, 앞서 살펴본 사례들에서처럼 여러 가지 문제에 부딪힌다.

그러한 문제들은 우리에게 무엇을 묻고 있는가? 그것은 단순히 원인과 결과, 그리고 인과관계라는 표현의 의미가 맥락마다 다르다는 언어의 문제가 아니다. 인과 개념을 사람들이 이해하고 있는 다양한 방식에 따라 기술하고 정리해야 하는 문제도 아니다. 물론 사람들은 인과 개념을 사용하며 서로 다른 생각을 하고 있는 경우가 많다. 어떤 사람은 과연 우연적인 관계가 아니라 제대로 된 인과관계인 것인지를 궁금해하고, 다른 사람은 원인이라고 말할 수 있을 만큼 긴밀한 관계를 지니고 있는지, 나아가 그 긴밀함만큼의 영향을 미치고 있는 것인지를 궁금해한다. 하지만 더 근본적인 문제가 있다.

그것은 인과가 과연 무엇인가 하는 것이다. 우리가 살고 있는 이 세계가 작동하는 데에 있어서 중요한 역할을 하는 인과가 무엇인지, 인과라는 개념이 어떤 의미를 지녀야 하는 것인지에 대해 우리는 아직 정확하게 답하지 못하고 있다. 이 세상을 작동시키고 있는 인과를 정확하게 파악해서 개념화하고 나면, 우리는 다양한 문제 상황에서 올바른 인과 주장을 펼칠 수 있을 것이다. 왜 사람들이 인과 개념을 서로 달리 사용하는지 그 이유를 이해할 수 있을 것이다. 불충분한 경험적 증거만을 기반으로 하더라도 그 수준에서 우리가 추론해 낼 수 있는 인과 주장이 무엇인지, 나아가 그러한 인과 주장을 얼마만큼 신뢰할 수 있는지 등을 판단할 수 있을 것이다. 지금까지 많은 철학자들이 제시해 온 여러 인과 이론들의 목표는 바로 이와 같은 인과의 본성을 밝혀내려는 것이었다. 이 책은 그러한 시도들 중에 가장 대표적인 입장을 소개하고자 한다.

1.3 다섯 개의 인과 이론

이 책은 인과의 본성을 원인과 결과 사이의 규칙성에서 찾은 흄의 이론을 출발점으로 삼아, 인과관계에 대한 현대 철학의 대표적인 다섯 개의 인과 이론을 소개한다. 우리가 다루게 될 '인과 이론'(Theories of Causation)이란 "C가 E의 원인이다."라는 인과 진술의 의미가 무엇인지 밝히는 이론으로, 그들 각각은 인과 진술의 정의, 혹은 규정을 제시하는 것을 목표로 하고 있다(〈상자 1-1〉 참조).

〈상자 1-1〉 인과관계의 분석과 필요충분조건

우리는 다섯 가지의 인과 이론을 다룰 것이다. 각 이론은 "C는 E의 원인이다."라는 인과 진술에 대해서 서로 다른 분석을 제시한다. 여기서 '분석을 제시한다'는 것은 해당 인과 진술에 대한 정의 혹은 규정을 제시한다는 것을 말하며, 우리는 그런 정의 혹은 규정 자체를 '인과 이론'이라고 부를 것이다. 흔히, '정의 혹은 규정을 제시한다'는 것은 이른바 필요충분조건을 제시한다는 것을 뜻한다. 따라서 이 책의 모든 인과 이론은 "C는 E의 원인이다."라는 진술이 성립하기 위한 필요충분조건을 제시하는 것이라고 할 수 있다. (우리가 다루게 될 모든 인과 이론이 인과관계에 대한 정의를 제시하는 것은 아니다. 이와 관련해서는 6장과 〈상자 6-1〉을 참조하라.)

철학이나 논리학에서 필요충분조건은 여러 기호로 표현된다. 그 다양한 기호들 중 이 책에서 우리는 양방향 이중 화살표 기호, 즉 '⇔'를 사용할 것이다. 그래서 이 책에서 제시되는 모든 인과 이론은 다음과 같은 형식을 갖추고 있다.

C는 E의 원인이다 ⇔ …C…E….

여기서 '…C…E…'는 해당 인과 진술이 참이기 위한 필요충분조건을 나타낸다. 생략되어 있는 …에 어떤 내용이 들어가느냐에 따라서 다양한 인과 이론이 구성될 것이다. (때때로 우리는 인과 진술과 다른 진술도 규정할 필요가 있다. 그런 규정에서도 '⇔'는 필요충분조건을 가리킨다.)

우리는 〈표 1-1〉(24쪽)에서 다양한 인과 이론의 약어를 제시하였다. 그 약어에 맞춰 다양한 이론을 가리킬 것이다. 각 인과 이론은 한 가지 형태만 있는 것이 아니다. 가령, 확률 인과 이론(Probabilistic Theories of Causation), 즉 PTC는 그 핵심적인 직관을 유지한 채 여러 가지 형태로 발전되어 왔다. 우리는 각 인과 이론의 다양한 형태를 가리키기 위해서 인과 이론의 약어 뒤에 숫자를 첨부할 것이다. 예를 들어, 'PTC0'은 확률 인과 이론의 직관적인 초기 형태를, 'PTC1'이나 'PTC2' 등은 확률 인과 이론의 수정된 형태를 가리킨다. 이는 다른 이론들에 대해서도 마찬가지다.

우리가 다루게 될 인과 이론은 크게 두 종류로 나눌 수 있다. 하나는 **원인이 결과와 관련된 무언가를 바꾼다**는 직관에 근거한다. 원인 이후 결과가 규칙적으로 따라 나오는지의 여부를 따지는 규칙성 이론(Regularity Theories of Causation, RTC), 원인이 발생하지 않은 가까운 가능 세계에서도 마찬가지의 결과가 발생하는지의 여부를 따지는 반사실적 이론(Counterfactual Theories of Causation, CTC), 원인에 의해 결과의 확률이 바뀌는지의 여부를 따지는 확률 이론(Probabilistic Theories of Causation, PTC), 그리고 원인의 발생을 가로막는 개입이 일어날 때에도 마찬가지의 결과가 발생하는지의 여부를 따지는 조종 이론(Manipulability Theories of Causation, MTC) 등이 모두 그런 종류의 인과 이론이다. 이와 달리, **원인이 결과와 직접 연결되어 있다**는 직관에 근거하는 다른 종류의 인과 이론이 있다. 이것은 원인으로부터 결과로 이어지는 어떤 물리적 과정이 있다는 주장을 발전시킨 과정 이론(Causal Process Theories, CPT)이다.

앞서 설명했듯이 위 다섯 가지 이론들은 모두 "C가 E의 원인이다."라는 인과 진술의 의미를 규정하는 것을 목표로 한다. 이런 인과 진술에서 C와 E 자리에 들어가는 것이 정확히 무엇인지와 관련해서도 많은 논의가 있다. 원인이나 결과가 되는 것은 '사건'(event)이라고 보는 사람이 있는가 하면, '사실'(fact)이라고 보는 사람도 있고 그 자리에 들어가는 것이 '명제'(proposition)라고 보는 사람도 있다. 이 책에서 우리는 이런 형이상학적 논의는 별로 하지 않을 것이며, 대신 인과관계가 사건들 사이의 관계라고 전제하고 출발할 것이다. (인과 진술의 분석과 관련해서 사건과 명제 사이의 관계에 대해서는 〈상자 1-2〉를 참조하라. 이와 관련된 추가 논의는 7장을 참조하라.) 인과관계의 분석 과정에서 C나 E 자리에 올 수 있는 것을 좀 더 명확하게 밝혀야 하는 경우에만 이 문제를 간략하게 소개하기로 한다. 이 책은 오로지 인과관계가 무엇인지에 대한 논의에 초점을 맞추기로 한다.

〈상자 1-2〉 인과 진술, 사건, 명제

이 책에서 우리는 인과관계를 이루는 것, 즉 '…는 …의 원인이다'라는 진술에서 '…' 자리에 들어가는 것은 사건이라고 전제하고, '사건 C가 사건 E의 원인이다'라는 인과 진술을 어떻게 규정해야 하는지 살펴보고자 한다. 그런 규정 속에는 사건 C와 E, 혹은 C와 E가 다른 사건과 맺는 다양한 논리적 관계가 고려되고, 여러 논리식이 이용된다. 가령 우리 논의에는 사건 A와 B, 그리고 이들로부터 만들어진 ~A, A&B와 같은 것들이 등장한다. 여기서, 우리는 '~A'로 하여금 A가 일어나지 않았다는 것을, 'A&B'로 하여금 A와 B가 모두 일어났다는 것을 뜻하도록 의도하였다. (이 기호들의 의미에 대해서는 〈상자 2-2〉를 참조하라.)

하지만 엄격히 말해 이는 조금 이상하다. 왜냐하면 논리 기호 '~'과 '&'는 사건이 아니라, 참 혹은 거짓일 수 있는 명제에 적용될 수 있는 것이기 때문이다. 사건은 참 혹은 거짓일 수 없고, 그것은 일어나거나 일어나지 않을 수 있을 뿐이다. 예를 들어 "강이 범람하는 사건은 참이다."는 잘못된 표현이며, "강이 범람하는 사건이 일어났다."는 것은 옳은 표현이다. 따라서 우리가 사건 A와 B를 이용해 '~A', 'A&B'와 같은 표현을 쓰는 것은 엄격히 말해 잘못이다.

이런 문제를 해결하기 위해서는 사건 A와 B를 그에 대응하는 명제로 바꾸어 주어야 한다. 그럼 어떻게 사건을 그에 대응하는 명제로 바꿀 수 있는가? 간단한 방법은 사건에 '…가 일어났다', '…가 발생했다'와 같은 술어를 붙이는 것이다. 예를 들어, '강이 범람하는 사건'에 '…가 일어났다'를 붙여 '강이 범람하는 사건이 일어났다'는 명제를 만들 수 있다. 이제 'O(…)'를 그런 술어라고 하자. 그럼 'O(A)'는 사건 A가 일어났다, 혹은 사건 A가 발생했다는 것을 뜻한다. 그리고 정확히 쓰자면 우리는 ~A, A&B와 같은 것들을 ~O(A), O(A)&O(B)로 바꿔 써야 한다. 하지만 이는 다소 번거로운 일이다. 따라서 우리는 아래 논의에서 ~A, A&B와 같은 것을 ~O(A), O(A)&O(B)를 간단히 쓴 것으로 취급할 것이다. 이런 미묘한 점은 우리의 대부분의 논의에서 별 문제를 일으키지 않는다. 하지만 3장에서 다룰 반사실적 인과 이론에서는 이 차이가 중요해진다. 그 부분에서 우리는 '사건 A'와 '그 사건의 발생을 나타내는 명제 O(A)'를 구분하여 논의할 것이다.

C와 E 자리에 오는 것이 사건이라고 전제한다고 하더라도 "C가 E의 원인이다."라는 인과 진술의 애매함은 남아 있다. 예를 들어, C와 E 각각이 '철수가 30년 동안 흡연을 함', '철수가 폐암에 걸림'과 같은 개별 대상과 관련된 사건, 즉 개별 사건을 나타낸다고 한다면, 위의 인과 진술은 '개별 사건 차원의 인과 진술'이라 해야 한다. 이런 인과관계는 '개별 인과관계'(singular causation)라고 한다. 한편 C와 E 각각이 특정한 개체가 언급되지 않은 '흡연함'과 '폐암에 걸림'과 같은 사건들의 유형, 혹은 일반 사건을 나타낸다고 한다면, 위의 인과 진술은 사건들의 유형 사이에 일반적으로 성립한다는 의미에서 '법칙 차원의 인과 진술'이라 불릴 만하다. 이런 인과관계는 '일반 인과관계'(general causation), 혹은 '법칙적 인과관계'(nomological causation)라고 불린다. 우리가 다루게 될 다섯 개의 인과 이론들 중, 물리적 연결 고리를 강조하는 과정 이론은 일차적으로 "철수가 30년간 흡연을 한 것은 철수가 폐암에 걸린 원인이다."처럼 개별 사건 차원의 인과 진술을 분석하고자 한다. 그것은 결과의 변경 여부에 주목한 앞의 네 이론 중에서 반사실적 인과 이론과 마찬가지이며, "흡연은 폐암의 원인이다."와 같

은 법칙 차원의 인과 진술을 일차적인 분석 대상으로 삼은 규칙성 이론, 확률 인과 이론 및 조종 이론과는 구분된다.

하지만 이 책은 여러 인과 이론을 소개하면서 개별 사건 차원의 인과 진술과 법칙 차원의 인과 진술을 구분하는 것에 크게 주목하지 않는다. 전자를 출발점으로 하는 인과 이론이 후자를 전자의 일반화라고 하고, 후자를 출발점으로 하는 인과 이론은 전자를 후자로부터 도출한 것이라고 구분할 수 있지만, 모든 인과 이론은 궁극적으로는 모든 종류의 인과 진술을 다룰 수 있는 이론으로 발전하기 때문이다. 다만 여기서 이러한 구분을 소개한 것은 각각의 인과 이론이 어떤 직관으로부터 출발하는지를 밝혀 그 인과 이론을 이해하는 데에 도움이 되도록 하기 위함이다. (이와 관련된 추가 논의에 대해서는 7장을 참조하라.)

이 책에서 소개하려는 다섯 개의 인과 이론은 "C가 E의 원인이다."라는 인과 진술을 각기 다음 〈표 1-1〉처럼 분석하는 것으로 정리할 수 있다. 이 표는 그 분석이 "흡연이 폐암의 원인이다."와 같은 사례에 어떻게 적용되는지도 나타내고 있다.

〈표 1-1〉 인과 이론들과 인과 분석 사례

인과 진술과 사례	인과 진술: C는 E의 원인이다. 사례: 흡연은 폐암의 원인이다.
규칙성 인과 이론 (RTC)	• C가 일어나면 규칙적으로 E가 뒤따라 일어난다. • 흡연을 하면 규칙적으로 폐암이 발생한다.
반사실적 인과 이론 (CTC)	• C가 일어나지 않았더라면 E도 일어나지 않았다. • 흡연을 하지 않았더라면 폐암이 발생하지 않았다.

확률 인과 이론 (PTC)	• C는 E가 일어날 확률을 높인다. • 흡연을 하면 폐암이 발생할 확률이 높아진다.
인과 과정 이론 (CPT)	• C로부터 E로 이어지는 물리적 과정이 있다. • 흡연으로부터 폐암으로 이어지는 물리적 과정이 있다.
조종 인과 이론 (MTC)	• C를 조종하면 E를 바꿀 수 있다. • 흡연을 조종하면 폐암이 발생하는 결과를 바꿀 수 있다.

　제일 먼저 소개할 인과 이론은 규칙성 이론이다. 이것은 모든 현대적인 인과 논의의 출발점이다. 규칙성 이론을 처음 제시한 근대 철학자 흄에 따르면, "빨간 공이 흰 공에 굴러가서 부딪힌 것이 흰 공이 움직이게 된 원인이다."에 나타난 인과관계는 빨간 공이 흰 공에 굴러가서 부딪힌 사건과 흰 공이 움직이게 된 사건 사이에 성립하는 몇 가지 조건으로 정의된다. 그러한 조건에 따라, 흄의 규칙성 이론은 "C는 E의 원인이다."를 "C가 일어나면 규칙적으로 E가 뒤따라 일어난다."로 분석한다. 매키(J. L. Mackie, 1917-81)는 흄의 규칙성 이론을 현대적인 이론으로 발전시켰다. 매키는 흄의 분석에서 찾을 수 있는 규칙성의 의미를 필요조건과 충분조건 등의 상식적인 개념으로 더 설명하려 한다. 매키는 원인이 갖춰야 할 최소한의 조건을 제시하며 다양한 방식으로 쓰이고 있는 우리의 일상적 인과 개념과 잘 어울리는 인과 이론을 제시했다.

　두 번째로 소개할 인과 이론은 반사실적 이론이다. 반사실적 이론을 발전시킨 사람은 루이스(D. K. Lewis, 1941-2001)이다. 루이스의 반사실적 이론은 1973년에 제시된 전기 이론과 2000년에 제시된 후기 이론으로 나뉜다. 두 이론 모두에서 "C는 E의 원인이다."의 분석은 "⋯가 일어나지 않았더라면 ⋯도 일어나지 않았다."를 활용하여 이루어진다. 이것은 규칙성 이론의 직관을 계승하면서도, 뒤에서 살펴볼 공통원인의 문제와 같은 어려움을 피할 수 있다는 점에서 설득력을 지니게 되었다.

세 번째로 소개할 인과 이론은 확률 이론이다. 이것은 원인이 결과의 확률을 변경시킨다는 입장이다. 이 이론에 따르면, "C는 E의 원인이다."는 "C는 E가 일어날 확률을 높인다."로 분석된다. 인과관계를 확률관계로 이해하려는 것인데, 확률론을 이용하여 수학적으로 인과관계를 분석하려는 접근 방식은 현대의 모든 엄밀한 인과 이론이 부분적으로라도 수용해야 하는 상황이 됐다.

네 번째로 소개할 인과 이론은 과정 이론이다. 과정 이론은 원인과 결과가 직접 연결되어 있다는 직관에서 출발한다. 과정 이론을 가장 널리 알린 현대 철학자는 새먼(W. C. Salmon, 1925-2001)인데, 그는 원인이 결과에 무엇인가를 전달한다는 생각을 발전시켜, "C는 E의 원인이다."를 "C로부터 E로 이어지는 물리적 과정이 있다."로 분석한다. 현대 과학의 성과를 적극적으로 활용하는 과정 이론은 인과를 물리학적으로 해명할 수 있다는 기대를 하게 한다.

마지막으로 소개할 인과 이론은 조종 이론이다. 이에 따르면, "C는 E의 원인이다."는 "C를 조종하면 E를 바꿀 수 있다."로 분석된다. 조종 이론은 아침 출근 시간에 5분만 더 일찍 출발하면 교통 혼잡을 피할 수 있는 것처럼 결과를 바꾸기 위해 원인을 조종할 수 있고, 원인을 조종하면 결과를 다르게 바꿀 수 있다는 직관에서 출발한다. 인과관계를 이용하면 어떤 추론을 할 수 있는지의 도구적 유용성을 강조하는 조종 이론은 베이즈망 이론의 발전과 함께 실험과학자들과 사회과학자들의 호응을 얻고 있다.

　이상과 같이 다섯 개의 인과 이론을 차례로 살펴본 후, 마지막 장에서는 이 다섯 이론에 대한 종합적인 평가 및 인과 이론의 미래에 대한 전망을 담겠다.

2

인과와 규칙성

인과를 해명하는 여러 이론 가운데 우리가 가장 먼저 살펴볼 것은 '규칙성 인과 이론'(Regularity Theories of Causation, RTC)이다. 이는 인과를 규칙성으로 이해하려는 시도이다. 인과에 관한 현대의 논의는 대개 규칙성 이론에서 시작하며, 우리가 이후에 살펴볼 다른 이론들은 규칙성 이론의 난점을 보완하려는 다양한 시도라고 볼 수 있다.

규칙성 이론은 근대철학자인 흄이 처음 제시하였고, 현대에 와서 이를 발전시킨 대표적 인물 가운데 하나는 매키라고 할 수 있다. 여기서 우리는 흄의 견해를 먼저 간단히 소개하고, 이어서 매키의 견해를 살펴보기로 하겠다.

2.1 흄: 항상적 결합

어떤 경우에 C가 E의 원인이라고 할 수 있는가 또는 어떤 경우에 그 둘 사이에 인과관계가 있다고 할 수 있는가라는 물음에 대한 흄의 대답은 다음과 같다.

> 우리는 한 대상이 다른 대상의 원인이라는 것을 다음과 같이 정의할 수 있
> 다. 한 대상이 다른 대상보다 선행하고 근접해 있으며, 또한 전자와 유사한
> 대상들은 모두 후자와 유사한 대상들과 선행과 근접의 측면에서 같은 관계
> 를 지닌다.
> ─『인간 본성에 관한 논고』(*A Treatise of Human Nature*), p. 170.

흄이 드는 당구공의 예를 들어, 여기 나온 흄의 견해가 어떤 것인지를
구체적으로 설명해 보자. 당구대에 두 개의 당구공이 있는데, 빨간 공
이 빠르게 움직여 흰 공에 다가가 부딪히고, 멈추어 있던 흰 공이 새롭
게 움직이는 상황이다. 이때 우리는 빨간 공이 가서 부딪힌 것이 흰 공
이 움직이게 된 원인이라고 말할 것이며, 이는 우리가 쉽게 접할 수 있
는 인과관계의 사례라고 할 수 있다.
　이 예를 통해, 흄은 어떤 것이 다른 것의 원인이라고 하려면 세 가지
요건을 갖추어야 한다는 사실에 주목한다. 첫째는 시간적 선행성(pri-
ority)이다. 빨간 공이 가서 부딪힌 것이 시간적으로 먼저 있고, 그런
다음 흰 공의 움직임이 나타난 것이어야 한다는 것이다. 둘째는 공간적
근접성(contiguity)이다. 두 당구공의 움직임은 공간적으로 인접해 있
어야 하고, 그렇지 않다면 하나가 다른 하나의 원인이라고 말하지 않을
것이다. 그런데 이 둘만으로는 충분하지 않고, 세 번째 요건도 갖추어
야 한다. 그것은 그 둘 사이의 항상적 결합(constant conjunction)이
다. 이는 같은 상황에서 같은 방식으로 당구공이 움직여 부딪힌다면,
같은 식으로 공들의 움직임이 나타나야 한다는 것이다. 이처럼 흄은 시
간적 선행성, 공간적 근접성, 그리고 항상적 결합이 우리가 인과관계가

있다고 말할 때 필요한 세 가지 요소라고 보고 있다.

하지만 흄은 나중에 나온 그의 책에서 공간적 근접성이라는 두 번째 요소는 별도로 거론하지 않고, 인과를 다음과 같이 정의한다.

우리는 한 대상이 뒤따르는 다른 대상의 원인이라는 것을 다음과 같이 정의할 수 있다. 전자와 유사한 대상들에는 모두 후자와 유사한 대상들이 뒤따른다.

—『인간 지성에 관한 탐구』
(*An Enquiry Concerning Human Understanding*), p. 76.

게다가 여기서는 첫 번째와 세 번째 요소인 시간적 선행성과 항상적 결합을 하나로 묶어 C 유형의 사건이 일어날 때는 언제나 E 유형의 사건이 '뒤따라 일어난다'(is followed by)고 할 때 C가 E의 원인이라고 할 수 있다는 식으로 표현하고 있다. 이에 따라 우리는 흄의 규칙성 이론을 다음과 같이 정식화할 수 있다.

RTC0.   C가 E의 원인이다. ⇔
         C와 유사한 사건이 일어나면 규칙적으로 E와 유사한 사건이 뒤따라 일어난다.

이는 인과의 핵심 성격을 C와 E 사이의 규칙성에서 찾는 것이고, 이 점에서 이런 이론을 인과에 관한 규칙성 이론이라 부르는 것이다.

하지만 이것으로 흄의 인과 이론의 전모가 드러난 것은 아니다. 그것을 온전히 이해하려면, 원인과 결과 사이에 존재한다고 하는 '필연적 연관성'(necessary connection)에 관해 흄이 어떤 입장을 보이는지를 살펴보아야 한다. 우리는 원인과 결과가 필연적으로 연관되어 있다고 생각한다. 그런 필연적 연관성 때문에, 원인이 일어나면 결과가 일어날 수밖에 없다고 생각한다. 바꾸어 말해, 둘 사이에 인과관계가 있다면 결과를 일어날 수밖에 없게 하는 인과적 힘(efficacy)이 원인의 어딘가에 있다고 생각한다. 앞서의 당구공 예를 그대로 든다면, 우리는 빨간 공으로 흰 공을 맞히면 흰 공이 반드시 움직이게 되며, 그렇게 될 수밖에 없도록 하는 무언가가 있다고 생각한다. 여기서 원인이 일어나면 결과도 일어날 수밖에 없게 하는 이 연관성, 즉 원인과 결과 사이에 존재한다는 이 연관성을 흄은 '필연적 연관성'이라 부른다.

흄에 따르면, 필연적 연관성은 과거 사례의 규칙적 반복에 기초해 우리가 갖게 된 것일 뿐이다. 과거에 빨간 당구공으로 흰 당구공을 맞혔더니 흰 당구공이 움직인 사례를 여러 차례 경험했다고 하자. 이때 우리는 이번에도 빨간 당구공으로 흰 당구공을 맞힐 경우 그렇게 움직일 수밖에 없게 되리라고 기대하는 '습관'을 갖게 된다는 것이 흄의 주장이다. 이를 통해 흄은 C와 E 사이에 실제로 필연적 연관성이 있어서 C가 일어나면 E가 일어날 수밖에 없게 된다는 식의 설명을 반대하고, 대신 C가 일어날 때마다 E가 일어난 과거의 경험으로부터 필연적 연관성이라는 기대가 형성된다는 식의 설명을 새롭게 제안하는 셈이다. 이는 결국 흄이 C와 E 사이에 인과관계가 성립하기 위해서는 앞서 얘기한 규칙성 이외에 '필연적 연관성'과 같은 다른 요소가 별도로 필요하지 않음을 강조하는 것이라고 할 수 있다.

흄이 제시한 규칙성 이론은 C가 E의 원인이라는 것을 C가 일어날 때는 규칙적으로 E가 뒤따라 일어난다는 것으로 파악하는 것인데, 이는 인과에 관한 우리의 일상적 이해의 한 측면을 잘 포착한다고 할 수 있다. 하지만 이것이 인과에 대한 올바른 정의가 될 수 있을지는 의문이다. 여기서는 흄 당대에 이미 리드(T. Reid)가 제기한 한 가지 문제점만을 지적하기로 하겠다.

리드는 낮과 밤의 사례를 들어 흄의 정의가 적절하지 않음을 보인다. 낮과 밤은 시공간적으로 근접해 있고, 낮이 밤에 선행하며, 나아가 낮과 밤이 무수하게 규칙적으로 반복되었다는 점에서 흄의 정의를 잘 만족한다고 할 수 있다. 하지만 우리는 낮이 밤의 원인이라고는 생각하지 않는다. 낮과 밤이라는 두 결과가 생기는 원인은 지구의 자전이다. 이처럼 서로 다른 두 결과를 낳는 공통의 원인을 '공통원인'(common cause)이라고 부르는데, 리드의 이 반례는 바로 공통원인의 문제를 지적하는 것이라고 할 수 있다. 이를 그림을 이용해 보이면 다음과 같다.

〈그림 2-1〉 공통원인

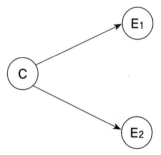

그림에서 보듯이 E_1과 E_2 모두 C 때문에 일어난다. 이때 E_1이 일어날 경우에는 언제나 규칙적으로 E_2가 뒤따라 일어난다고 하더라도 E_1이 E_2의 원인이라고 해서는 안 될 것이다. 이 점에서 흄의 규칙성 이론은 공통원인에 따른 결과들 사이의 관계를 인과관계와 구분하지 못한다는 문제를 지닌다고 할 수 있다.

〈상자 2-1〉 인과관계의 도식화 I

우리는 두 개 혹은 그 이상의 사건들 사이에 성립하는 인과관계를 원과 화살표로 이루어진 도식(diagram)으로 표현할 것이다. '원과 그 안에 있는 영어 알파벳'은 특정한 사건을 나타내며, '두 개의 원을 잇는 화살표'는 각 원과 그 안의 알파벳이 가리키는 사건들 사이에 성립하는 인과관계를 나타낸다. 가령, 아래 그림 (a)는 C가 E의 원인이라는 것을 표현하고 있다.

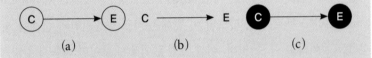

누군가는 위 그림 (a)에서 왜 굳이 원을 그렸는지 의아하게 생각할 수도 있다. 위 그림에서 원을 빼고, 그림 (b)와 같이 간단히 나타내도 C가 E의 원인이라는 것을 나타낼 수 있는 것처럼 보이기 때문이다. 하지만 우리가 원을 그린 것에는 그 나름의 이유가 있다. 왜냐하면 앞으로의 논의, 특히 3장과 6장의 논의를 위해서는 사건의 발생 여부를 분명하게 표현할 필요가 있기 때문이다.

　대부분의 인과관계는 실제로 발생한 사건들 사이의 관계를 다룬다. 하지만 몇몇 흥미로운 경우, 가령 1장에서 간단히 언급했던 '부재 인과'의 경우에는 특정 사건이 발생하지 않았다는 것이 다른 사건의 원인이 될 수도 있다. 우리는 이런 경우를 원에 색을 넣어 구분할 것이다. 즉 흰색 원을 이용해서 해당 사건이 발생했다는 것을, 검은색 원을 이용해서 해당 사건이 발생하지 않았다는 것을 나타낼 것이다. 그렇다면 우리는 그림 (a)가 나타내는 인과관계와 그림 (c)가 나타내는 인과관계를 분명하게 구분할 수 있다. 그림 (a)는 'C가 발생했다는 것이 E가 발생했다는 것의 원인'이라는 것을, 그림 (c)는

'C가 발생하지 않았다는 것이 E가 발생하지 않았다는 것의 원인'이라는 것을 나타낸다. 만약 그림 (b)와 같이 원을 이용하지 않는다면 이런 차이를 쉽게 드러낼 수 없다. (발생하지 않은 사건과 관련된 논의는 3장과 6장에 가면 중요하게 부각된다. 그 외의 거의 모든 논의는 발생한 사건들만 다루고 있으며, 해당 인과관계는 흰색 원을 이용해 표현된다.)

인과관계는 셋 이상의 사건 사이에도 성립할 수 있다. 그러나 그 사건들이 모두 화살표로 연결되는 것은 아니다. 본문에 나온 〈그림 2-1〉을 보자. 그 그림은 모두 흰색 원으로 이루어져 있다. 따라서 모든 사건이 발생했다는 것을 나타낸다. 그리고 C와 E_1, 그리고 C와 E_2는 화살표로 연결되어 있지만, E_1과 E_2는 그렇지 않다. 앞에서 설명했듯이 화살표는 인과관계가 성립한다는 것을 나타내고, 두 사건 사이에 화살표가 없다면 그들 사이에는 인과관계가 성립하지 않는다는 것을 나타낸다. 그러므로 〈그림 2-1〉은 C와 E_1 사이와 C와 E_2 사이에는 인과관계가 성립하지만 E_1과 E_2 사이에는 인과관계가 성립하지 않는다는 것을 나타낸다고 할 수 있다.

우리는 여기서 실선으로 된 화살표만을 도입하였다. 하지만 3장에 가서는 다른 종류의 화살표를 도입하게 될 것이다. 그런 화살표를 도입하는 이유는 두 사건 사이에 인과관계가 성립하지는 않지만, 인과관계와 밀접한 관련이 있는 다른 관계가 성립한다는 것을 표현하기 위해서다. 관련된 설명은 〈상자 3-2〉를 참조하라.

2.2 매키: INUS 조건

C가 E의 원인이라는 것을 C가 일어날 때는 규칙적으로 E가 뒤따라 일어난다는 것으로 이해하는 것이 규칙성 이론의 핵심이다. 만약 우리가 C가 일어날 때는 규칙적으로 E가 뒤따라 일어난다는 것, 즉 C와 E 사이에 성립하는 규칙성이 정확히 무엇을 의미하는지를 다시 묻는다면 어떤 대답을 할 수 있을까?

2.2.1 필요충분조건으로서의 원인

이때 쉽게 떠올릴 수 있는 대답 가운데 하나는 다음과 같이 말하는 것이다.

> **규칙성.** C가 일어날 때는 규칙적으로 E가 뒤따라 일어난다. ⇔ C가 일어나면 E가 일어나고, C가 일어나지 않으면 E가 일어나지 않는다.

이는 C가 일어나는 것이 곧 E가 일어나기 위한 필요충분조건이라고 말하는 것에 해당하므로, 이런 입장은 원인과 결과 사이에 존재하는 규칙성을 필요조건과 충분조건에 의해 설명하고자 하는 것이라 할 수 있다. 매키는 이런 상식적인 방안이 좋은 출발점이기는 하지만 이 자체로는 문제가 있다고 보고, 이를 좀 더 정교하게 다듬을 필요가 있다고 생각한다.

먼저 매키는 원인을 필요조건과 충분조건을 써서 이해하는 방안은 수정이 필요하다는 점을 일상 속에서 찾을 수 있는 반례를 들어 설득력 있게 보인다. 어떤 집에 불이 나서 큰 피해가 난 화재 사건이 있었다고

2. 인과와 규칙성 **37**

하자. 화재 감식 전문가가 이 사건의 원인을 조사하였고, 그 결과 특정
지점의 전기 합선 때문에 불이 난 것으로 밝혀졌다고 해보자. 이때 그
전문가는 "특정 지점의 전기 합선이 그 집 화재의 원인이다."라고 말할
것이다. 일상적인 이 인과 진술은 정확히 어떤 것을 의미한다고 해야
할까?

　매키에 따르면, 우선 그 전문가의 말은 특정 지점의 전기 합선이 그
집 화재의 필요조건이라는 의미라고 볼 수 없다. 왜냐하면 그 특정 지
점이 아니라 다른 지점에 전기 합선이 생겨서 불이 날 수도 있고, 또한
그 집에 켜져 있던 석유난로가 넘어지는 바람에 불이 날 수도 있으며,
또 다른 일이 일어나 불이 날 수도 있기 때문이다. 또한 그 전문가의 말
은 특정 지점의 전기 합선이 그 집 화재의 충분조건이라는 의미라고 볼
수도 없다. 왜냐하면 그 특정 지점에 전기 합선이 일어났더라도 그 옆
에 쉽게 불이 옮겨붙을 수 있는 물질이 없었더라면 불이 나지 않았을
것이며, 쉽게 불이 옮겨붙을 수 있는 물질이 옆에 있었더라도 만약 바
로 위에 자동 소화장치가 설치되어 있었더라면 불은 나지 않았을 것이
기 때문이다. 이러한 논의는 원인 C와 결과 E 사이에 성립하는 규칙성
을 우리가 단순히 "C가 E의 필요조건이다."라거나 "C가 E의 충분조건
이다." 또는 "C가 E의 필요충분조건이다."라는 의미로 이해할 수는 없
다는 점을 잘 보여준다.

2.2.2 INUS 조건으로서의 원인

　그렇다면 우리가 여전히 필요조건과 충분조건이라는 개념을 통해 원
인과 결과 사이에 성립하는 규칙성을 설명하고자 한다고 할 때, 특정
지점의 전기 합선이 화재의 원인이라는 화재 감식 전문가의 주장을 우
리는 어떻게 이해해야 옳을까? 매키의 유명한 대답은 그때 원인은

'INUS' 조건을 의미한다고 보아야 한다는 것이다. INUS 조건이란 무엇인가?

앞의 화재 사건 예에서, 전문가의 발표대로 특정 지점에 전기 합선이 있었고(C), 그 옆에 쉽게 불이 옮겨붙을 수 있는 물질이 있었으며(A), 그 위에 자동 소화장치는 설치되어 있지 않았다(B)는 세 가지 조건이 그 화재가 발생하기 위한 충분조건이라고 하고, 이를 간단히 연언(〈상자 2-2〉의 설명 참조) 'C&A&B'로 나타내기로 하자. 또한 앞서 말한 대로, 화재는 가령 불붙은 석유난로가 넘어지는 것 등과 같이 다른 방식으로도 날 수 있다. 이런 충분조건을 연언 D&F&G로 나타내자. 여기서 'D'는 불붙은 석유난로가 넘어지는 것, 'F'는 넘어진 석유난로에 불이 꺼지지 않는 것, 'G'는 주변에 석유가 쉽게 스며들 수 있는 재질의 물체가 있는 것 따위일 수 있다. 물론 또 다른 방식으로 화재를 일으킬 수 있는 충분조건도 있을 수 있다. 그것을 연언 'H&I&J'로 나타내자. 그리고 이것들 이외에 다른 충분조건들이 더 있다고 해보자.

〈상자 2-2〉 부정, 연언, 선언, 연언 성원, 선언 성원

어떤 개별적인 사건들, 혹은 그것들에 대응하는 명제들이 있다고 하고, 이를 P, Q, R 등의 문자를 써서 나타낸다고 하자. 우리는 때로 개별적 명제들이 성립하지 않는다는 것을 말하고자 할 수도 있다. 가령 P가 성립하지 않는다고 해보자. 이를 우리는 '~P'로 나타낼 것이고, 이를 P의 부정(명제)이라고 부른다.

때로 우리는 두 개의 명제 P, Q가 동시에 성립한다는 것을 말하고자 할 수도 있다. 이를 우리는 'P&Q'로 나타내고, 이런 형태의 주장을 연언(명제)이라고 부른다. 물론 두 개 이상 여러 개의 명제가 모두 참임을 주장하는 경우도 있을 수 있고, 이때는 가령 'P&Q&R'

등으로 나타낼 수 있을 것이다. 여기서 연언을 구성하는 각각의 명제 P, Q, R을 '연언 성원'이라고 부른다.

때로 우리는 두 개의 명제, P와 Q 가운데 적어도 하나가 성립한다는 것을 말하고자 할 수도 있다. 이를 우리는 'P∨Q'로 나타내고, 이런 형태의 주장을 선언(명제)이라고 부른다. 물론 두 개 이상 여러 개의 명제 가운데 적어도 하나가 참임을 주장하는 경우도 있을 수 있고, 이때는 가령 'P∨Q∨R' 등으로 나타낼 수 있을 것이다. 여기서 선언을 구성하는 각각의 주장을 '선언 성원'이라고 부른다.

이때 이들 연언 C&A&B, D&F&G, H&I&J, … 등은 각각 화재 사건이라는 결과 E의 충분조건이다. 하지만 이들 각각이 E의 필요조건은 아니다. 왜냐하면 E는 C&A&B가 아니더라도 가령 D&F&G에 의해서도 발생할 수 있기 때문이다. 이런 의미에서 C&A&B, D&F&G, H&I&J 등은 E의 필요조건은 아니지만 충분조건(Unnecessary but Sufficient condition)이다. 'INUS'에서 뒤에 나오는 두 문자 'US'는 이를 의미하는 단어의 머리글자 U와 S에서 따온 것이다.

지금까지 우리는 C&A&B는 E의 필요조건은 아니지만 충분조건이라는 점을 보았다. 우리가 궁극적으로 규명하고자 하는 것은 C&A&B에 나오는 조건 C의 성격이 정확히 무엇인가 하는 점이다. 우리는 일상적으로 전기 합선 C가 그 집 화재 E의 원인이라고 말하기 때문이다. 이를 위해서는 매키가 C&A&B, D&F&G, H&I&J 등과 같은 각각의 충분조건은 최소한의 충분조건(a minimal sufficient condition)이어야 한다고 규정한다는 점을 주목해야 한다. 이는 가령 C, A, B의 세 조건이 모두 만족되어야만 비로소 E가 발생한다는 의미이다. 달리 말해, 세 조건 가운데 어느 하나라도 만족되지 않으면 E는 발생하지 않는다는 것이다. 그런 의미에서 각각의 세 조건은 없어도 되는 것이 아니므로, 다시 필요조건의 성격을 지니게 된다. 한편, 원래의 예에서 보았듯이, 전기 합선이 있었다, 즉 조건 C가 만족되었다고 해서 바로 집에 불이 나는 것은 아니다. 그 옆에 쉽게 불이 옮겨붙을 수 있는 물질이 있고 자동 소화장치는 설치되어 있지 않다는 것 등과 같은 다른 조건도 추가로 만족되어야 불이 나기 때문이다. 그러므로 조건 C는 그 자체로 화재 사건의 충분조건은 아니다. 결국 C는 한편으로는 필요조건의 성격을 지니고 다른 한편으로는 충분조건은 아니라는 성격을 지닌다. 이를 일컬어 매키는 C는 C&A&B의 '충분하지 않지만 꼭 있어야 하는 부분' (an Insufficient but Necessary part 또는 an Insufficient but Non-redundant part)이라고 표현한다. 여기 나오는 두 개의 머리글자 'I'와 'N'이 바로 'INUS'에서 앞의 두 글자 자리를 차지하게 된다.

아마 우리는 INUS 조건을 우리말로 '어떤 충분조건의 필수불가결한 한 요소'라고 표현할 수 있을 것 같다. 이렇게 할 경우 INUS 조건으로서의 원인이라는 매키의 견해는 대략 말해 "C가 E의 원인이다."라는 것을 C가 E를 야기하는 어떤 충분조건의 필수불가결한 한 요소임을 뜻하는 것으로 분석하자는 제안이라고 할 수 있다. 이때 주의할 것은 C가 필수불가결한 요소를 이루고 있다고 해서 언제나 C가 있어야 E가 발생한다고 주장하는 것이 아니라는 점이다. 그것은 C가 들어 있는 그 최소한의 충분조건이 실현되어 E가 발생할 경우에는 그것이 필수불가결하다는 의미일 뿐이다. 간단히 말해, 특정한 방식으로 E가 발생하려면 C가 필수불가결하다는 것을 의미한다.

논의를 간추려 보자. 매키가 말하는 INUS 조건이란 다음 두 가지 성격을 갖는 것이다. 첫째, 그것은 필요조건은 아니지만 충분조건이기는 한 조건의 일부를 이룬다. 둘째, 그것은 그 한 조건이 충분조건이 되기

위한 필요조건이지만 충분조건은 아니다. 주의할 점은 관점을 달리함
에 따라, 즉 어떤 것을 기준으로 바라보느냐에 따라, 필요조건 여부와
충분조건 여부가 서로 엇갈린다는 사실이다. 앞의 문자들을 사용해 이
를 다시 설명해 보자. 가정상, C&A&B, D&F&G, H&I&J, … 등은 모
두 E이기 위한 충분조건이다. 따라서 C&A&B는 E이기 위한 충분조건
가운데 하나일 뿐 필요조건은 아니다. 가령 D&F&G나 H&I&J 등과
같은 다른 충분조건이 성립해도 E가 발생하기 때문이다. 이 점에서
C&A&B는 E가 성립하기 위한 충분조건이지만 필요조건은 아니다. 이
것이 INUS에서 US가 의미하는 것이다. 한편 가정상 C&A&B는 E이
기 위한 충분조건 가운데 하나일 뿐만 아니라 또한 그것은 최소한의 충
분조건 가운데 하나이다. 이는 C, A, B가 모두 성립하면 E가 발생하
고, C, A, B 가운데 어느 하나라도 성립하지 않으면 E가 발생하지 않
는다는 것을 의미한다. 이에 따라 C&A&B가 성립하기 위해서는 C가
꼭 있어야 한다는 의미에서 C는 필요조건이라고 할 수 있다. 또한 C만
있다고 해서 곧바로 C&A&B가 성립하는 것은 아니라는 (A와 B도 추
가로 있어야 성립한다) 의미에서 C는 충분조건은 아니라고 할 수 있
다. 이 점에서 C는 C&A&B라는 충분조건이 성립해서 E가 성립하기
위한 필요조건이지만 충분조건은 아니다. 우리는 이를 C는 C&A&B가
성립하기 위한 필요조건이지만 충분조건은 아니라고 표현할 수도 있을
것이다. 이것이 INUS에서 'IN'이 의미하는 것이다. 매키는 최소한의
충분조건에 나오는 각각의 조건을 모두 INUS 조건이라고 본다. 그러
므로 C&A&B에 나오는 각각의 연언 성원 C, A, B는 모두 INUS 조건
이 되며, 우리는 이를 그것들은 모두 어떤 충분조건의 필수불가결한 한
요소를 이룬다고 표현할 수 있을 것 같다.
　　INUS 조건에 대한 엄밀한 정의를 위해, 매키가 하는 대로 조건들에

대한 표기 방법을 좀 더 간소화하기로 하자. 우선 C&A&B와 같은 최소한의 충분조건에서 우리가 관심이 있는 C를 제외한 다른 조건들의 연언(가령 이 경우 'A&B')을 간단히 X로 나타내기로 하자. 그리고 D&F&G, H&I&J, … 등과 같은 또 다른 최소한의 충분조건들을 통틀어 간단히 Y로 나타내기로 하자. 이를 바탕으로 INUS 조건을 엄밀하게 정의하면 다음과 같다.

> **INUS.** C는 E의 INUS 조건이다. ⇔
> 다음 세 가지 조건을 만족하는 어떤 X, Y가 있다.
> (i) (C&X)∨Y는 E의 필요충분조건이지만,
> (ii) C 자체로는 E의 충분조건이 아니며,
> (iii) X 자체로도 E의 충분조건이 아니다.

여기서 (i)은 C&X가 E의 필요조건은 아니지만 충분조건이라는 성격을 지닌다는 점(즉 INUS 조건에서 US의 성격을 지닌다는 점)을 말해준다. 한편 (ii)와 (iii)은 C가 INUS 조건에서 I와 N의 성격을 지닌다는 점을 각각 말해준다. 이를 우리는 (ii)와 (iii)은 함께 C&X가 최소한의 충분조건이어야 한다는 점을 말해준다고 얘기해도 될 것이다.

  하지만 매키가 원인을 곧 INUS 조건과 동일시하는 것은 아니다. 다시 말해, 그가 원인은 모두 INUS 조건이라고 주장하는 것은 결코 아니다. 도리어 그는 필요조건이나 충분조건 또는 필요충분조건도 원인이라 부를 수 있는 여지를 허용한다. 이를 위한 장치가 바로 그가 말하는 'INUS 조건 이상'(at least INUS condition)이라는 표현이다. 앞서 본 INUS 조건에 대한 정의에서 X는 C와 함께 최소한의 충분조건을 이루는 어떤 조건들의 연언을 나타내고, Y는 또 다른 최소한의 충분조건을

이루는 연언들을 선언으로 결합한 것을 나타낸다. 그런데 그런 X나 Y
가 없는 경우도 생각해 볼 수 있다. 아래 나오는 (나)~(라)가 그런 경
우라 할 수 있다.

(가) (C&X)∨Y

(나) C∨Y

(다) C&X

(라) C

첫 번째는 C가 E이기 위한 INUS 조건인 경우이다. 두 번째의 C는 E
이기 위한 충분조건인 경우가 될 것이며, 세 번째의 C는 필요조건인 경
우가 될 것이고, 네 번째의 C는 필요충분조건인 경우가 될 것이다. 이
런 네 경우를 모두 포괄하여 매키는 "C는 INUS 조건 이상이다."라고
표현한다. 이를 이용해 최종적으로 우리는 매키가 제시하는 규칙성을
이용한 인과의 정의를 다음과 같이 정식화할 수 있다.

RTC1.   C가 E의 원인이다. ⇔

(i) C와 E가 발생했으며,

(ii) C는 E이기 위한 INUS 조건 이상이다.

물론 매키가 우리의 일상적 인과 진술이 언제나 이런 의미로만 쓰인다
고 주장하는 것은 아니다. 그럼에도 그는 이것이 우리가 인과 진술을
쓰는 중요한 방식이라고 생각하며, 특히 이것은 우리가 일상생활에서
인과 판단을 하는 방식과 잘 어울린다고 주장한다. 그의 이론이 실제로
어떤 장점이 있는지를 잠깐 설명해 보기로 하자.

논의를 위해 C가 실제로 E의 원인이라고 해보자. 매키에 따르면, 그의 이론은 다음과 같은 사실을 말해준다는 점에서 여러 가지 장점을 지니고 있다.

① C는 INUS 조건 이상이다.
② C가 그 경우 발생했다.
③ X가 있다면, 그 경우 X가 발생했다.
④ Y에 들어 있을 선언 성원들은 발생하지 않았다.

우선 ①에서 드러나듯이, 이는 우리의 일상적 인과 개념이 매우 다양한 방식으로 쓰이고 있다는 점과 잘 어울린다. C는 INUS 조건 이상이므로, '원인'은 때로 필요충분조건을 의미할 수도 있고, 필요조건이나 충분조건을 의미할 수도 있고, 또한 이보다 약한 INUS 조건을 의미할 수도 있게 된다. 원인이 꼭 필요조건일 필요는 없으며, 원인이 꼭 충분조건일 필요도 없다. 도리어 어떤 충분조건의 필수불가결한 한 요소를 이루고 있는 것을 우리가 원인이라고 부르는 경우도 있음을 잘 보여주었다고 할 수 있다. 매키 이론의 또 한 가지 중요한 장점은 우리가 일상적으로 어떤 하나의 사건에 대해 이런저런 다양한 원인을 고려하기도 한다는 사실, 즉 원인의 다수성(plurality of causes)을 대체로 받아들인다는 사실과도 잘 어울린다는 것이다. 매키 이론에서는 이 점이 최소한의 충분조건을 여러 개 상정하는 것으로 나타난다.

②는 어떤 것이 발생한 사건의 원인이라고 하려면 원인이라는 사건이 발생해야 한다는 것을 말해주고 있다.

③은 원인이 INUS 조건일 경우 C만으로는 충분조건이 아니므로 다른 조건들도 추가로 충족되어 C&X가 성립해야 한다는 것을 말한다.

이는 우리가 일상적으로 인과 판단을 할 때, X의 성립이 확인되지 않았다면 C를 원인으로 지목할 수 없다는 의미이기도 하다. 가령 화재 사건에서 특정 지점의 전기 합선이 화재의 원인이라고 하려면, 전기 합선이 화재로 이어지도록 한 다른 조건들, 즉 그 옆에 쉽게 불이 옮겨붙을 수 있는 물질이 있었으며 그 위에 자동 소화장치는 설치되어 있지 않았다는 조건 등도 추가로 만족되었는지를 확인해야 하는 이유는 바로 이런 이치 때문이다.

④는 또 다른 충분조건들과 관련된 사항이다. Y는 최소한의 충분조건을 형성하는 또 다른 연언이 그것의 선언 성원이 되는 선언 형태를 지니게 된다. 가령 앞의 예에서라면, $((D\&F\&G)\lor(H\&I\&J)\lor\cdots)$가 바로 Y이다. 이는 화재의 원인으로 전기 합선을 정당하게 지목하려면, D&F&G나 H&I&J와 같은 또 다른 최소한의 충분조건의 실현으로 말미암아 화재가 발생한 것은 아님을 확인해야 한다는 의미이다. 그래서 화재 감식 전문가라면 다른 요인의 가능성을 적절히 배제한 후에야 비로소 그런 결론을 내릴 테고, 이를 위해 가령 D나 J는 충족되지 않았다는 사실을 확인하고자 할 수 있다. 만약 실제로 그 점이 확인된다면 우리는 D&F&G나 H&I&J가 화재를 야기한 것은 아님을 확신할 수 있을 것이다.

물론 현실에서는 어려움도 있을 것이다. 가령 우리가 인과 판단을 할 때, 다른 최소한의 충분조건의 성립 여부를 모두 검토할 수 있는 것은 아닐 것이다. 우리의 인과 지식이 충분하지 않을 수 있기 때문이다. 이에 따라 최소한의 충분조건을 모두 망라하는 일은 실제로는 도달하기 어려운 이상일 것이다. 더구나 '최소한의 충분조건' 자체와 관련해서도 불확실성이 존재할 수 있다. 우리는 앞의 예에서 가령 C&A&B가 화재의 충분조건이라고 말했다. 하지만 이때에도 엄밀하게 하려면 다른 많은 것들이 추가로 가정되어야 할 것이다. 가령 그때도 다른 어떤 방해 요인이 있어서 결과가 발생하는 것을 막을 가능성을 생각해 볼 수 있기 때문이다. 이런 점에서 매키는 실제로 우리가 알고 있는 규칙성은 전형적으로 불완전한 것이라는 점을 기꺼이 인정한다. 그래서 그는 (C&X)∨Y가 E의 필요충분조건이라는 서술은 실제로는 '생략된' 것이거나 '빈틈이 많은' 것이라고 본다. 이 점에서 그는 (C&X)∨Y가 E의 필요충분조건이라는 진술은 사실은 다음과 같은 형태라고 말한다.

C…이거나 …이거나 …이 E의 필요충분조건이다.

여기서 …으로 표시한 부분을 우리는 조건들의 연언으로 채워야 하고, 그리고 이런 연언들로 이루어진 선언 성원들을 모두 채워 넣어야 한다. 하지만 이 점이 꼭 매키 이론의 한계일 필요는 없다. 일상에서 우리는 때로 원인을 정확히 규명하기 어려운 사건도 접하며, 인과 판단이 대개는 확실하기보다는 잠정적인 성격을 지닌다고 보기 때문이다. 매키가 주장하듯이 이 점은 도리어 그의 이론이 우리의 일상적 인과 개념을 잘 포착하고 있다는 점을 역설적으로 보여주는 것이라고 해석할 수 있다.

우리는 매키의 이론이 우리의 일상적인 인과 개념을 잘 반영하고 있다는 평가에 동의할 수 있다. 왜냐하면 실제로 우리는 일상생활에서 어떤 사건의 원인을 규명할 때 가능한 다양한 원인들을 상정하고, 그런 원인들 가운데 어떤 것을 하나씩 배제함으로써 최종적으로 하나의 원인을 특정해 나가곤 한다는 점은 분명하기 때문이다.

2.2.3 매키 규칙성 이론의 문제점

마치기 전에, 매키의 규칙성 이론이 어떤 문제를 안고 있는지를 잠깐 살펴보기로 하자. 이미 본 대로, 매키의 이론에 따르면 원인은 **INUS 조건 이상**이다. 그러므로 원인과 결과 사이에 성립하는 규칙성은 원인이 결과의 필요조건이라는 의미에서 규칙성이 성립하는 경우나, 충분조건이라는 의미에서 규칙성이 성립하는 경우나, 또는 필요충분조건이라는 의미에서 규칙성이 성립하는 경우도 배제하지 않는다. 하지만 매키 이론의 핵심은 INUS 조건이라는 의미에서 원인과 결과 사이에 규칙성이 성립한다는 것이므로, 이를 중심으로 어떤 문제가 야기되는지를 여기서 살펴보기로 하겠다.

(1) 공통원인의 문제
앞서 우리는 흄의 규칙성 이론이 공통원인의 문제에 부딪힌다는 점을 보았다. 그런데 규칙성을 꽤 정교하게 정식화한 매키의 이론도 공통원인의 문제를 여전히 피해갈 수 없는 것으로 보인다. 이를 보기 위해 〈그림 2-1〉과 같이 C가 E_1과 E_2의 공통원인이며, 이때 '원인'은 매키가 말하는 INUS 조건이라는 의미에서의 원인이라고 하자. 이제 우리는 매키 이론을 따르게 되면 E_1이 E_2를 야기한 원인이라고 해야 하는 경우가 있다는 것을 보이기로 하겠다.
우선 C가 E_1의 원인이고 또한 그것은 E_2의 원인이라고 가정했으므로, 매키 이론에 따를 때 다음이 모두 성립한다.

(가) $(C \& X) \vee Y$는 E_1의 필요충분조건이다.
(나) $(C \& Z) \vee W$는 E_2의 필요충분조건이다.

논의를 간단히 하기 위해 이를 다음과 같이 나타내기로 하자.

(가′) $\{(C\&X)\vee Y\} \leftrightarrow E_1$

(나′) $\{(C\&Z)\vee W\} \leftrightarrow E_2$

여기서 X는 C와 함께 결과 E_1이 발생하는 데 필요한 최소한의 충분조건을 이루는 다른 조건들의 연언을 간단히 나타낸 것이고, Y는 E_1을 야기하는 또 다른 최소한의 충분조건들을 선언으로 나열한 것을 나타낸다. Z와 W도 E_2와 관련해 같은 것을 나타낸다. 우리의 목표는 다음이 성립한다는 것을 보이는 것이다.

(다) $(E_1\&M)\vee N$은 E_2의 필요충분조건이다.

즉 다음을 얻을 수 있다는 것을 보이고자 한다.

(다′) $\{(E_1\&M)\vee N\} \leftrightarrow E_2$

여기서 M과 N도 E_2와 관련해 같은 것을 나타내며, 이는 앞서 본 (가), (나)와 정확히 같은 형태를 지니고 있으므로 매키 이론에 따를 때 E_1이 E_2의 원인임을 말해주는 결과가 될 것이다.

(다)를 얻기 위해서는 우선 $E_1\&M$이 E_2를 야기하는 최소한의 충분조건 가운데 하나임을 보여야 한다. 즉 다음이 성립한다는 것을 보여야 한다.

(라) $E_1\&M$은 E_2의 충분조건이다.

(라′) $(E_1\&M) \rightarrow E_2$

여기서 M은 E_1과 함께 결과 E_2가 발생하는 데 필요한 최소한의 충분조건을 이루는 다른 조건들의 연언을 나타낸다. 우리가 '$\sim Y \& Z$'를 M으로 잡게 되면 (가′)과 (나′)으로부터 (라′)을 얻을 수 있다(이를 얻는 과정은 〈상자 2-3〉을 참조하라). (라′)을 확보하면 이제 (다′)을 얻는 것은 쉽다. (다′)을 보이려면 다음 두 가지를 보이면 된다.

(ㄱ) $\{(E_1 \& M) \vee N\} \rightarrow E_2$

(ㄴ) $E_2 \rightarrow \{(E_1 \& M) \vee N\}$

(ㄱ)을 보이려면 다시 다음 둘이 모두 성립함을 보이면 된다.

$(E_1 \& M) \rightarrow E_2$

$N \rightarrow E_2$

첫 번째는 앞서 말한 (라′)에 의해 성립하고, 두 번째는 정의상 N이 E_2를 야기하는 또 다른 최소한의 충분조건들을 선언으로 나열한 것이기 때문에 역시 성립한다는 것을 알 수 있다.

〈상자 2-3〉 INUS 조건과 공통원인

우리는 (가′)과 (나′)으로부터 다음의 (라″)이 성립한다는 것을 보이면 된다.

(가′) $\{(C \& X) \vee Y\} \leftrightarrow E_1$

(나′) $\{(C \& Z) \vee W\} \leftrightarrow E_2$

(라″) $(E_1 \& \sim Y \& Z) \rightarrow E_2$

(라″)은 (라′)의 M 자리를 '~Y&Z'로 채운 것이다.

우선 (가′)으로부터 다음을 얻을 수 있다.

(1) $E_1 \rightarrow \{(C\&X)\vee Y\}$

또한 (나′)으로부터 다음을 얻을 수 있고,

$\{(C\&Z)\vee W\} \rightarrow E_2$

이것으로부터 다시 다음을 얻을 수 있다.

(2) $(C\&Z) \rightarrow E_2$

이 둘을 사용해 우리는 (라″)을 얻을 수 있는데, 이를 자연연역의 방법으로 보이면 다음과 같다.

(3)	$E_1 \& \sim Y \& Z$	가정
(4)	E_1	3 연언 제거규칙
(5)	$(C\&X)\vee Y$	1,4 조건언 제거규칙
(6)	$\sim Y$	3 연언 제거규칙
(7)	$C\&X$	5,6 선언 삼단논법
(8)	C	7 연언 제거규칙
(9)	Z	3 연언 제거규칙
(10)	$C\&Z$	8,9 연언 도입규칙
(11)	E_2	2,10 조건언 제거규칙
(12)	$(E_1 \& \sim Y \& Z) \rightarrow E_2$	3,11 조건언 도입규칙

이제 남은 것은 (ㄴ)이 성립한다는 것을 보이는 일이다. (ㄴ)은 E_2가 성립했다면 이는 우리가 이미 밝힌 첫 번째 선언 성원이 성립해서 그렇게

되었거나 또는 그 밖의 다른 선언 성원이 성립해서 그렇게 되었다는 것을 말하므로 이 또한 참임을 알 수 있다. 정의상 그 선언 성원들은 E_2의 발생에 필요한 최소한의 충분조건들을 망라한 것이기 때문이다. 이것으로 우리는 (다)와 같은 도식이 성립한다는 것을 보였으므로, 매키 이론은 공통원인에 의한 두 결과 가운데 어느 하나를 다른 하나의 원인으로 여기게 하는 문제를 안고 있음이 드러난 것이다.

위의 논증은 원인과 결과 사이에 성립하는 어떤 규칙성을 원인이기 위한 핵심 성격으로 잡을 경우, 공통원인의 문제가 해결되기 어렵다는 점을 보여주는 것 같다. 왜냐하면 공통원인에 따른 두 결과일 경우 규칙성 이론에 따를 때, 원인과 결과 사이에는 일정한 규칙성이 존재하게 될 텐데, 그런 규칙성을 두 결과 사이에서도 찾는 것이 불가능할 것 같지 않기 때문이다. 이것이 옳다면, 이는 원인과 결과 사이의 규칙성을 매키가 말하는 INUS 조건으로 꽤 정교하게 규정하더라도 여전히 진정한 인과와 공통원인에 의한 두 결과를 구분하지 못하는 문제가 생긴다는 점을 말해준다.

(2) 선점의 문제

매키의 규칙성 이론이 안고 있는 또 한 가지 난점은 이른바 '선점(先占, preemption)의 문제'이다. 이 문제는 이어지는 3장에서 자세하게 논의할 것이므로 여기서는 간단히 언급만 하고 넘어가기로 하겠다(3.4절 참조). 원래의 매키 예에서는 특정 지점의 전기 합선이 화재의 원인이었다. 이번에는 상황을 조금만 바꾸어보기로 하자. 특정 지점에 전기 합선이 생겨 그 근처에 있던 물질에 불이 옮겨붙으려는 찰나에 실제로는 그 집에 침입해 있던 방화범이 거기에 불씨를 던져 화재로 이어지게 된 것이라고 해보자. 즉 '방화범의 행동'이라는 사건이, 원인이 될 수 있었던 다른 사건, 즉 '특정 지점의 전기 합선'이라는 사건을 **선점**하여 '화재'라는 결과를 일으켰다고 해보자. 이때 우리의 상식적인 판단은 특정 지점의 전기 합선이 화재의 원인이 아니라 방화범의 행동이 화재의 원인이라는 것이다. 그런데 매키의 이론에 따르면 이때에도 특정 지점의 전기 합선을 여전히 원인이라고 할 수 있으며, 이 점에서 진정한 원인을 제대로 골라내지 못한다는 문제를 안고 있음을 알 수 있다.

선점의 문제가 야기되는 일반적인 구조는 다음과 같다. 매키의 규칙성 이론에서 말하듯이, C가 INUS 조건이라는 의미에서 C와 E 사이에 규칙성이 성립한다고 가정하자. 그리고 실제로 C가 발생하고 또한 최소한의 충분조건의 다른 연언 성원인 X도 성립한다고 해보자. 이때 매키의 이론에 따르면, C를 E의 원인이라고 해야 한다. 하지만 그런 규칙성이 성립함에도 불구하고, C가 아닌 다른 요인에 의해 E가 발생했다고 말할 수 있는 상황을 우리는 늘 생각해 낼 수 있다. 이는 INUS 조건이라는 의미에서의 규칙성이 있다는 사실만으로 진정한 인과관계와 그렇지 않은 인과관계를 구획 짓기에는 어려움이 따른다는 점을 시사해 주는 것 같다.

위에서 언급한 매키의 규칙성 이론이 지닌 두 가지 난점을 통해 우리는 몇 가지 방향의 해결책을 모색해 볼 수 있다. 하나는 규칙성 이론의 기본적인 통찰은 유지하면서도 원인과 결과 사이의 규칙성을 매키와는 다른 방식으로 규명하는 것이다. 다른 하나는 원인과 결과 사이의 규칙성이 꼭 불변적인 규칙성일 필요는 없다는 점을 받아들이고 이를 기초로 해결방안을 모색하는 것이다. 또 다른 하나는 원인과 결과 사이의 규칙성이라는 어떤 외적인 패턴이 아니라 둘 사이의 내적인 과정에 초점을 맞추어 인과를 규명하려는 시도이다. 이어지는 장에서 우리는 이런 시도들을 차례로 볼 것이다. 언급된 해결책 중 첫 번째 것은 3장의 반사실적 인과 이론과, 두 번째 것은 4장의 확률 인과 이론과, 세 번째 것은 5장의 인과 과정 이론과 관련이 있다.

더 읽을거리

규칙성 이론을 소개하는 글 가운데 먼저 읽어 볼 만한 것으로는 다음을 들 수 있다.

Psillos, S. (2002), *Causation and Explanation*, Acumen Publishing Limited.

Psillos, S. (2009), "Regularity Theories", in *The Oxford Handbook of Causation*, eds., H. Beebee, C. Hitchcock, and P. Menzies, Oxford Univ. Press, pp. 131–157.

흄의 견해는 다음 두 책을 참조하면 된다.

Hume, D. (1739–40), *A Treatise of Human Nature*, ed. L. A. Selby-Bigge, rev. P. H. Nidditch, Clarendon.

Hume, D. (1748), *An Enquiry Concerning Human Understanding*, ed. T. L. Beauchamp, Oxford Univ. Press.

매키의 견해는 처음 논문으로 나왔다가 이후 그의 책에 수정된 형태로 실렸다.

Mackie, J. L. (1965), "Causes and Conditions", *American Philosophical Quarterly* 2(4), pp. 245–264.

Mackie, J. L. (1980), *The Cement of the Universe*, Oxford Univ. Press, 3장.

3

인과와 반사실적 의존

2001년 9월 11일 두 대의 여객기가 세계무역센터에 부딪쳤고 건물은
무너졌다. 여객기가 건물에 부딪친 것은 건물이 무너진 원인이다. 하지
만 이 인과를 규칙성을 통해 풀어내기는 곤란해 보인다. 규칙성은 유사
한 사건들의 반복에서 비롯하는데, 여객기가 고층 건물에 부딪치는 것
과 유사한 사례는 우리가 '911 테러'라고 부르는 이 일을 제외하면 현
실에서 좀처럼 찾아볼 수 없기 때문이다. 그렇다면 이런 인과관계는 어
떻게 분석해야 할까? 한 가지 방법은 현실뿐 아니라, 현실과 다른 가상
의 상황들까지 고려해 보는 것이다. 다시 말해, 현실과는 달리 그 여객
기들이 세계무역센터에 부딪치는 일이 일어나지 않았더라면 어떻게 되
었을지 생각해 보는 것이다. 물론 그런 경우, 멀쩡하던 세계무역센터가
별안간 붕괴할 리는 없다. 즉 "만약 그 여객기들이 세계무역센터에 부
딪치지 않았더라면, 그 건물은 무너지지 않았을 것이다."라는 조건문
이 참이다. 그렇다면 더 일반적으로, "C는 E의 원인이다."를, 현실과
다른 가상의 경우를 가정하는 조건문인 "만약 C가 일어나지 않았더라

면 E는 일어나지 않았을 것이다."를 통해서 분석할 수 있을지 모른다. 이와 같은 아이디어에 기초한 인과 이론을 인과의 반사실적 이론 (Counterfacutal Theories of Causation, CTC), 또는 반사실적 인과 이론이라고 부른다.

일찍이 흄은, 비록 그가 반사실적 인과 이론을 의도했는지는 분명치 않지만, 그 아이디어가 담긴 짧은 언급을 제시했다. 2장에서 인용한 『인간 지성에 관한 탐구』에서 흄은 다음과 같이 말한다.

> ① 우리는 한 대상이 뒤따르는 다른 대상의 원인이라는 것을 다음과 같이 정의할 수 있다. 전자와 유사한 대상들에는 모두 후자와 유사한 대상들이 뒤따른다.

그런데 흄은 이 구절에 곧바로 이어서 다음의 언급을 덧붙인다.

> ② 혹은 다른 말로 하면, 만약 전자의 대상이 없었더라면, 뒤따르는 대상은 없었을 것이다.

①은 규칙성으로서의 인과를, ②는 반사실적 인과를 나타낸다. 반사실적 인과 이론을 체계적으로 발전시킨 철학자는 루이스이다. 오늘날 반사실적 인과 이론은 사실상 루이스 한 명의 인과 이론이라고 보아도 무방할 만큼, 반사실적 인과 이론에서 그의 위상은 절대적이다. 이에 3장은 루이스의 반사실적 인과 이론을 중심으로 논의할 것이다.

3.1 실제로 벌어진 일과 다른 상황을 가정하기

앞서 언급한 것처럼 인과관계의 판단은 현실에서 일어난 일과 다른 상황을 떠올려 보는 것과 밀접하게 연결되어 있다. 예를 들어 오랫동안 흡연을 해온 돌이가 폐암에 걸렸다고 하자. 돌이의 폐암 판정을 들은 가족과 친구들은 비통한 심정으로 "돌이가 담배만 피우지 않았어도 이런 나쁜 병에 걸리지는 않았을 텐데!"라고 오열한다. 이 말은 돌이의 흡연이 돌이의 폐암 발병의 원인이라는 뜻이다. 즉, 우리는 돌이의 흡연이 돌이의 폐암 발병의 원인이라는 것을 "만약 돌이가 흡연을 하지 않았더라면, 돌이의 폐암은 발병하지 않았을 것이다."로 나타내곤 한다. 이는 돌이의 흡연과 폐암 발병 사이의 인과관계에 대한 우리의 이해가, 비록 돌이가 실제로는 오랫동안 담배를 피워온 것이 사실이지만 돌이가 흡연을 하지 않았던 가상의 상황을 상상했을 때 그런 가상의 상황에서 폐암은 발병하지 않았을 것이라는 생각에 기초하고 있음을 보여준다. 보다 일반적으로 말하면, 우리의 일상적인 인과 판단은 많은 경우 현실과 다른 가상의 상황을 떠올려 보고 그런 가상의 상황에서 어떤 일이 벌어졌을 것인가를 따져보는 방식으로 이루어진다. 그렇다면 우리의 인과적 판단뿐 아니라, 인과라는 것 자체가 현실과 다른 가상의 상황들과 어떤 방식으로든 긴밀하게 연결되어 있다고 추측해 볼 수 있다.

여기서 말하는 '현실과 다른 가상의 상황'을 철학자들은 좀 더 전문적인 용어로 '가능 세계'라고 부르면서 그 개념을 정교하게 다듬는다. 반사실적 인과 이론은 가능 세계와 떼어서 생각할 수 없다. 그래서 우리는 반사실적 인과 이론을 이해하기에 앞서 가능 세계 사이의 유사성이 어떻게 비교되는가에 관해 먼저 알아보아야 한다. 이는 가능 세계의 유사성 비교가 반사실적 인과를 이해하기 위한 예비적 지식이기 때문만은 아니다. 거듭 강조하지만 반사실적 인과의 핵심은 실제로 일어난 사실과 다른 가상의 상황을 가정하는 데 있다. 예를 들어 돌이가 담배를 피우지 않았다고 가정해 보자. 그러면 "만약 돌이가 담배를 피우지 않았더라면 폐암에 걸리지 않았을 것이다."는 참인가, 거짓인가? 이 물음은, 돌이가 담배를 피우지 않았다는, 현실과 다른 가상의 상황에서 돌이가 폐암이 발병했다는 것과 폐암이 발병하지 않았다는 것 중에서 어느 것이 더 그럴듯한가를 묻는 것과 같다. 달리 말하면, 돌이가 담배를 피우지 않으면서 폐암이 발병하는 가상의 상황과, 돌이가 담배를 피우지 않으면서 폐암이 발병하지 않는 가상의 상황 중, 어느 쪽이 더 그럴듯하냐고 묻는 것이다. 우리의 관심사인 돌이는 현실에 존재하는 인물임을 기억하자. 두 허구의 상황 가운데 어느 쪽이 더 그럴듯하냐고 묻는 것은, 결국 두 상황 가운데 어느 쪽이 현실의 돌이에게 실제로 벌어진 일들과 더 가깝게 다가가 있는가를 묻는 것과 같다. 혹은 다른 말로 하면, 두 허구의 상황 가운데 어느 쪽이 우리의 현실과 더 유사하냐고 묻고 있는 것이다. 이처럼 인과를 반사실적으로 분석하는 이론에서는, 가상의 상황에서 과연 어떤 일이 벌어졌을 것인가를 가늠하는 것은 인과를 분석하는 작업의 절반 이상이라고 해도 과언이 아니다. 그런 연유로 우리는 반사실적 인과 이론에서 가능 세계 사이의 유사성 비교에 특별히 주목해야 하는 것이다.

다음으로 우리는 가능 세계 사이의 유사성 비교를 바탕으로 하여 반사실적 조건문의 의미와 참을 결정할 것이다. "안중근 의사의 저격이 없었더라면 이토 히로부미는 하얼빈에서 죽지 않았을 것이다."처럼 "C이면 E이다(if C then E)" 형식인 문장을 조건문이라고 부른다. 그런데 "C"에 해당하는 "안중근 의사의 저격이 일어나지 않았다."는

1909년 하얼빈역에서 실제로 일어난 사실과 다르다. 이와 같이 실제로 일어난 사실과 다른 일을 가정하는 조건문을 반사실적 조건문이라고 한다.

이어서 루이스의 1973년 전기 이론과 2000년 후기 이론을 차례로 살펴보고자 한다. 전기 이론의 소개는 다음과 같은 순서로 이루어진다. 우선 반사실적 조건문의 의미를 바탕으로 '반사실적 의존 관계'를 정의할 것이다. 반사실적 의존 관계에 의해 '인과적 의존 관계'가 정의된다. 루이스의 전기 이론에서 인과는 인과적 의존 관계를 통해 다음과 같이 정의될 것이다.

CTC0.   C가 E의 원인이다. ⇔

C로부터 E까지 이어지는 인과적 의존의 연쇄가 존재한다.

여기서 인과적 의존의 연쇄가 존재한다는 것은, C에서 E까지 이어지는 사건들 사이에 앞으로 상술할 특별한 종류의 반사실적 의존이 각각 성립한다는 것을 뜻한다. 그리고 '특별한 종류의 반사실적 의존'이란, 역시 앞으로 자세히 설명하겠지만 간단히 말하자면, 앞의 사건이 A이고 뒤의 사건이 B라고 할 때, "A가 일어나지 않았더라면, B는 일어나지 않았을 것이다."라는 관계를 말한다. 예를 들어보자. 안중근 의사가 방아쇠를 당긴 사건(C)과 이토 히로부미의 죽음(E) 사이에 놓인 사건은, 총알이 이토의 심장을 꿰뚫은 사건(A)과 이토 히로부미의 심장이 멎은 사건(B)이다. 그런데 만약 C가 일어나지 않았더라면 A는 일어나지 않았을 것이며, A가 일어나지 않았더라면 B는 일어나지 않았을 것이라는 관계가 성립한다. 그리고 B가 일어나지 않았더라면 E는 일어나지 않았을 것이다. 즉, "만약 …가 일어나지 않았더라면 …는 일어나지 않았을 것이다."라는 관계가 C 사건부터 E 사건에 이르기까지 단절 없이 이어지는 것이다. 이러한 경우 C는 E의 원인이다.

다음으로 루이스의 전기 이론이 직면했던 가장 심각한 난점인 '늦은 선점의 문제'를 살펴보고 그에 대한 대응으로 나온 그의 후기 이론을 살펴볼 것이다. 그의 후기 이론에 의하면 인과는 다음과 같이 정의된다.

CTC1.   C는 E의 원인이다. ⇔
         C로부터 E까지 이어지는 영향 관계의 연쇄가 존재한다.

예를 들어 "안중근 의사의 저격은 이토 히로부미의 1909년 하얼빈에서의 죽음의 원인이다."는 다음과 같이 분석된다. 안중근 의사의 저격에 약간의 변화가 가해졌다고 하자. 예를 들어 총을 쏠 때의 안중근 의사의 팔의 각도가 약간 달랐다고 하자. 그렇다면 이토 히로부미는 여전히 총을 맞고 죽었겠지만 조금은 다르게 죽었을 것이다. 이를테면 총알이 더 치명적인 부위에 명중하여 그로 말미암아 이토 히로부미가 실제로 죽은 시간보다 더 앞당겨 죽었을 수도 있다. 이처럼 실제로 일어난 원인 사건에 이러이러한 변화가 있었더라면, 실제로 일어난 결과 사건에 이러이러한 변화가 있었을 것이라는 관계가 성립하는 것을, 앞 사건이 뒤 사건에 영향을 준다고 일컫는다.

반사실적 인과 이론에 관해서 한 가지 혼동하지 말아야 할 점이 있다. 루이스의 전기 이론과 후기 이론 어느 쪽에서도, "C는 E의 원인이다."는 "만약 C가 일어나지 않았더라면 E는 일어나지 않았을 것이다."로 곧바로 정의되지 않는다. 예를 들어 "안중근 의사의 저격이 이토 히로부미의 죽음의 원인이다."는, "만약 안중근 의사가 이토 히로부미를 저격하지 않았더라면, 이토 히로부미는 죽지 않았을 것이다."로 곧바로 정의되지 않는다.

그러면 먼저 가능 세계에 관한 이야기부터 풀어나가 보자.

3.2 가능 세계와 반사실적 조건문

가능 세계란 무엇인가? 현실에서 일어나는 일들은 꼭 그렇게 일어나야 하는 것은 아니다. 현실과 다른 일들도 얼마든지 일어날 수 있었다. 우리나라는 일제강점기를 겪지 않았을 수도 있었다. 워싱턴이 지금 대한민국의 수도였을 수도 있었다. 제2차 세계대전은 일어나지 않았을 수도 있었다. 사람들의 평균 키는 3미터였을 수도 있었다. 신생대 이후 지구의 환경과 생물 진화는 다르게 전개되었을 수 있었고, 그 경우 코끼리가 아닌 모에리테리움이 지금 땅 위를 활보하고 있었을지도 모른다. 논리적 모순의 경우가 아닌 한, 우리는 그와 같은 '가능한 경우'들을 얼마든지 떠올려 볼 수 있다. 철학자들은 이를 두고, 사람들의 키가 3미터인 가능 세계, 워싱턴이 한국의 수도인 가능 세계 등등이 존재한다고 말한다.

그렇다면 그러한 가능한 상황들을 왜 구태여 '세계'라고 부를까? 예를 들어 다음의 참인 문장을 생각해 보자.

(P1) 2019년 LA 다저스는 월드시리즈에서 우승하지 못했다.

P1이 참인 이유는 2019년의 가을에 실제로 일어난 어떤 사실과 부합하기 때문이다. 그런데 우리는 다음의 문장 P2도 참이라고 생각한다.

(P2) 2019년 LA 다저스는 월드시리즈에서 우승할 수도 있었다.

그렇다면 P2는 어째서 참인 것일까? 그 대답은 다저스가 2019년 월드
시리즈에서 실제로는 우승하진 못했지만 우승하는 일이 벌어지는 것이
가능했다는 것이다. 다시 말해, 그런 일이 일어나는 가능한 경우가 존
재한다.

그런데 곰곰이 생각해 보면 그런 '경우'가 존재하려면 우리의 현실
세계와 마찬가지로 하나의 완결된 세계로서 존재해야 할 것 같다. 다저
스가 우승 트로피를 들어 올리기까지 많은 경기들이 실제로 열려야 할
것이고, 매 경기마다 관중들이 운집해 있을 것이며, 그 관중들마다 각
자가 살아온 생애 전체의 역사가 있을 것이기 때문이다. 나아가 다저스
가 2019년 우승 트로피를 들어 올리는 순간까지의 미국의 온 역사, 나
아가 온 우주의 역사까지 그에 앞서 펼쳐져 있어야만 할 것이다. 즉 그
와 같은 가능성이 실현된 경우는 엄연한 하나의 세계이다. 그래서 '가
능한 경우'를 이처럼 하나의 세계로 간주하여 '가능 세계'라고 부르는
것이다. P2가 참이라는 것은, 2019년에 LA 다저스가 월드시리즈에서
우승하는 가능 세계가 존재한다는 뜻으로 풀이된다.

우리가 살고 있는 현실 세계 역시 가능 세계의 하나임을 유의해야 한
다. 우리 세계의 현실들은 실제로 일어난 일들이다. 그런데 불가능한
일이 일어날 수 있을까? 그럴 수는 없을 것이다. 다시 말해 우리의 현
실에서 일어난 모든 일들은 가능한 경우들이다. 그래서 우리의 현실 세
계도 가능 세계의 하나인 것이다.

가능 세계의 개념을 오해하지 않으려면, 현실 세계를 포함한 모든 가
능 세계들은 서로 시공간적으로 단절되어 있음에 유의해야 한다. 예를
들어 어떤 사람이 현실의 경험과 구별되지 않을 만큼 지극히 생생한 가

상현실 체험 기계를 통해 바닷가에서 일광욕을 하는 체험을 한다고 하자. 지금 그 사람은 현실 세계에 거주하다가 다른 가능 세계로 여행을 떠나는 것이 아니다. 같은 세계에 머물고 있으면서 가상의 체험을 즐기고 있을 뿐이다. 마찬가지로 『이상한 나라의 앨리스』에서 앨리스가 토끼를 따라 이상한 나라로 이동한 이야기에서도 앨리스는 두 가능 세계를 넘나드는 것이 아니라 동일한 세계 안의 두 지역을 오가는 것에 지나지 않는다. 가능 세계 사이에는 어떠한 뜻에서의 시공간적 연결도 없기에 한 세계의 거주자가 다른 세계를 방문하거나 엿볼 수도 없다.

〈상자 3-1〉 가능 세계와 법칙

루이스에 따르면 하나의 세계는 그 세계의 시공간에 자리하는 국소적인 사건들의 배열로 이루어진 거대한 모자이크이다. 세계는 그러한 국소적인 사건들로 구성되며 그 외에 다른 구성요소는 없다. '모자이크'는 그러한 개별 사건들 각각이 본질적으로는 서로 단절되어 있음을, 또는 흄의 용어로는 필연적 연관성이 없음을 암시하는 은유이다. 그리고 법칙을 비롯한 세계의 다른 속성들은 모두 그 배열에 수반(supervene)한다. 여기서 법칙이 사건들의 배열에 수반한다는 것은, 사건들의 배열이 다르지 않다면 법칙 역시 다르지 않다는 것을 뜻한다.

그러나 세상의 모든 사건들이 단절된 모자이크라면 그 사이에 어떻게 법칙적 연결이 있을 수 있을까? '모자이크'의 은유를 다시 생각해 보자. 각각의 모자이크 조각들은 다른 조각들과 본질적으로 어떤 연결 관계도 없지만, 그러한 개별 조각들이 나열되면 우연히도 하나의 완결된 그림을 나타낸다. 이는 마치 무작위로 갖가지 색깔의 색종이 조각들을 흩뿌렸을 때, 우연히도 그 색종이들의 배열이 풍경이나 인물의 모습을 나타내는 것과도 같다. 그리고 어떤 가능 세계는 그것의 모자이크 조각들의 배열을 간결하게 일반화할 수 있을 만큼의 규칙성을 보이기도 할 것이다. 루이스에 따르면 바로 이러한 배열들에 대한 일반화가 그 세계의 법칙이 될 수 있는 후보이다. 요약하면, 루이스에게 법칙이란 곧 규칙성의 일반화인데, 법칙 사이의 비교가 가능 세계 사이의 유사성 비교에서 중심적인 위치를 차지하며, 그러한 유사성 비교에 기초하여 인과가 분석되는 것이다.

하지만 사건들의 같은 배열에 대해 서로 다른 여러 일반화가 있을 수 있다. 그 가운데 어떤 것이 법칙에 해당하는가? 루이스는 법칙이란 단순성과 정보력 사이의 균형을 이룬 최선의 체계에서 공리 또는 정리로 나타나는 것이라고 정의한다. 늘 그런 것은 아니지만, 대체로 단순성과 정보력은 서로 충돌하는 경향이 있다. 예를 들어, 백과사전의 모든 참인 문장들을 전부 연언으로 연결한 기나긴 문장이 있다고 하자. 이 문장을 포함하는 체계는 대단히 넓은 범위의 참을 이끌어낼 수 있다는 뜻에서 정보력이 강하지만 단순성 면에서는 결함을 지닌다. 반면에 "이 물체는 검은색이다."라는 단 하나의 참만을 포함하는 체계는 단순하기는 하지만 정보력은 거의 없다. 따라서 이러한 체계들을 최선의 체계라 할 수 없다. 반면에 "이상 기체의 양과 온도가 일정할 때 그 기체의 압력과 부피는 서로 반비례한다."라는 일반화를 공리 또는 정리로 포함하는 체계는, 단순하면서도 상당히 넓은 범위의 현상들을 포괄한다는 뜻에서 정보력도 확보한다. 그래서 우리가 보일의 법칙이라 부르는 이 일반화는 법칙이 될 수 있다. 주의해야 할 점은, 단순성과 정보력 사이의 균형은 참인 개별 문장들 사이에서가 아니라 그 개별 참들로 이루어진 체계 사이에서 비교된다는 점이다.

다음으로 가능 세계를 통해 반사실적 조건문의 의미를 이해해 보자. "만약 안중근 의사가 1909년 하얼빈역에서 이토 히로부미를 저격하지 않았더라면 이토 히로부미는 하얼빈에서 죽지 않았을 것이다."라는 반사실적 조건문의 뜻은 무엇일까? 그것은, 안중근 의사가 이토 히로부미를 저격하지 않은 가능한 상황이 일어났다면, 그리고 그 가능한 상황이 안중근 의사의 저격이 일어나지 않았다는 것만을 제외하고 우리의 현실 세계와 다르지 않다면, 그러면 그 상황에서 이토 히로부미는 죽지 않는다는 것이 이토 히로부미가 하얼빈역 기차에서 내리던 도중 별안간 죽어 버리는 것보다 더 그럴듯하다는 뜻이다. 그리고 여기서 '더 그럴듯하다'는 말의 의미는 그런 일이 일어나는 가능 세계가 우리의 현실 세계와 더 유사하다는 뜻이다. 그래서 반사실적 조건문의 의미는 가능 세계들 사이의 유사성 비교, 다시 말해 기준이 되는 세계 @에 대해서 w_1과 w_2 중 어느 쪽이 @에 더 유사한가의 비교를 통해 주어진다. (여기서 "@"는 현실 세계를 그리고 "w_1", "w_2", … 등은 가능 세계를 가리킨다.) "만약 안중근 의사가 이토 히로부미를 저격하지 않았더라면, 이토 히로부미는 하얼빈에서 죽지 않았을 것이다."가 참이 되기 위한 조건은, 안중근 의사가 이토 히로부미를 저격하지 않은 가능 세계들을 우리의 현실 세계 @와 비교했을 때, 이토 히로부미가 하얼빈에서 죽지 않은 세계가 이토 히로부미가 하얼빈에서 죽은 세계보다 @에 더 유사하다는 것이다. 물론 이 유사성 관계는 정도의 문제이며 동률도 있을 수 있다.

그렇다면 가능 세계 사이의 전반적인 유사성을 판정하는 기준은 무엇인가? 루이스는 다음의 순서대로 중요성을 가진다고 말한다.

S1: 법칙의 크고 광범위한 위반이 없다는 것이 첫째로 중요하다.

S2: 개별 사건들이 일치하는 시공간적 범위가 넓다는 것이 둘째로
중요하다.

S3: 법칙의 작고 국소적인 위반이 없다는 것이 셋째로 중요하다.

이 비교 기준의 핵심은, 유사성의 비교에는 법칙의 준수와 개별 사실들
사이의 일치라는 두 요소를 모두 고려해야 하지만, 두 요소 중 어느 쪽
이 더 중요한가를 따지면서 적절한 가감(trade-off)을 한다는 것이다.
예를 들어 현실 세계 @와 법칙이 일치하는 두 개의 가능 세계 w_1과 w_2
중 어느 쪽이 더 유사한지 비교한다고 하자. w_1은 t 시점까지의 개별
사실들의 전개가 @와 다르지만 t 시점에서 작은 기적 즉 법칙의 위반
이 일어났고 그에 의해 t 시점 이후의 모든 개별 사실들이 @와 일치하
게 되었다고 하자. 반면에 w_2는 t 시점까지의 개별 사실들의 전개가 w_1
과는 같고 @와는 다르며, 어떠한 기적도 일어나지 않는다고 하자. w_2
의 t 시점 이후의 개별 사실들의 전개는 @와는 매우 다르게 흘러갈 것
이다. 이 두 세계를 @와 비교하면, w_1이 w_2보다 @에 더 유사하다. 비
록 w_1은 w_2와 달리 법칙의 위반이 발생했지만, 그 위반을 상쇄할 만큼
의 광범위한 개별 사건들의 일치가 있기 때문이다. 즉, S2가 S3보다 더
중요한 기준으로 작용한다.

그런데 가능 세계 사이의 유사성 판정에서, 왜 S1이 S2보다 더 중요
한 기준인지는 직관적으로 선뜻 이해가 가지 않을 수도 있다. 이를 이
해하기 위해 한 가지 예를 들어보자. 다음의 반사실적 조건문 P3은 명
백히 참이다.

(P3) 만약 닉슨이 핵 단추를 눌렀더라면, 핵전쟁이 일어났을 것이다.

하지만 다음의 두 세계 w_1과 w_2를 현실 세계 @와 비교해 보자. w_1과 w_2 모두 닉슨이 핵 단추를 누르는 시점인 t 시점까지 모든 개별 사건들에서 @와 정확히 일치한다. @에서는 닉슨이 t 시점에 핵 단추를 누르지 않았지만, w_1에서는 닉슨이 t 시점에 핵 단추를 눌렀고 핵전쟁이 일어났다. 핵전쟁이 일어난 후의 세계의 개별 사건들의 배열은 말할 나위도 없이 @와 매우 다르다. 반면에 w_2에서도 닉슨이 핵 단추를 눌렀지만, 단추를 누른 뒤에 무언가 작은 기적이 일어나서 핵전쟁이 발발하지 않았다. 작은 기적이란, 예를 들면 전기학 법칙의 작은 위반에 의해서, 모든 조건이 정상임에도 불구하고 스위치 누름에 의해 발생한 전기신호가 핵무기 발사 장치까지 도달하지 못하는 경우이다. 그리고 발사 실패 이후의 사건들의 전개는 현실 세계와 정확히 일치한다고 하자. 위에서 서술한 루이스의 비교 기준대로라면 w_2가 w_1보다 @에 더 유사하기 때문에 위의 반사실적 조건문은 명백히 참임에도 불구하고 거짓이라고 판정해야 할 것처럼 보인다.

하지만 그렇지 않다. 루이스도 위 반사실적 조건문이 참임을 인정하며, w_1이 w_2보다 @에 더 유사하다고 말한다. 그 근거가 무엇인지를 알아보기에. 앞서 우선 한 가지 기억해야 할 것이 있다. 루이스는 결정론적 법칙하에서 다음과 같이 전제한다. 예를 들어 같은 결정론적 법칙을 따르는 두 세계 w_1과 w_2에서 t 시점까지의 과거가 완벽하게 일치한다고 하자. 그러면 법칙의 위반이 없는 한, t 시점 직후의 사건은 두 세계가 반드시 일치해야 한다. 반면에 t 시점에 두 세계의 사건이 갈라진다면, 두 세계는 t 이후의 미래에서도 계속 갈라지게 된다. 하지만 이러한 전제가, 어떤 세계 w_3에서 t 시점 직후의 사건이 w_1, w_2와 일치하기 위해서 같은 결정론적 법칙을 따르는 w_3의 과거가 반드시 그 두 세계와 같아야 한다는 것을 의미하지는 않는다. w_3의 과거가 그 두 세계와 매우

다름에도 불구하고 t 시점 직후의 사건은 w_1, w_2, w_3이 우연히 일치할
수도 있기 때문이다. 간단히 말하면, 결정론적 법칙하에서 t 시점까지
의 특정한 과거 역사가 주어진다면 t 직후의 미래는 결정되지만, 그렇
다고 해서 t 직후의 미래가 그렇게 결정되기 위해 t 시점까지의 과거가
문제의 그 특정한 과거 역사와 반드시 같아야 하는 것은 아니다. 예를
들어 현실에서는 닉슨이 핵 단추를 누르지 않았는데, 닉슨이 핵 단추를
누르지 않은 어떤 가능 세계의 과거가 그 시점까지의 현실 세계의 과거
와 반드시 일치해야 하는 것은 아니다.

이제 왜 핵전쟁이 일어난 세계 w_1이 닉슨이 단추를 눌렀지만 기적이
일어나서 개별 사건들이 현실 세계와 같아진 세계인 w_2보다 현실 세계
에 더 유사한지 알아보자. 이를 위해 〈표 3-1〉에 등장하는 네 세계를
비교해 보자. 단 이 네 세계는 동일한 결정론적 법칙을 따른다고 가정
하자.

〈표 3-1〉 가능 세계들의 유사성

	t 시점 이전의 사건들	닉슨의 단추 누름	t 시점 이후의 사건들	작고 국소적인 기적	크고 광범위한 기적
@	@와 같음	×	@와 같음	×	×
w_1	@와 같음	○	핵전쟁 (@와 다름)	○	×
w_2	@와 다름	○	핵전쟁 (@와 다름)	×	×
w_3	@와 같음	○	@와 같음	○	○

루이스의 판정기준에 따르면 세 가능 세계 중에서 @에 가장 유사한
것은 w_1이다. w_1에서 작고 국소적인 기적이 일어난 이유는 결정론적

법칙 때문이다. t 시점 이전까지의 과거가 @와 모두 일치한다면 닉슨은 현실 세계와 마찬가지로 핵 단추를 누르지 않아야 한다. 하지만 w_1은 모든 조건이 현실 세계와 일치함에도 불구하고 이를테면 닉슨의 신경계에 조그만 과학법칙의 위반이 일어나서 불행하게도 그가 단추를 누르는 행동을 하고 만 경우에 해당한다.

그렇다면 w_2와 w_3은 왜 @와 유사하지 않은가? w_2가 @와 유사하지 않은 이유는 분명하다. 비록 법칙이 위반되지 않는다는 점에서는 @와 다르지 않지만, 개별 사건들의 배열이 그 공통점을 압도할 정도로 광범위하게 다르기 때문이다. w_2는 t 시점 이전이든 이후든 과거부터 미래까지 모든 사건들의 역사가 @와 총체적으로 다르게 흘러가는 경우이므로 당연히 @와 유사한 세계로 볼 수 없다. 문제는 w_3이다. 이 세계는 작은 기적이 일어나서 닉슨이 핵 단추를 눌렀지만 또 다른 작은 기적 덕분에 핵무기는 발사되지 않았고 그 이후의 모든 사건들의 전개는 현실 세계와 일치하는 세계이다. 그렇다면 w_3은 @와 충분히 유사한 것 아닐까? 그렇지 않다. w_3에서 닉슨은 핵 단추를 눌렀다. 결정론적 법칙하에서 그 변화로 인해 t 이후의 개별 사건들은 광범위하게 바뀌어야 한다. 그럼에도 불구하고 닉슨이 단추를 누른 t 시점 이후의 사건들의 전개가 @와 일치하기 위해서는 크고 광범위한 기적의 도움을 필요로 한다. 예를 들어 핵 단추를 누름으로써 시스템에 가해졌던 모든 미세한 물리적 변화들은 이후의 또 다른 물리적 변화들을 야기할 것이다. 옆에서 닉슨의 단추 조작을 지켜본 보좌관이 다른 곳에 가서 이 사실을 발설할지도 모르고, 이것이 입에서 입을 거쳐 거대한 정치 외교적 파국을 야기할 수도 있다. 그 모든 일들을 무로 돌리기 위해서는 엄청나게 넓은 범위의 기적이 일어나야만 하는 것이다. 닉슨 본인에게도 당연히 핵 단추를 누른 기억이 남아야겠지만 그 모든 기억이 사라지는 기적도 필요하다. 다시 말해, t 시점에 닉슨이 핵 단추를 누른 그 사건 직후에 그야말로 마법 같은 기적이 일어나서 단추를 누른 사건 자체와 그에 따른 미래의 변화들 모두가 마치 영화 필름에서 깨끗하게 삭제되기라도 하는 것처럼 세계의 역사에서 증발해 버린 세계가 w_3인 것이다. 이것이 루이스가 w_3을 @와 유사한 세계로 판정할 수 없다고 보는 근거이다. 비록 w_3은 개별 사건들의 배열은 닉슨이 핵 단추를 눌렀다는 것과 핵미사일이 발사되지 않았다는 두 가지의 국소적인 사건만 제외하고는 @와 일치하지만, 그렇다고 해서 @와 유사한 세계로 보기에는 너무나 거대하고 광범위한 법칙의 위반이 일어나기 때문이다. 앞서 서술한 것처럼 일반적으로 말하면, 결정론적 법칙하에서 t 시점 이전까지 두 세계의 과거가 일치하고 기적이 일어나지 않는다면 t 시점 이후의 개별 사건들은 두 세계에서 서로 달라질 수 없다. 반면에 두 세계가 t 시점까지의 과거가 일치하다가 어느 한 세계에서 t 시점에 기적이 일어나서 그 이후부터는 두 세계가 서로 달라질 참임에도 불구하고 그 두 세계가 t 시점 이후에도 정확히 일치하려면 크고 광범위한 기적의 도움이 반드시 있어야 한다.

위 표에서 w_1이 w_3보다 @에 더 유사하다는 루이스의 판정은 인과와 관련하여 중요하게 곱씹을 필요가 있다. 왜냐하면 루이스의 인과 이론은, 원인 사건이 일어나기까지의 현실 세계와 모든 면에서 일치하지만 조그마한 기적이 일어나서 그 원인 사건이 발생하지 않게 되고 뒤이어 결과 사건도 발생하지 않는 가능 세계가 현실 세계와 유사하다는 생각에 기초하기 때문이다. 어떤 가능 세계에서 안중근 의사가 방아쇠를 당기기 직전까지의 모든 개별 사건들이 현실 세계와 일치한다고 하자. 결정론적 법칙이 준수된다면, 그 세계에서 안중근 의사의 총알은 틀림없이 발사되어 이토 히로부미의 심장을 꿰뚫어야 한다. 하지만 어떤 국소

적인 기적이 일어나서 저격이 벌어지지 않았고 이토 히로부미도 죽지
않는 가능 세계가 현실 세계와 유사하기에 우리는 "안중근 의사의 저
격이 일어나지 않았더라면 이토 히로부미는 하얼빈에서 죽지 않았을
것이다."가 참이라고 받아들일 수 있는 것이다. 이처럼 가능 세계 사이
의 유사성을 비교하는 데 있어서 법칙이 미세하게 위반되는 세계가 개
별 사건들의 배열이 완벽하게 일치하는 세계보다 더 유사할 수도 있다.
법칙의 준수와 사건들의 일치 사이에서 중요성의 가감을 고려한다는
것이 바로 이러한 뜻이다.

　이제, 가능 세계 사이의 유사성 비교를 통해서 반사실적 조건문의 의
미를 일반적으로 제시하면 다음과 같다. 루이스에 의하면 반사실적 조
건문 "만약 A였더라면 C였을 것이다."(이후 "A $\square \rightarrow$ C"로 표기한다)가
참이 되기 위한 필요충분조건은 다음의 두 경우 중 하나일 때이다.

(F1) 어떤 가능 세계에서도 A가 참이 아닐 때. 이 경우 위 반사실적
　　 조건문은 공허하게 참이 된다.
(F2) A도 참이고 C도 참인 세계가, A가 참이지만 C는 거짓인 세계
　　 보다도, 기준 시점이 되는 세계 @에 더 유사할 때.

F1에서 반사실적 조건문이 공허하게 참이 된다는 것은, 그 조건문의
전건이 참이 되는 경우가 없어서 후건의 참 거짓에 상관없이 그 조건문
이 참이 된다는 뜻이다. 예를 들어 "만약 A이고 A가 아니라면, B이
다."와 같이 전건이 모순되는 주장이라면, 전건이 참이 되는 경우는 결
코 없을 것이므로, 이 조건문의 전건이 참이면서 후건이 거짓인 경우도
당연히 없을 것이다. 이처럼 공허하게 조건문이 참이 되는 F1은 논외
로 하고, F2를 살펴보자. 우리의 현실 세계 @를 기준으로 다음의 두

세계를 생각해 보자. 케네디 대통령이 암살당하지 않고 계속 대통령으로 있으면서 미국은 베트남 전쟁에 참전하지 않기로 결정하는 가능 세계 w_1이 있다. 또 다른 세계 w_2에서는 케네디 대통령이 암살당하지 않고 계속 대통령직을 유지하면서 미국의 베트남전 참전을 결정한다. 그런데 w_1은 w_2보다 @에 더 유사하다고 하자. 그런 경우, 위의 반사실적 조건문 "케네디 대통령이 암살당하지 않았더라면, 미국은 베트남 전쟁에 참전하지 않았을 것이다."는 참이 된다.

3.3 반사실적 인과 이론

반사실적 조건문의 의미가 주어졌으므로, 이를 통해 반사실적 의존 관계를 다음과 같이 정의해 볼 수 있다.

> **D1.**　　C가 A에 반사실적으로 의존한다. ⇔
> 　　　　A □→C이다.

D1에서 반사실적 의존 관계의 두 항인 C와 A는 모두 사건을 가리킨다. 반사실적 의존 관계뿐 아니라 앞으로 나올 인과적 의존 관계 역시 사건들 사이의 관계로 간주될 것이다. 물론 우리는 일상생활에서 "이 돌멩이가 저 창문이 깨진 원인이다.", "대한민국 선수단의 노력의 결과가 이 금메달이다."등과 같이, 원인과 결과를 사건이 아닌 대상으로 표현하기도 한다. 하지만 루이스의 인과 이론에서 원인과 결과는 개별 사건으로 제한된다. 그런데 D1에 등장하는 조건문 "A □→C"를 보자. 조건문의 전건과 후건이 될 수 있는 것은 사건이 아닌 명제이다. 그러므로 D1에서 "A □→C"의 전건과 후건은 A와 C가 일어났다는 명제로

각각 읽어야 한다. 그리고 "…가 일어났다."라는 명제의 주어가 될 수 있는 것은 위에서 예로 든 "돌멩이"나 "금메달"과 같은 사물의 이름이 아니라 "911 테러", "이 병의 깨짐"과 같은 사건의 이름이다.

이제 인과적 의존을 정의할 차례이다. 그런데 방금 살펴본 반사실적 의존도 그렇지만, 어떤 사건이 다른 사건에 의존한다는 것이 대체 무슨 뜻일까? 두 대상 A와 B에 대해서 A가 B에 의존한다는 것은 A의 존재 함이 B의 존재함에 기반 또는 근거한다는 뜻이다. 한 가지 예를 들어보자. 나는 지금 시원한 물 한 잔을 마시고 싶다고 욕구한다. 나의 이 욕구가 아무런 기원도 없이 하늘에서 뚝 떨어지듯 생겨나지는 않을 것이다. 무언가 다른 것이 존재하기에 나의 지금 이 욕구도 존재하는 것이다. 새롭게 존재하게 된 무언가 다른 것이란, 내 신체 내의 수분이 부족한 상태라든가 아니면 물을 마시고 싶다는 생각과 관련된 두뇌의 물리적 변화 등이 될 것이다. 철학자들은 이를 두고 우리의 욕구와 같은 심적 상태는 우리 신체의 물리적 상태에 의존한다고 말한다. 그런데 두 대상 사이의 의존 관계가 인과적인 경우, 즉 사건 E의 존재함이 사건 C의 존재함에 인과적으로 기반 또는 근거하는 경우도 있다. 이런 경우 E는 C에 인과적으로 의존한다.

루이스는 사건들 사이의 인과적 의존을 명제들 사이의 반사실적 의존을 통해 정의한다. 얼핏 생각하면 A □→C라는 반사실적 의존과 "C는 A에 인과적으로 의존한다."는 인과적 의존은 언제나 일치할 것 같아 보인다. 하지만 루이스는 이 두 가지 의존은 같지 않다는 점을 지적한다. 루이스가 드는 예는 다음과 같다. 예를 들어 행성의 운동에 관한 케플러의 법칙에서 상수들이 조금씩 다른 명제들 C1, C2, C3, …가 있다고 하자. 케플러의 법칙은 중력에 관한 뉴턴의 법칙으로부터 연역적으로 도출될 수 있다. 이에 다양한 상수들에 따른 케플러의 법칙의 변형들 각각과 쌍을 이루는 뉴턴의 법칙들의 변형을 각각 A1, A2, A3, …
라고 하자. 케플러의 법칙들 C1, C2, C3, …을 모아서 이들 모두를 C라
하고 뉴턴의 법칙들 A1, A2, A3, …을 모아서 이들 모두를 A라고 하
자. A1 □→C1, A2 □→C2, … 등등이 각각 모두 참일 것이므로 이를
한꺼번에 나타내어 A □→C가 성립한다고 말할 수 있다. 즉, 케플러의
법칙은 뉴턴의 법칙에 반사실적으로 의존한다. 하지만 그렇다고 해서
뉴턴의 법칙이 케플러의 법칙의 인과적 원인인 것은 아니다.

  인과적 의존과 반사실적 의존이 이처럼 동일하지 않으므로, 인과적
의존은 어떤 특별한 종류의 반사실적 의존으로서 정의되어야 한다. 이
를 위해 루이스는 모든 가능한 사건 E에 대해서 그에 상응하는 명제
O(E)가 존재한다는 가정을 받아들인다. ("O(E)"는 "E가 일어났다."를
의미한다. 〈상자 1-2〉 참조.) 이 가정에 의해서, 사건 C와 E 사이의 반
사실적 의존은 그에 상응하는 명제 O(C)와 O(E) 사이의 반사실적 의
존으로 항상 바꾸어 쓸 수 있다. 이를 바탕으로, 우리는 일단 명제들 사
이의 반사실적 의존을 이용해 인과적 의존을 다음과 같이 정의하는 방
안을 생각해 볼 수 있다.

D2.   사건 E가 사건 C에 인과적으로 의존한다. ⇔
       O(E)가 O(C)에, ~O(E)가 ~O(C)에 반사실적으로 의
       존한다.

D2는 두 개의 반사실적 조건문인 O(C) □→O(E)와 ~O(C) □
→~O(E)를 포함한다. 이 둘이 함께 성립하는 경우에는 E가 명백히 C
에 인과적으로 의존한다. 그런데 C와 E가 모두 일어나지 않은 사건들
이라고 해보자. 이 경우, 두 번째 반사실적 조건문은 당연히 참이 될 것

이다. 왜냐하면 현실 세계에서는 C와 E가 모두 일어나지 않은 사건이고, 기준 시점이 되는 세계 자신보다 그 세계에 더 유사한 세계는 없기 때문이다. 하지만 우리는 보통, 인과관계를 이미 일어난 두 사건 사이의 관계로 생각한다. 실제로 일어나지도 않은 두 사건 사이에서 인과관계를 말한다는 것은 이치에 맞지 않는다. 그러므로 다음으로 검토할 후보는 첫 번째 반사실적 조건문만을 포함하는 다음의 정의이다.

D3.   사건 E가 사건 C에 인과적으로 의존한다. ⇔
       $O(C) \,\square\!\!\rightarrow O(E)$이다.

하지만 D3 역시 문제가 있다. 우리는 인과관계를 실제로 일어난 두 사건 사이의 관계로 간주한다고 가정했다. 그런데 앞서와 비슷한 이유로 우리 세계에서 C와 E가 실제로 일어난 사건이기만 하다면 그들 사이에 인과관계가 있든 없든 상관없이 $O(C) \,\square\!\!\rightarrow O(E)$는 무차별적으로 참이 되어 버리고 말 것이다. 이에 루이스는 다음의 D4를 인과적 의존 관계의 적합한 정의로 보는데, 이는 앞서 인용했던 흄의 『인간 지성에 관한 탐구』의 두 번째 구절인 ②와 정확히 일치한다.

D4.   사건 E가 사건 C에 인과적으로 의존한다. ⇔
       C와 E 둘 다 실제로 일어난 사건이고, $\sim\!O(C) \,\square\!\!\rightarrow$
       $\sim\!O(E)$이다.

하지만 루이스는 인과를 곧바로 인과적 의존과 같다고 정의하지 않는다. C가 E의 원인임에도 불구하고 $\sim\!O(C) \,\square\!\!\rightarrow \sim\!O(E)$가 성립하지 않는 경우도 있기 때문이다. 예를 들어 개구쟁이 석이와 훈이가 공을 던져서 창문을 깨트릴 참이라고 하자. 석이가 먼저 재빨리 공을 집어 던졌고, 막 던지려던 훈이는 석이가 던지는 것을 보고 공을 던지지 않았다. 창문이 깨진 것의 원인은 석이의 공 던짐임에도 석이가 공을 던지지 않았더라면 창문이 깨지지 않았을 것이라는 말은 참이 아니다. 훈이가 대신 던졌을 것이기 때문이다.

반면에 석이가 공을 던지는 동작부터 공이 날아가는 사건 그리고 공이 창문에 충격을 가하는 사건과 최종적으로 창문이 깨지는 사건까지의 이어지는 인과적 연쇄를 생각해 보자. 창문이 깨지는 그 사건은 석이가 던진 그 공의 충격에 인과적으로 의존하며, 창문에 충격을 가한 그 사건은 다시 석이가 던진 공의 날아옴에 인과적으로 의존한다. 그리고 석이의 공의 날아옴은 석이의 던짐 동작에 인과적으로 의존한다. 이 모든 연쇄 각각에서 앞 사건은 뒤 사건의 원인이다. 그리고 가장 첫 사건인 석이의 던짐 동작은 가장 끝 사건인 창문의 깨짐의 원인이다. 하지만 가장 첫 사건은 가장 끝 사건에 인과적으로 의존하지 않는다. 이로부터 알 수 있는 것은 인과는 이행적이지만 인과적 의존은 이행적이지 않다는 것이다. 이것이 루이스가 인과를 곧바로 인과적 의존으로 정의하지 않는 이유이다.

이제 실제로 일어난 개별적인 사건들 C, D, E, ⋯ 가 유한한 수만큼 있다고 하자. 그리고 D는 C에 인과적으로 의존하고, E는 D에 인과적으로 의존한다는 관계들이 줄지어 이어진다고 하자. 이 관계들의 연쇄를 인과적 연쇄라 부르자. 루이스는 인과를 다음과 같이 정의한다.

CTC0. C가 E의 원인이다. ⇔
C로부터 E까지 이어지는 인과적 의존의 연쇄가 존재한다.

예를 들어 C가 D의 원인이고, D가 E의 원인이라고 하자. 이 경우, C는 E의 원인이다. 반면에 E가 D에 인과적으로 의존하고, D가 C에 인과적으로 의존한다고 하자. 이런 경우 E가 C에 반드시 인과적으로 의존하는 것은 아니다. 인과적 의존은 이행적이지 않으므로, C로부터 E까지 이어지는 인과적 의존의 연쇄가 존재한다고 해서, C가 일어나지 않았더라면 E가 일어나지 않았다는 것이 꼭 성립하지는 않는다. 하지만 만약 E가 C에 인과적으로 의존한다면, 다시 말해 만약 C가 일어나지 않았더라면 E가 일어나지 않았을 것이라면, 그런 경우에는 C는 E의 원인이다.

석이와 훈이의 예를 다시 돌아보자. 앞서 살펴본 것처럼 석이가 공을 던진 사건으로부터 창문이 깨진 사건까지는 인과적 의존의 연쇄가 존재한다. 반면에 훈이의 실현되지 않은 던짐 동작으로부터 창문의 깨짐까지는 그와 같은 연쇄가 존재하지 않는다. 그러므로 "만약 석이가 공을 던지지 않았더라면 창문은 깨지지 않았을 것이다."는 거짓이지만, 그럼에도 석이가 공을 던진 것은 창문이 깨진 원인이라고 분석될 수 있다.

많은 철학자들이 반사실적 이론을 규칙성 이론의 확장된 형태로 이해한다. 안중근 의사의 저격과 이토 히로부미의 죽음과 같은 일회성 사건 사이의 인과관계는, 안중근 의사의 저격 사건이 일어나는 수많은 가능한 대안적 경우들이 우리의 현실과 충분히 유사하다면 그런 경우들에 이토 히로부미의 죽음 역시 규칙적으로 뒤따른다는 것으로 다시 풀어쓸 수 있다. 이 규칙성이 바로 두 사건 사이의 반사실적 의존 관계이다. 그리고 이 반사실적 의존 관계를 인과적 관계로 표현한 것이, 안중근 의사의 저격이 일어나지 않은 가능 세계들을 놓고 보면 이토 히로부미의 죽음 사건이 뒤따르지 않는 세계가 뒤따르는 세계보다 우리의 현실과 더 유사하다는 진술이다. 여기서 유사성을 판정할 때 중요한 기준이 되는 것이 개별 사실들과 법칙들 사이의 일치 여부이다. 그리고 법칙은 개별 사실들 사이에서 나타나는 규칙성에 수반한다. 이 점에서 루이스의 인과 이론은 규칙성의 범위를 현실 세계를 넘어 가능 세계로까지 확장한 귀결이라고 평가할 수 있다.

3.4 선점, 그리고 영향으로서의 인과

루이스는 2000년에 자신의 인과 이론을 대폭 수정한다. 개정된 인과 이론은 그의 2000년도 논문 제목을 따서 '영향으로서의 인과 이론'이라고 불린다. 루이스가 영향으로서의 인과로 선회한 이유는 자신의 인과 이론의 가장 심각한 난제로 간주했던 문제인 선점, 그 가운데서도 늦은 선점의 문제에 대해 기존의 이론이 만족스럽게 대처할 수 없었기 때문이다.

선점이란 결과까지 이어지는 인과적 의존의 연쇄가 둘 이상 존재하는 것이다. 우리말로 번역한 용어인 "선점"은, '실제적 원인이 잠재적 원인을 차단하고 그 자리를 차지'한다는 뜻으로 이해하면 쉽다. 예를 들어 두 암살자 갑과 을이 한 명의 표적을 상대로 약간의 시차를 두고 총을 쏘았고, 갑의 총에서 발사된 총알이 을의 총알보다 간발의 차이로 먼저 희생자의 심장을 꿰뚫었다고 하자. 갑과 을 중 어느 한 암살자의 저격만 있었어도 희생자가 죽기에는 충분했다. 이 경우 갑의 저격은 희생자의 죽음의 원인이다. 하지만 갑의 저격이 없었더라면 희생자가 죽지 않았을 것이라는 말은 성립하지 않는다. 또 다른 잠재적 원인인 을의 저격이 있었기 때문이다. 갑의 저격이라는 실제적 원인이 그 잠재적 원인의 '원인으로서의 자격'을 가로챘을 뿐이다.

선점에는 이른 선점과 늦은 선점이 있다. 먼저 이른 선점부터 살펴보자.

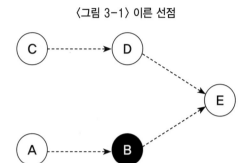

〈그림 3-1〉 이른 선점

〈그림 3-1〉에서와 같이 C에서부터 E까지 이어지는 인과적 연쇄에 놓인 사건들은 모두 실현되었지만, 바로 그에 의해서 또 다른 인과적 연쇄인 A로부터 E로 이어지는 연쇄에 놓인 사건들 가운데 어떤 사건이 실현되지 않는 것이 이른 선점이다. (〈그림 3-1〉과 〈그림 3-2〉의 도식은 앞에 제시된 것(〈상자 2-1〉)과 조금 다르다. 이에 대해서는 〈상자 3-2〉를 참조하라.) 앞 절에서 살펴본 석이와 훈이의 예가 바로 이른 선점의 한 사례이다. 또 다른 예를 들어보자. 돌이가 치사량의 독약을 마신 사건을 A, 돌이가 건물 10층에서 떨어진 사건을 C, 돌이의 죽음이라는 사건을 E라고 하자. 그리고 돌이가 독약을 마신 직후에 건물 10층에서 떨어져 죽었다고 하자. 이 경우 C에서 E까지 이어지는 인과적 연쇄는 모두 실제로 일어났지만 바로 그 때문에 A와 E 사이에 놓인 사건인 B(독약이 돌이의 몸에 퍼지는 사건)는 일어나지 않았다. 그런데 C는 명백히 E의 원인임에도, "만약 C가 일어나지 않았더라면, E는 일어나지 않았을 것이다."는 참이 아니다. C가 일어나지 않았더라도, 또 다른 잠재적 원인인 A로부터 E까지 이어지는 연쇄가 실현되었을 것이기 때문이다.

〈상자 3-2〉 인과관계의 도식화 II

우리는 앞 장의 〈상자 2-1〉에서 이 책에서 인과관계를 도식화하는
방법에 대해서 설명하였다. 그때 우리는 사건을 나타내는 원을 흰색
원과 검은색 원으로 구분하였다. 이렇게 원의 색을 구분한 것은 사건
의 발생 여부를 표현하기 위해서였다. 즉 흰색 원을 통해 사건이 발
생하였다는 것을, 검은색 원을 통해 사건이 발생하지 않았다는 것을
나타내었다. 이런 점은 3장에 등장하는 도식에서도 마찬가지다. 〈그
림 3-1〉과 〈그림 3-2〉에서 흰색 원은 발생한 사건을, 검은색 원은 발
생하지 않은 사건을 나타낸다.

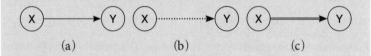

(a)   (b)   (c)

한편 2장과 뒤의 몇몇 장들에서 두 개의 사건을 연결하는 것은 위
그림 (a)와 같이 실선 화살표였다. 이 실선 화살표는 두 개의 사건들
이 인과관계를 맺고 있다는 것을 표현한다. 즉 실선 화살표의 꼬리에
있는 사건이 실선 화살표 머리에 있는 사건의 원인이라는 것이다. 하
지만 이번 장에는 위 그림 (b)와 (c)와 같이 실선이 아닌 화살표가
등장한다.

그림 (b)의 점선 화살표는 ~O(X)와 ~O(Y) 사이의 반사실적 의
존관계, 혹은 X와 Y 사이의 인과적 의존관계가 성립한다는 것을 표
현한다. 본문에 설명되어 있듯이, 반사실적 인과 이론은 발생한 두
사건 사이에 성립하는 인과적 의존관계와 인과관계를 구분한다. 가
령, 두 사건 사이에 인과관계는 성립하지만 인과적 의존관계는 성립
하지 않을 수 있다. 즉 그림 (a)는 성립하지만 그림 (b)는 성립하지
않을 수 있다. 우리는 이런 차이를 표현하기 위해서 그림 (b)와 같은

점선 화살표를 도입하였다.

한편 그림 (c)의 겹화살표가 표현하는 것은 인과관계도 아니고 인과적 의존관계도 아니다. 그것은 X가 Y의 충분조건이라는 것을 표현하고 있다. 여기서 "X가 Y의 충분조건이다."라는 말은 2.2절의 '규칙성' 정의에서 제시된 것과 같이, "만약 X가 일어난다면 Y가 일어난다."를 의미한다. 중요한 점은 앞서 살펴본 반사실적 조건문의 의미 부여에 따르면, "만약 X가 일어난다면 Y가 일어난다."를, X와 Y가 실제로 일어나지 않은 경우까지 포함하여 표현하면, X□→Y가 된다는 점이다. 곧이어 살펴볼 반사실적 의존의 시간적 비대칭성은 이 점을 염두에 두고 이해해야 한다.

하지만 이른 선점의 문제에 대해서 루이스의 전기 이론은 충분히 응수할 수 있다. 인과는 인과적 의존이 아닌 인과적 의존의 연쇄로 정의되기 때문이다. 즉 E가 C에 인과적으로 의존하는 것이 아니라, E가 D(돌이가 땅바닥에 부딪힌 사건)에, 그리고 D가 C에 인과적으로 의존한다. 하지만 D는 B에, 그리고 B는 A에 인과적으로 의존하지 않는다. 인과적 의존은 실제로 일어난 사건들 사이의 반사실적 의존 ~O(C)□→~O(E)로 정의되는데, B는 실제로 일어난 사건이 아니기 때문이다. 반면에 "C가 일어나지 않았더라면 D는 일어나지 않았을 것이다."와 "D가 일어나지 않았더라면 E는 일어나지 않았을 것이다."는 참이기 때문에, "C가 일어나지 않았더라면 E는 일어나지 않았을 것이다."가 참이 아님에도 불구하고, C는 E의 원인이다.

그런데 이에 대해서 다음과 같은 의문을 가질 수 있다. 돌이의 사례에서 "C가 일어나지 않았더라면 D는 일어나지 않았을 것이다."가 참이라는 것은 납득이 간다. 하지만 "D가 일어나지 않았더라면 E는 일어나지 않았을 것이다."가 과연 참일까? D가 일어나지 않았다고 한번 가정해 보자. 돌이가 땅바닥에 부딪힌 사건이 일어나지 않았다고 가정하는 것이다. 그 말은, 애당초 돌이가 10층에서 떨어진 일도 일어나지 않았다는 말 아닌가? 그리고 돌이가 10층에서 떨어지지 않은 경우에는, 돌이의 몸에 독약이 퍼져 결국 죽음에 이르렀을 것이다. 다시 정리하면, 만약 D가 일어나지 않았더라면 C도 일어나지 않았을 것이며, C가 일어나지 않은 경우에는 A로부터 B를 거쳐 E까지 이어지는 사건들이 연이어 실현되었을 것이다. 그러므로 $\sim O(D)\,\square\!\rightarrow \sim O(E)$가 성립하지 않는다는 의문이다.

하지만 이러한 의문 제기에는 한 가지 중요한 맹점이 있음을 루이스는 지적한다. 위의 추론은 "D가 일어나지 않았다고 가정하자. 만약 그렇다면 D보다 시간적으로 앞서는 C도 일어나지 않았을 것이다."라는, 시간의 방향을 역행하는 반사실적 조건문이 참이라는 가정에 의존하고 있다. 이처럼 시간의 방향에 역행하는 방향으로 반사실적 의존 관계를 따져 올라가는 것을 백트래킹(backtracking)이라고 한다. 루이스에 따르면 시간적으로 후행하는 사건이 선행하는 사건에 반사실적으로 의존할 수는 있지만, 시간적으로 선행하는 사건이 후행하는 사건에 반사실적으로 의존할 수는 없다. 왜 그럴까? 물리 법칙은 특정한 조건들하에서 특정한 사건이 일어난다는 것을 일반화한다. 만약 그 법칙이 결정론적이라면, 그러한 조건들이 성립할 때 그 법칙에 따라서 어떤 특정한 사건이 반드시 일어날 것이다. 그러므로 결정론적 법칙을 전제한다면, 선행하는 조건은 후행하는 사건의 충분조건이 된다. 여기서 임의의 사건 E에 대해서 E의 충분조건을 결정자라고 하자. 그리고 E보다 시간적으로 선행하는 결정자를 선행결정자, 후행하는 결정자를 후행결정자라고 하자.

〈그림 3-2〉 결정자와 시간의 방향

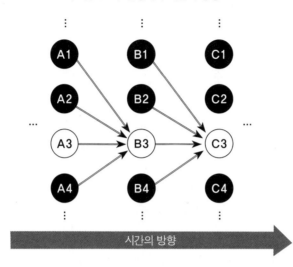

〈그림 3-2〉에서 보듯이, 결정론적 물리 법칙을 전제한다면 E의 선행 결정자인 조건은 무수히 많지만 후행결정자는 사실상 없다. 예를 들어 돌이의 몸에 치명적인 독약이 퍼진다는 것(A1)은 돌이의 죽음(B3)의 충분조건이다. 돌이의 몸 전체에 거대한 충격이 가해진다는 것(A2)도 돌이의 죽음의 충분조건이다. 그 외에도 돌이의 죽음을 일으키기에 충분한 선행결정자는 아주 많이 있다. 실제로 일어난 일은, 돌이가 질식 당했고(A3) 그 후에 죽은 것이라고 하자. 이 경우, "만약 돌이의 몸에 독약이 퍼졌더라면 돌이는 죽었을 것이다(A1 □→B3)."는 참이지만, "만약 돌이가 죽었더라면 돌이의 몸에 독약이 퍼졌을 것이다(B3 □ →A1)."는 거짓이다. 돌이가 죽었다고 쳤을 때 그에 앞서 돌이의 몸에 독약이 퍼지는 일이 꼭 일어났을 것이라는 보장은 어디에도 없는 것이다. 다시 말해 '돌이의 몸에 독약이 퍼짐'이라는 시간적으로 앞서는 사건은 '돌이의 죽음'이라는 시간적으로 뒤처지는 사건에 반사실적으로 의존하지 않는다. 이는 A1뿐 아니라 A2, A3 등에 대해서도 똑같이 성

립한다. 이처럼 결정론적 법칙하에서 반사실적 의존은 시간적으로 비대칭적이기 때문에, "만약 돌이가 땅에 부딪히지 않았더라면, 그는 10층에서 떨어지지 않았을 것이다."와 같이 시간의 방향을 거슬러 올라가는 추론은 허용될 수 없다.

그러나 선점에는 이른 선점뿐 아니라 늦은 선점도 있다. 늦은 선점이 이른 선점과 다른 점은, 현실적 원인 C에서 E에 이르는 연쇄가 완결될 뿐 아니라, 잠재적 원인 A에서 결과 E의 발생 직전까지 이르는 연쇄 역시 완결된다는 점이다. 예를 들어 빌리와 수지가 병 하나를 놓고 돌을 각각 던진다고 하자. 두 사람이 던진 돌 모두 병이 있는 위치까지 정확하게 날아간다. 하지만 수지가 던진 돌이 빌리가 던진 돌보다 간발의 차이로 먼저 병에 도달하였고 병을 깨뜨렸다. 그래서 빌리가 던진 돌이 그 위치에 도착했을 때는 이미 병이 깨진 뒤였다. 이 경우 병이 깨진 것의 원인은 수지가 돌을 던진 사건이다. 하지만 두 경로 모두에서 병이 깨진 결과 사건을 포함하여 두 연쇄 경로 위의 모든 사건들이 실제로 일어났다. 루이스의 전기 이론에 따르면 병이 깨지기 직전의 두 돌이 각각 날아오는 두 사건 중 어느 쪽에 대해서도 병이 깨진 사건은 인과적으로 의존하지 않는다.

비슷한 예로 다음을 들 수 있다. 대대장과 소대장이 병사에게 "앞으로 가!"라고 구령을 동시에 외쳤다. 이 구령은 병사에게 동시에 들렸고, 병사는 앞으로 나아간다. 이 경우에는 대대장의 구령에서 병사의 동작까지 그리고 소대장의 구령에서 병사의 동작까지 이어지는 두 경로 사이에 시간적 선후관계는 없다. 하지만 군대 계급과 명령의 우선권을 고려하면, 대대장의 구령이 선점하는 원인이고 소대장의 구령이 선점당한 원인이다. 수지와 빌리의 예에서와 마찬가지로 이 경우에도 두 인과적 경로 모두가 완성되었으며, 병사의 동작은 대대장의 구령과 소대장의 구령 중 어느 쪽에 대해서도 인과적으로 의존하지 않는다.

그렇다면 수지가 돌을 던진 것이 병이 깨진 원인이라는 것을, 그리고 소대장이 아닌 대대장의 구령이 병사의 동작의 원인이라는 것을 어떻게 설명할 수 있는가? 영향으로서의 인과 이론은, 수지의 돌에 의해 병이 깨지는 사건과 빌리의 돌에 의해 병이 깨지는 사건은 똑같이 '병이 깨진 사건'이라 일컫는 하나의 사건이 아니라 뭔가 차이가 있는 두 개의 사건이라는 착상에서부터 시작한다. 루이스는 이 착상을 늦은 선점의 문제에 대처할 유망한 답변의 단초로 간주하고 다음과 같이 발전시킨다.

실제로 일어난 결과 사건은 수지의 돌에 의해 병이 깨진 사건이다. 그런데 수지가 돌을 던지는 사건이 만약 다르게 일어났더라면, 이를테면 힘을 좀 더 많이 줘서 던졌더라면, 그 결과 사건은 어떻게 되었을까? 우선 발생 시간에서 아주 미세하게 차이가 날 것이다. 나아가 병의 깨짐에서 발생하는 조각들의 모양이나 파편이 날아가는 궤적, 그리고 깨지는 순간 그 주변의 기압의 변화나 공기의 흐름 등도, 수지의 던짐에서 발생하는 근육 하나하나에서의 힘의 차이와 그에 따른 돌의 회전의 변화에서의 세세한 차이 등에 따라서 차이가 나게 될 것이다. 다시 말해서, 원인 사건에 어떤 변화가 발생했다는 반사실적 가정하에서 결과 사건 역시 그 변화의 영향을 받아 변화를 겪게 된다. 이러한 사건의 반사실적 변형들을 루이스는 변이(alteration)라고 부른다. 사건 E의 변이는 E와 기본적으로는 같은 사건이지만 그 발생 시간이라든가 발생 방식 등에서 미세하게 차이가 나는 사건이다. 단, 변이에는 범위의 한계가 있다는 점을 유의해야 한다. 변화의 정도가 너무 큰 경우에는 E의 변이가 아니라 E와 근본적으로 다른 사건이 되어버릴 것이다. 그리고 이처럼 원래의 사건과 같은 사건이면서도 반사실적으로 차이가 날 수도 있었던 사건을 루이스는 양상적으로 가변적(modally fragile)인 사건이라고 칭한다. 수지가 돌을 던진 사건이라든가 수지의 돌에 의해 병이 깨진 사건이 양상적으로 가변적인 사건이다.

수지가 던진 돌에 의해서 병이 깨졌다는 실제로 일어난 그 사건은, 만약 수지가 돌을 던질 때의 팔의 각도와 힘 등등 갖가지 유관한 요소에서 변화가 있었더라면, 그 영향을 받아 조금씩 달라졌을 것이다. 수지의 돌 던짐에 포함된 모든 종류의 물리량을 S_n으로, 그에 의한 병 깨짐에 포함된 모든 종류의 물리량을 L_n으로 나타내 보자. 그렇다면 다음과 같이 수지의 돌 던짐 사건의 변이들과 병의 깨짐 사건의 변이들 각각의 사이에 다음과 같은 반사실적 의존의 공변(共變 co-variation) 패턴이 있을 것이다.

만약 수지가 돌을 S_0으로 던졌더라면, 병은 L_0으로 깨졌을 것이다.
만약 수지가 돌을 S_1로 던졌더라면, 병은 L_1로 깨졌을 것이다.
만약 수지가 돌을 S_2로 던졌더라면, 병은 L_2로 깨졌을 것이다.
…

루이스는 C의 변이들에 E의 변이들 각각이 위의 예에서처럼 반사실적으로 의존하는 것을 두고, C가 E에 영향을 준다(influence)고 부른다. 각각의 반사실적 조건문의 의미가 가능 세계 사이의 유사성 비교에 의해서 이루어진다는 것은 앞선 절에서 살펴본 바와 같다. 여기서 C의 변이들에 해당하는 사건들이 S_0, S_1, S_2 등의 양에 따라서 수지가 돌을 던지는 사건들이고 E의 변이들에 해당하는 것이 L_0, L_1, L_2 등의 양에 따라서 병이 깨지는 사건들이다. 그런데 만약 수지가 돌을 던지는 사건인 C가 아예 일어나지 않았더라면 어떻게 되었을까? 그 경우 E의 변이들 역시 일어나지 않았을 것이다. 수지가 돌을 던지지 않았더라도 병은 빌리의 돌에 의해 깨졌겠지만 그 사건은 수지의 돌에 의해 병이 깨진 사건인 E의 변이가 아닌 별개의 사건이기 때문이다.

이제 루이스는 인과를 다음과 같이 새롭게 정의한다.

CTC1.   C는 E의 원인이다. ⇔
             C로부터 E까지 이어지는 영향 관계의 연쇄가 존재한다.

이 정의에 따라서 수지와 빌리의 예를 다시 살펴보자. 빌리가 돌을 던진 사건에 아무런 변화가 없다는 가정하에서 수지가 돌을 던진 사건은 실제로 일어난 병이 깨진 사건에 영향을 준다. 하지만 수지가 돌을 던진 사건에 변화가 없다는 가정하에서 빌리가 돌을 던진 사건에 어떤 미세한 변화들이 발생한다 하더라도 실제로 일어난 병이 깨진 사건의 변이들은 발생하지 않는다. 다시 말해 빌리가 돌을 던진 사건은 실제로 일어난 병이 깨진 사건에 영향을 주지 않는다. 앞서 들었던, 대대장과 소대장이 동시에 구령을 내리는 예도 비슷하게 설명된다. 대대장의 구령은 병사의 동작의 원인이지만 소대장의 구령은 그렇지 않다. 왜냐하면 소대장의 구령을 고정해 놓고서 대대장의 구령에 어떤 변화가 일어났다고 반사실적으로 가정하면 그 변화 각각에 대해서 병사의 동작의 변이가 일어났을 것이기 때문이다. 반면에 대대장의 구령을 고정해 놓고서 소대장의 구령에 어떤 변화가 있었다고 가정하는 경우에는, 병사의 동작의 변이는 일어나지 않는다.

하지만 이렇게 되면 E의 변이에 너무나 많은 요소들이 관여하게 되는 듯 보인다. 수지가 던진 돌과 관련해서만도 그것의 미세한 물리적 상태의 변화를 가져오는 요소들은 이루 셀 수 없이 많다. 예를 들어 수

지의 돌 궤적 근처에서 날아오고 있는 빌리의 돌의 움직임과 질량까지
도 수지의 돌 움직임에 미세한 영향을 끼칠 수도 있을 것이다. 그렇다
면 그 모두를 E의 원인이라고 보아야 하는가? 아니라면 왜 수지가 돌
을 던진 것만이 E의 원인인가? 이에 대해 루이스는 다음과 같이 대답
한다. 첫째, 그러한 요소들로부터의 영향은 단적으로 말해서 무시해도
좋을 만큼 미미하다. 둘째, 그 가운데서 E의 변이에 가장 큰 영향을 주
는 것은 역시나 수지가 돌을 던진 사건임이 분명하기 때문이다.

　그렇다면 이 새로운 정의에서 '연쇄'는 왜 포함되는 것일까? 그것은
전기 이론에서와 마찬가지의 이유 때문이다. 루이스는 인과가 이행적
이라는 가정을 변함없이 고수한다. 하지만 인과적 의존이 이행적인 관
계가 아닌 것과 마찬가지로, 영향 관계도 이행적인 관계가 아니다. 그
래서 C가 E의 원인임에도 불구하고, C가 E에 영향을 주지 않는 경우
도 있다. 루이스는 프랭크퍼트(H. Frankfurt)가 든 유명한 예를 인용
한다. 어떤 뇌과학자가 존스의 생각을 모두 읽을 수 있으며 존스의 생
각까지 조종할 수 있다고 하자. 존스는 그 뇌과학자가 자신의 생각을
읽는다는 것과 자신의 생각을 조종할 수 있다는 사실을 전혀 모른다.
그리고 그 뇌과학자는 자신이 원하는 대로 존스가 행동하게끔 조종한
다. 즉, 존스가 뇌과학자 자신이 원하는 행동이 아닌 다른 행동을 하려
는 생각을 하고 있음을 읽으면 그 뇌과학자는 즉각 개입해서 존스의 생
각을 조종하여 원하는 행동을 하도록 생각을 바꾼다. 그런데 존스는 우
연히 뇌과학자가 원하는 바로 그 행동을 하기로 자발적으로 마음먹었
고, 따라서 뇌과학자는 아무런 개입도 하지 않았다. 그리고 존스는 그
행동을 실행했다. 이제 존스가 그 행동을 하기로 자발적으로 결심한 시
점에서의 존스의 뇌 상태를 C, 뇌과학자가 그 생각을 읽고 개입할지 말
지를 결정한 시점에서의 존스의 뇌 상태를 D, 그리고 존스가 뇌과학자

가 원했던 바로 그 행동을 하는 사건을 E라고 하자. C는 D에 영향을 준다. C가 달랐더라면 뇌과학자는 D를 바꿔놓았을 것이기 때문이다. D도 E에 영향을 준다. D에 따라서 존스가 어떤 행동을 실행하느냐가 결정되기 때문이다. 하지만 C는 E에 영향을 주지 않는다. 존스가 어떤 자발적인 마음을 먹든 간에, 존스는 E를 할 수밖에 없기 때문이다. 하지만 뇌과학자가 아무런 개입도 하지 않은 현실의 경우에서, C는 분명히 E의 원인이다. 그래서 영향으로서의 인과 이론에서도 인과는 영향 관계의 연쇄로 정의되어야 마땅한 것이다.

정리하면, 인과를 사건들 사이의 발생 또는 미발생 사이의 의존 관계가 아니라 한 사건의 달라짐이 다른 사건의 달라짐에 반사실적으로 영향을 준다는 관계로 재정립한 것이 루이스의 개정된 반사실적 인과 이론의 핵심이다. 이 개정의 가장 중심적인 변화는 인과의 분석이 "일어나는가, 그렇지 않은가"의 여부에 기초한 반사실적 분석에서 "어떻게 일어나는가"에 대한 반사실적 분석으로 바뀌었다는 점이다. 그 결과 인과는 사건의 발생 또는 미발생의 문제가 아닌 변이의 양태의 문제로 바뀌게 된다.

3.5 반사실적 인과 이론의 문제점

선점의 문제가 반사실적 인과 이론의 가장 심각한 문제라 생각했던 루이스는 원래의 반사실적 인과 이론을 영향으로서의 인과 이론으로 개정했지만, 선점의 문제 이외에도 반사실적 인과 이론을 위협하는 문제들은 몇 가지가 더 있다.

3.5.1 결과의 필요조건

C가 E의 필요조건인 경우에는, "C가 일어나지 않았더라면 E도 일어나지 않았을 것이다."는 성립하지만 "C는 E의 원인이다."는 성립하지 않을 수 있다. 예를 들어 돌이가 태어난 것은 돌이가 죽음에 이르기 위한 필요조건이다. 만약 돌이가 태어나지 않았더라면 돌이가 죽는 일은 결코 일어날 수 없었을 것이다. 하지만 우리는 일상적으로, 돌이의 태어남이 돌이의 죽음의 원인이라고 말하지는 않는다.

이에 대한 루이스의 답변은 놀랍게도 돌이의 태어남이 돌이의 죽음의 원인이라는 것이다. 그는 비록 사람들이 그런 말을 거의 하지 않는 것은 이해할 만하지만, 돌이의 태어남이 돌이의 죽음의 원인이라는 것은, "말할 가치도 없을 만큼 너무나 분명하다"고 말한다. 마찬가지로 우리는 일상적으로, 돌이가 산책을 나선 사건이 돌이가 산책 중 걸음 속도를 빠르게 한 사건의 원인이라고 말하지는 않는다. 하지만 인과를 반사실적으로 분석하면 전자의 사건은 후자의 사건의 원인이 될 수도 있다. 반사실적 이론과 우리의 일상적 직관 사이에 놓인 이러한 괴리는 반사실적 이론이 지닌 한계라 하겠다.

다만 주의할 점은, C가 E의 필요조건이라고 해서 항상 C가 E의 원인이 되는 것은 아니라는 점이다. 예를 들어 돌이가 포유류로 태어난 사건은 돌이가 인간으로 태어난 사건의 필요조건이지만, 전자의 사건이 후자의 사건의 원인은 아니다. 어느 한 사건이 다른 한 사건보다 시간적으로 선행하지 않기 때문이다.

이와는 반대로 "C는 E의 원인이다."는 성립하지만 "C가 일어나지 않았더라면 E도 일어나지 않았을 것이다."는 성립하지 않는 경우가 바로 선점이다. 선점에 대한 루이스의 대처는 앞서 살펴본 바와 같다.

3.5.2 부재

부재 인과란 부재 사건, 즉 발생하지 않은 사건이 명백히 원인 또는 결과인 것으로 보이는 경우를 말한다. 부재 사건이 원인의 자리에 위치하는 경우의 예는 다음과 같다. 돌이는 사막으로 여행을 떠났다. 그런데 어떤 이유에서인지 돌이는 물통에 물을 채우지 않았다. 그래서 돌이는 갈증에 허덕이다가 죽었다. 이 경우 돌이의 사망의 원인은 돌이 혹은 누군가가 물통에 물을 채우는 사건이 일어나지 않았다는 것, 즉 부재 사건이 된다. 부재 사건이 결과의 자리에 위치하는 경우로는 다음과 같은 사례가 있다. 돌이가 커피를 마시고 싶은 욕구를 지니는 사건을 A, 돌이가 커피 잔을 집어 드는 사건을 E라고 하자. 다른 사건이 없다면 A는 E를 인과적으로 야기할 것이다. 그런데 돌이 옆에 앉아 있던 고양이가 꼬리를 흔드는 사건 C가 발생하여 E를 발생하지 않게 차단했다. 돌이가 집으려던 커피 잔이 꼬리와 부딪쳐 테이블 밑으로 떨어져 깨진 것이다. 이 경우 C의 결과는 E가 발생하지 않았다는 사건, 즉 E의 부재라는 사건이 된다.

부재 인과가 반사실적 이론에서 문제가 되는 일차적인 이유는 원인과 결과가 모두 실제로 일어난 사건으로 한정되기 때문이다. 부재 사건은 일어나지 않은 사건이므로 부재 사건 사이의 인과적 의존 역시 있을 수 없게 된다. 하지만 우리는 ~O(E)와 O(~E)를 구별해야 한다. 후자의 표기부터 먼저 생각해 보자. ~E라는 사건이 있어서 그것이 일어났다는 것이 말이 될까? 도대체 ~E라는 사건이 존재할까? 루이스는 ~E는 사건이 아니며 허위의 존재자라고 단언한다. 루이스가 옳다면 O(~E)는 말이 되지 않을 것이다. 하지만 ~O(E)는 그렇지 않다. 루이스에 따르면 명제 ~O(E)는 말하자면 "하늘을 나는 코뿔소는 존재하지 않는다."와 같은 정상적인 존재부정명제로서, 이러한 명제 자체는 허위의 존재자가 아니다. 루이스의 전기 이론에서 반사실적 의존 관계에 놓이는 항들은 사건 C, E가 아니라 그러한 사건들이 일어났다는 혹은 일어나지 않았다는 명제인 $O(C)$나 $\sim O(E)$이며, C와 E 사이의 인과적 의존은 $\sim O(C)\,\square\!\rightarrow\sim O(E)$, 즉 $\sim O(E)$라는 부재 사건이 $\sim O(C)$라는 부재 사건에 반사실적으로 의존한다는 것으로 정의되었음을 상기하자. $\sim E$의 존재론적 지위를 부정하더라도 부재 사건이 일어났다는 명제인 $\sim O(E)$를 포함하는 반사실적 의존 관계는 정상적으로 논의할 수 있다. 게다가 루이스가 지적하듯이 부재 인과 진술은 일상적으로 통용된다. 음식의 부재는 배고픔을 야기하고 산소의 부재는 죽음을 야기한다. 따라서 부재 인과를 인과의 분석에서 배제하는 것은 온당치 않다고 그는 생각한다.

하지만 부재 인과가 낳는 더 심각한 문제가 있다. 부재 사건이 일어났다는 명제가 반사실적 의존 또는 영향 관계 안에 정당하게 포함되면, 하나의 결과에 대해 수많은 부재 사건이 무차별적으로 원인의 지위를 가지게 될 수도 있다. 예를 들어 물에 빠졌다가 구조된 돌이가 살아난 원인은 구조요원이 인공호흡을 했기 때문이다. 하지만 그 외에도 주변에 독가스가 없다는 것, 그 순간 혜성이 충돌하지 않았다는 것, 갑자기 호랑이가 나타나서 돌이를 잡아먹지 않았다는 것 등등이 모두 돌이가 살아난 원인이 되고 만다. 하지만 말할 나위도 없이 그런 것들은 돌이가 살아난 사건의 원인이 아니다.

이에 대해 루이스는 부재 인과 중에는 원인이 되는 경우도 있고 그렇지 않은 경우도 있다는 현실을 직시한다. 부재 인과를 거부하는 입장에서는 부재 인과가 원인이 되는 경우를 설명할 부담을 질 것인 반면에, 부재 인과를 인정하는 입장에서는 부재 인과가 원인이 되지 않는 경우를 설명할 부담을 질 것이다. 루이스에 따르면 전자보다 후자의 부담이 훨씬 가볍다. 우리는 부재 인과가 원인이라고 말하는 것이 부적절해 보이는 경우들에 대해서 왜 그것이 부적절한가를 비교적 손쉽게 설명할 수 있다는 것이다. 앞서 들었던 돌이와 인공호흡의 예를 생각해 보자. 물에 빠졌던 돌이가 어떻게 살아났는지를 궁금해하는 대화 상대방에게 혜성 충돌이나 호랑이 출몰과 같이 대화의 화제와 무관한 요소를 원인으로 제시하는 것은 올바르지 않은 대화로서 간단히 배척될 수 있다.

정리하면, 반사실적 이론에서 부재 인과는 원칙적으로 인정되며, 비록 부재 사건이 원인이 아닌 명백한 경우들도 있지만, 그런 경우들에서 왜 원인이 아닌지는 상대적으로 손쉽게 설명할 수 있다는 것이 루이스의 입장이다.

3.5.3 분석의 방향

어떤 철학자들은 가능 세계들 사이의 객관적 유사성 비교라는 난해한 형이상학적 고찰이 우리의 일상적인 인과 진술의 의미에 포함되는가에 대해 강한 의구심을 나타낸다. 가능 세계 사이의 유사성에 의해 인과가 분석되는 것이 아니라 거꾸로 인과에 의해 가능 세계 사이의 유사성이 분석되어야 옳다는 것이다. 루이스의 전기 이론에 빗대어 말하면, E가 C에 반사실적으로 의존하기 때문에 C가 E의 원인인 것이 아니라, C가 E의 원인이기 때문에 E가 C에 반사실적으로 의존한다는 지적이다. 가능 세계의 유사성 비교란 우리 현실이 약간 달라졌더라면 어떤 일이 벌어졌을 법한가를 따져보는 것과 같다. 현실이 약간 달라졌더라면 어떻게 되었을까를 판단하는 기준은 다름 아닌 현실에서의 인과관계에 대한 우리의 믿음이다. 현실에서의 인과관계에 대한 믿음을 근거로 해서 경우가 다르게 전개되었더라면 아마도 이러이러한 일이 벌

어졌을 것이라고 여기는 것이다. 만약 이러한 비판이 옳다면, 반사실적
이론은 그릇되게도 분석의 방향을 거꾸로 향하고 있는 셈이다.

3.6 정리

반사실적 이론은 규칙성 이론의 확장으로서 더 넓은 범위의 인과 경우
들을 포괄할 수 있으면서도 규칙성 이론이 직면하는 문제들을 회피할
수 있는 장점이 있다.

2장에서 흄과 매키를 모두 괴롭혔던 공통원인의 문제를 생각해 보자.

〈그림 3-3〉 공통원인: 기압계의 사례

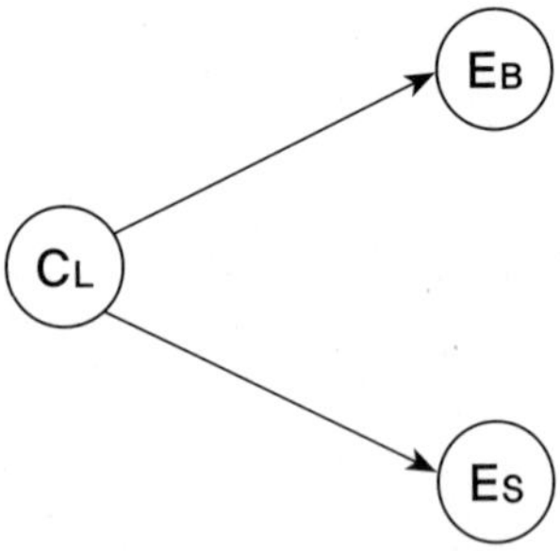

〈그림 3-3〉이 보여주듯이, 기압이 떨어진다는 공통원인(C_L)은 기압
계의 눈금이 떨어지는 결과(E_B)와 태풍이 오는 결과(E_S) 둘 다의 공통
원인이다. 기압계의 눈금이 떨어지는 사건과 태풍이 오는 사건 사이에
는 규칙성이 있다. 하지만 기압이 떨어졌다는 조건이 주어졌을 때 "만
약 기압계의 눈금이 떨어지지 않았더라면 태풍이 오지 않았을 것이
다."라는 반사실적 조건문은 참이 아니다. 기압이 떨어졌음에도 불구
하고 기압계의 눈금이 떨어지지 않는 세계들은 예를 들면 기압계가 고
장이 났거나 누군가가 기압계의 눈금을 손으로 붙잡고 있는 세계들일

것이다. 그러한 세계들 가운데 태풍이 오는 세계와 오지 않는 세계를 비교해 보자. 우리 현실 세계의 자연법칙을 위반 없이 따르는 세계에서는 태풍이 발생할 것이다. 반면에 기압이 내려갔음에도 불구하고 태풍이 오지 않는다면 그것은 법칙의 위반이 일어났거나 아니면 현실 세계와 대단히 다른 개별 사건들의 배열이 있어서 그것이 태풍의 발생을 막았음을 뜻한다. 따라서 태풍이 오는 세계가 태풍이 오지 않는 세계보다 현실 세계와 더 유사하다고 판정된다. 이에 기압계의 눈금이 떨어진 사건은 태풍이 발생한 사건의 원인이 아니다.

하지만 이러한 장점에도 불구하고 살펴본 것처럼 반사실적 이론 역시 여러 한계들에 봉착하기에 우리는 인과를 분석할 또 다른 대안을 모색할 수밖에 없다.

더 읽을거리

루이스의 전기 인과 이론은 다음의 논문에 집약되어 있다.

Lewis. D. K. (1973), "Causation", *Journal of Philosophy* 70, pp. 556-567.

개정된 반사실적 인과 이론은 이 논문을 참조하기 바란다.

Lewis. D. K. (2000), "Causation as Influence", *Journal of Philosophy* 97, pp. 182-197.

반사실적 조건문에 대한 루이스의 이론은 이 책에 정리되어 있다. 특히 이 책의 3.3절에서 법칙의 정의가 소개된다.

Lewis. D. K. (1973), *Counterfactuals*, Blackwell Publishers.

가능 세계에 관한 전반적인 도입은 다음을 참조하면 된다.

Lewis. D. K. (1986), *On the Plurality of Worlds*, Blackwell Publishers, 1장.

가능 세계 사이의 유사성 비교와 반사실적 의존의 비대칭성에 관해서는 다음 논문을 참조하기 바란다.

Lewis. D. K. (1979), "Counterfactual Dependence and Time's Arrow", *Noûs* 13(4), pp. 455-476.

4

인과와 확률

앞에서 살펴본 인과 이론들은 인과관계를 두 사건 사이에 성립하는 특별한 관계를 이용해서 분석하였다. 2장에서 다룬 매키의 규칙성 인과 이론은 '두 사건 간 INUS 조건의 성립 여부'를 이용해서, 3장에서 다룬 반사실적 인과 이론은 '두 사건 간 반사실적 의존 관계'의 성립 여부를 이용해서 인과관계를 규정하였다. 앞서 설명했듯이, 이런 'INUS 조건'이나 '반사실적 의존 관계'는 인과관계의 몇 가지 직관적인 특징들을 잘 포착하고 있는 듯하다. 하지만 앞서 다룬 것들이 포착하지 못하는 것도 있다. 그것은 바로 '원인은 결과의 확률을 증가시킨다'는 것이다. 이제 우리는 두 사건 사이에 성립하는 이러한 확률 관계를 이용해서 인과관계를 분석하는 시도를 살펴볼 것이다. 이 이론은 흔히 '확률 인과 이론'이라 불린다. 인과에 대한 이런 생각은 우리가 확률에 대해서 생각하기 시작한 시간만큼 오래되었을 것이다. 하지만 그것에 대한 본격적인 연구는 라이헨바흐(H. Reichenbach, 1891-1953)의 연구에서 비롯되었다고 말할 수 있다. 이후, 20세기 후반 수피스(P. Suppes, 1922-2014), 엘스(E. Eells, 1953-2006), 스컴즈(B. Skyrms, 1938-), 카트라이트 (N. Cartwright, 1944-) 등의 학자들에 의해 주도적으로 연구되었다.

4.1 인과와 확률의 증가

흡연이 폐암이나 심장병, 혹은 기형아의 출산 등을 일으킨다는 보도는 낯설지 않다. 이런 신문보도를 접했을 때, 당신, 혹은 당신의 친구들은 어떻게 반응하는가? 몇몇 사람들은 "내가 아는 어떤 사람은 평생 담배를 끼고 살았는데, 90살이 넘도록 건강에 별 이상이 없이 잘 살고 있다."는 식의 냉소적인 반응을 보이기도 한다. 그들은 원인이 발생하였지만 결과가 발생하지 않은 사례를 들어 흡연과 질병, 가령 폐암 사이의 인과관계를 부정한다. 이런 냉소적인 사람들에게 '흡연이 폐암의 원인이다' 라는 말은 '흡연을 하게 되면 언제나 폐암에 걸린다' 와 같은 뜻이다.

한편, 몇몇 사람들은 흡연과 질병 사이의 인과관계에 대한 주장을 적극적으로 받아들여, 건강을 위해 해야 할 일과 그렇지 않은 일을 결정하기도 한다. 이런 사람들은 '흡연이 폐암의 원인이다' 는 주장을 어떻게 이해하고 있는 것인가? 특히, 관련된 인과관계를 부정하는 것처럼 보이는 사례가 있다는 사실로 인해 그들은 흡연과 폐암 사이에 성립하는 인과관계에 대한 주장을 완전히 부정하게 될까? 아마도 이런 극단적인 반응을 보이는 사람들은 극히 드물 것이다. 많은 사람들은 흡연과 폐암 사이의 인과관계가 처음 생각했던 정도로 강한 것은 아니라는 것을 인정하는 수준에서 기존 입장을 조정할 것이다. 즉, 이런 반응을 보이는 사람들이 생각하기에, (a) 흡연은 여전히 폐암의 원인이지만 (b)

흡연을 한다고 언제나 폐암에 걸리는 것은 아니다.

인과관계에 대해서 우리가 가지고 있는 기본적인 직관 중 하나는 원인은 '결과와 관련된 무언가를 바꾼다'는 것이다. 2장과 3장에서 다룬 두 이론도 이런 직관을 반영하고 있다. 그 두 이론에서 원인에 의해서 바뀌는 '결과와 관련된 무언가'는 결과의 발생 여부이다. 달리 말해, 그 이론들은 원인은 일어나지 않았던 결과를 일어나게 만든다는 직관을 반영하고 있다. 매키의 규칙성 이론에서 (INUS 조건을 포함하는) 특정한 필요충분조건이 성립하면 결과가 발생하고 그렇지 않으면 결과는 발생하지 않는다. 한편 루이스의 반사실적 인과 이론에서 원인이 발생하지 않은 반사실적 상황에서 결과의 발생 여부가 바뀐다.

하지만 위 (a), (b)와 같은 생각을 가지고 있는 사람들에게 있어, 원인이 바꾸는 것, 즉 '결과와 관련된 무언가'는 '결과의 발생 여부'가 아니다. 그들이 보기에, 원인이 발생해도 결과는 발생할 수도, 그렇지 않을 수도 있다. 하지만 이런 점이 그들로 하여금 '원인이 결과와 관련된 무언가를 바꾼다'는 직관을 포기하도록 만드는 것은 아니다. 왜냐하면 원인이 바꾸는 것이 반드시 '결과의 발생 여부'일 필요는 없기 때문이다. 그렇다면 (a), (b)와 같은 생각을 가지고 있는 사람들은 원인이 바꾸는 '결과와 관련된 무엇'은 어떤 것이라 생각할 수 있을까?

이 질문에 대한 가장 적절한 답은 아마도 '결과의 발생 확률'일 것이다. (a)와 (b)를 받아들이는 사람들에게 있어, 흡연을 했다고 해서 '폐암 발병 여부'가 바뀌는 것은 아니다. 그보다 흡연은 '폐암 발병 확률'을 바꿀 뿐이다. 물론 결과가 발생할 확률, 즉 폐암에 걸릴 확률이 감소한다면 흡연이 폐암의 원인이라고 할 수 없다. 따라서 위와 같은 사람들에게 '흡연이 폐암의 원인'이라는 것은 '흡연이 폐암에 걸릴 확률을 증가시킨다'는 것을 뜻한다. 이렇게 확률의 변화를 이용해서 인과관계

를 규정한다는 점에서 그들이 가지고 있는 이론은 '확률 인과 이론'
(Probabilistic Theories of Causation, PTC)이라 불릴 수 있다. 그리
고 이 이론의 기본적인 형태는 다음과 같을 것이다.

PTC0.   C가 E의 원인이다. ⇔

         C가 일어나면 E가 일어날 확률이 증가한다.

이 장에서는 위와 같이 인과관계를 **'원인이 결과의 확률을 증가시킨
다'**라는 확률 관계로 이해하려는 시도를 살펴볼 것이다. 이를 위해서
우리는 먼저 몇 가지 개념을 분명히 해야 한다.

4.1.1 확률

'원인이 결과의 확률을 증가시킨다'는 말에는 '확률'이라는 표현이
있다. 이런 '확률'이 들어 있는 표현은 '내일 비가 올 확률', '복권에
당첨될 확률', '라듐 원소가 앞으로 10년 안에 붕괴할 확률' 등 우리
주변에서 쉽게 접할 수 있다. 일반적으로 이런 종류의 표현, 즉 'X의
확률'과 같은 표현에는 특정한 수가 할당된다. 만약 그런 수가 x라면,
우리는 'X의 확률은 x이다'라고 말하고 'P(X)=x'라는 수식으로 표현
한다. 이런 수식에서 'X'는 사건 혹은 그 사건에 대응하는 명제를 나
타낸다. 그리고 'P'는 확률(Probability)을 가리키며, 'x'는 0 이상 1
이하의 실수이다.

수학적인 의미에서 확률은 몇 가지 규칙을 만족해야 한다. 첫 번째는
모든 확률은 0 이상이어야 한다는 것이다. 즉 '-0.5의 확률'이란 말은
성립할 수 없다. 두 번째는 필연적으로 일어날 수밖에 없는 사건, 혹은
언제나 참인 명제의 확률은 1이어야 한다는 것이다. 가령, '비가 오거

나 비가 오지 않는 사건'이 일어날 확률은 1이어야 한다. 왜냐하면 '비
가 오거나 비가 오지 않는 사건'은 필연적으로 일어날 수밖에 없기 때
문이다. 세 번째는 고등학교에서 '덧셈 법칙'이라 배운 것이다. 이 규
칙에 따르면, X와 Y가 동시에 일어날 수 없는 사건인 경우 'X의 확률'
과 'Y의 확률'의 합은 'X∨Y의 확률'과 같아야 한다. 하나의 주사위
를 던지는 경우를 생각해 보자. 이 주사위 던지기에서 1의 눈이 나오는
사건과 2의 눈이 나오는 사건은 동시에 일어날 수 없다. 따라서 '1 또
는 2의 눈이 나오는 사건이 일어날 확률'은 '1의 눈이 나오는 사건이
일어날 확률'과 '2의 눈이 나오는 사건이 일어날 확률'의 합과 같아야
한다. 이 세 가지 규칙은 '확률 공리'(Probability Axioms)라고 불린
다. 그리고 사건들, 혹은 그것에 대응하는 명제들에 확률이라 할 수 있
는 수를 할당하는 경우에는 모두 위 공리들을 만족해야 한다. 그렇지
않으면, 그 수들은 '확률'이라 불릴 수 없다.

〈상자 4-1〉 사건의 확률과 명제의 확률

확률을 할당받는 것은 무엇인가? 고등학교 수학 교과서에는 확률을
할당받는 것은 사건을 나타내는 집합이었다. 즉 고등학교 교육과정
에서는 집합 연산 기호 '∩', '∪', 'ᶜ' 등의 기호를 이용하여 'P(A
∩B)', 'P(A∪B)', 'P(Aᶜ)'으로 표현되는 확률을 계산하였다. 하지
만 우리가 다루는 확률을 할당받는 것은 해당 사건에 대응하는 명제
들이다. 즉 이 책에서는 사건 A에 대응하는 명제 O(A)가 확률을 할
당받는다. (사건 A와 그에 대응하는 명제 O(A)에 대해서는 〈상자
1-2〉를 참조하라.) 그리고 집합 연산 기호 '∩', '∪', 'ᶜ' 각각은 명
제 연산 기호 '&', '∨', '~'에 대응한다. (기호 '&', '∨', '~'에
대해서는 〈상자 2-2〉를 참조하라.) 따라서 사건 A와 B가 모두 일어

날 확률을 엄밀하게 표현하고자 한다면 'P(A∩B)' 라고 쓰거나 'P(O(A)&O(B))' 라고 써야 한다. 한편 앞에서 우리는 기호 사용의 편이를 위해 'A' 라는 기호를 이용해 사건을 가리키기도, 그 사건에 대응하는 명제를 가리키기도 한다고 약속하였다. 따라서 A와 B가 사건이라고 할지라도 'P(A&B)', 'P(A∨B)', 'P(~A)' 와 같은 식으로 표기할 것이다. 즉 이 책에서 이런 각 표현들은 'P(O(A)&O(B))', 'P(O(A)∨O(B))', 'P(~O(A))' 를 간략하게 쓴 것으로 간주된다.

우리는 이 책에서 'C가 E의 원인이다' 라는 인과 진술을 분석하고 있다. 그리고 지금껏 우리는 C와 E가 사건이라고 가정하였다. 특히 3장에서 반사실적 인과 이론을 다룰 때, C와 E는 모두 개별 사건이었다. 예를 들어, '돌이가 흡연을 한 것은 그가 폐암에 걸린 것의 원인이다' 라는 인과 진술은 두 개의 개별 사건, 즉 돌이가 흡연을 하였다는 사건과 그가 폐암에 걸렸다는 사건 사이의 인과관계에 대한 것이다.

하지만 좀 더 일반적인 인과관계가 성립할 수 있다. 가령, 우리는 특정 개인을 언급하지 않으면서도 '흡연은 폐암의 원인이다' 라고 말하기도 한다. 이는 돌이가 흡연을 했다는 것과 그가 폐암에 걸렸다는 것 사이에 성립하는 인과관계를 말하는 것이 아니다. 그보다 이 진술은 흡연과 폐암 사이에 성립하는 일반적인 인과관계를 말하고 있다. 그렇다면 '흡연은 폐암의 원인이다' 와 같은 일반적인 인과 진술에서 '흡연' 과 '폐암' 은 개별 사건을 가리킨다고 할 수 없다. 그럼 그것은 무엇을 가리키는가? 이에 대해서 철학자들은 '사건 유형'(event-type)이라는 표현을 사용하기도 한다. 그리고 '흡연이 폐암의 원인이다' 라는 일반적인 인과 진술은 '흡연이라는 유형의 사건은 폐암이라는 유형의 사건의 원인이다' 라는 진술을 생략한 것으로 간주된다.

앞에서 2장과 3장의 각 인과 이론을 다룰 때, 우리는 이런 일반적인 인과 진술에 대해서 특별히 설명하지 않았다. 그 이유는 그 인과 이론들은 사건 유형 사이에 성립하는 인과관계와 독립적으로 다루어질 수 있는 것이었기 때문이었다. 하지만 확률 인과 이론은 조금 다르다.

확률 인과 이론은 사건들 사이에 성립하는 확률 관계를 이용해서 그들 사이에 성립하는 인과관계를 분석하려는 이론이다. 이를 위해서 우리는 관련된 각 개별 사건들의 확률이 무엇인지 확인할 수 있어야 한다. 그런데, 그런 개별 사건들의 확률을 결정하는 데 있어, 관련 사건 유형들의 확률에 대한 고려가 필수적인 경우들이 많이 있다. 예를 들어, "철수가 폐암에 걸릴 확률은 얼마인가?"라는 질문을 생각해 보자. 이 질문에 답하기 위해서, 우리는 전체 사람들 중에서 폐암에 걸림이라는 유형의 사건을 겪은 사람들의 비율이 얼마나 되는지 확인하곤 한다. 그리고 이 비율을 '폐암에 걸림'이라는 유형의 사건이 발생할 확률로 간주하고, 이를 철수에게 적용하여 '철수가 폐암에 걸림'이라는 개별 사건이 발생할 확률을 정한다. 이렇듯 개별 사건의 확률은 사건 유형의 확률에 의존하곤 한다. 따라서 개별 사건들 사이에 성립하는 확률적 인과관계는 역시 사건 유형들 사이에 성립하는 확률적 인과관계에 의존하는 경우가 많이 있다.

이런 이유에서 우리 논의는 **사건 유형들 사이에 성립하는 확률적 인과관계**를 우선적으로 다룰 것이다. 아래에서 등장하는 대부분의 '사건'들은 '사건 유형'에 해당한다. 즉 이번 장에서 등장하는 'C가 E의 원인이다'라는 말은 'C라는 유형의 사건이 E라는 유형의 사건의 원인이다'를 간단히 표현한 것이다.

4.1.2 조건부 확률과 확률적 독립성

PTC0이 말하는 것처럼, 확률 인과 이론은 인과관계를 원인에 의한 결과의 확률값의 증가를 이용해 규명하려고 한다. 이를 조금 더 분명하게 표현하기 위해서 우리는 소위 '조건부 확률'(conditional probability)이란 것을 이해할 필요가 있다. 가령 '토요일에 비가 올 확률'과 '금요일에 비가 온다는 조건 아래에서 토요일에 비가 올 확률'을 생각해 보자. 이 두 확률은 모두 토요일에 비가 올 확률을 나타내고 있다. 하지만 앞의 것과 달리, 뒤의 것은 '금요일에 비가 온다는 조건 아래에서' 토요일에 비가 올 확률을 가리키고 있다. 이런 확률은 조건부 확률이라 불린다. 그런 확률은 'P(A|B)'와 같이 표기하고, 'B라는 조건 아래에서 A의 확률'이라고 읽는다. 이 조건부 확률은 다음과 같이 비조건부 확률을 이용해 정의된다.

$$P(A|B) = P(A\&B)/P(B).$$

이 조건부 확률을 이용해 두 사건 사이에 성립하는 몇 가지 확률 관계를 정의할 수 있다. 그 관계는 흔히 '독립성/의존성'이라고 알려진 것이다. 수학에서 다음이 성립할 때, 'A와 B는 확률적으로 독립'이라고 한다.

$$P(A|B) = P(A|\sim B) \tag{1}$$

그리고 P(A)와 P(B)가 모두 0과 1 사이에 있을 때, (1)은 다음과 동치이다.

$$P(B|A) = P(B|\sim A) \tag{2}$$

대략적으로 말하자면, 위의 (1)은 'B가 일어나든 그렇지 않든 A가 일어날 확률에는 변함이 없다'는 것과 같은 말이다. 한편, (1)과 (2)가 같은 의미라는 것은 조건부 확률의 정의를 이용해 쉽게 증명할 수 있다. 이 둘이 말하는 바는 'A와 B가 확률적으로 독립'이라면 'B와 A 역시 확률적으로 독립'이라는 것이다. 즉 확률 독립성은 '대칭성'(symmetry)을 갖추고 있다.

A와 B가 확률적으로 독립적이지 않을 때, 즉 (1)이 성립하지 않을 때, 'A와 B는 확률적으로 의존'이라고 말한다. (1)이 성립하지 않는다는 것은 다음 둘 중 하나가 성립한다는 것이다.

$$P(A|B) > P(A|\sim B) \tag{3}$$
$$P(A|B) < P(A|\sim B) \tag{4}$$

위 두 가지 경우 중에서 (3)이 성립할 때 우리는 'A와 B는 양의 상관관계'(positive correlation)에 있다고 말하기도 한다. 비슷하게, (4)가 성립할 때 우리는 'A와 B는 음의 상관관계'(negative correlation)에 있다고 말한다. (3)의 '양의 상관관계'는 'B가 일어난 경우 그렇지 않은 경우보다 A가 일어날 확률이 더 크다'는 것을 말한다. (4)의 '음의 상관관계' 역시 이와 비슷하게 서술될 수 있다.

흥미롭게도 양/음의 상관관계 역시 대칭성이라는 성질을 가지고 있다. 즉 위 (3)과 (4) 각각으로부터 다음 (3'), (4')이 따라 나온다.

$$P(B|A) > P(B|\sim A) \tag{3'}$$

$$P(B|A) < P(B|\sim A) \tag{4$'$}$$

A와 B가 양의 상관관계에 있다면 B와 A 역시 양의 상관관계에 있다. 음의 상관관계도 이와 마찬가지다. 결국, 우리는 확률적 의존성 관계 또한 대칭성을 갖추고 있다고 말할 수 있다. 앞으로 진행될 논의에서 분명해지겠지만, 이런 대칭성은 확률을 이용해서 인과관계를 규명하는 데 있어 중요한 문제점을 불러일으킨다.

4.2 확률 인과관계와 공통원인

우리의 목표는 'C가 E의 확률을 증가시킨다'는 것을 이용해서 C와 E 사이에 성립하는 인과관계를 규명하는 것이다. 여기서 'C가 E의 확률을 증가시킨다'는 것은 'C가 일어났을 때 E의 확률이, 그렇지 않을 때 E의 확률보다 더 크다'는 것, 즉 다음이 성립한다는 것으로 이해할 수 있다.

$$P(E|C) > P(E|\sim C) \tag{5}$$

이런 확률 관계만으로 인과관계를 규정하는 것은 충분치 않다. 왜냐하면 앞서 설명했듯이 확률 의존성 관계는 대칭적이기 때문이다. 즉 (5)가 성립한다면 $P(C|E) > P(C|\sim E)$ 역시 성립한다. 그럼, (5)를 이용해 C가 E의 원인이라는 것을 규정한다면, 우리는 E가 C의 원인이라고도 말해야 한다. 하지만 이는 이상하다. 우리는 흔히 인과관계는 비대칭적이라고 생각한다. 즉 흡연이 폐암의 원인이라면, 폐암이 흡연의 원인일 수 없다.

그렇다면 (5)에 어떤 조건을 추가해야 이런 문제로부터 벗어날 수 있을까? 한 가지 방법은 비대칭적인 다른 관계에 호소하는 것이다. 그런 관계에는 무엇이 있을까? 가장 쉽게 생각할 수 있는 것은 원인과 결과 사이에 성립하는 시간적 비대칭성일 것이다. 우리는 원인은 결과보다 먼저 발생한다고 생각하곤 한다. 그럼 이런 시간 비대칭성과 확률적 의존관계를 이용하면 다음과 같이 인과관계를 규정할 수 있을 것이다.

PTC1.   C가 E의 원인이다. ⇔
      (i) C는 E보다 먼저 발생한 사건이며,
      (ii) $P(E|C) > P(E|{\sim}C)$이다.

이렇게 수정을 한다면, 우리는 더 이상 'C가 E의 원인이면 E가 C의 원인'이라고 말할 수 없게 된다. 위 규정에 따라, C가 E의 원인이라면 C는 E보다 먼저 발생한 사건이고 이에 E가 C보다 먼저 발생한 사건일 수 없기 때문이다.

4.2.1 공통원인

하지만 PTC1은 만족스럽지 않다. 2장과 3장에서 언급된 공통원인의 문제를 다시 생각해 보자. 특히 3장 마지막 부분에 언급된 기압계의 사례를 다시 생각해 보자. 주변 기압이 낮아지는 사건(C_L)은, 기압계의 눈금이 떨어지는 사건(E_B)과 태풍이 오는 사건(E_S)의 공통원인이다. 따라서 C_L이 일어나면 E_B의 확률과 E_S의 확률은 모두 높아지고, C_L이 일어나지 않으면 E_B와 E_S의 확률이 모두 낮아진다. 결국 E_B의 확률이 높아지면 E_S의 확률도 높아지고, E_B의 확률이 낮아지면 E_S의 확률도 낮아진다. 즉 E_B와 E_S는 양의 상관관계에 있게 된다. 수식으로 말하자

면, $P(E_S|E_B) > P(E_S|{\sim}E_B)$가 성립할 것이다. 여기에, 기압계의 눈금이 떨어지는 사건(E_B)은 태풍이 오는 사건(E_S)보다 먼저 일어난다고 가정하자.

이런 상황에서 PTC1에 따라 인과관계를 규정한다면 우리는 E_B가 E_S의 원인이라고 말해야 한다. 하지만 이는 받아들일 수 없다. E_B와 E_S 사이에는 인과관계가 성립하지 않는다. 인과관계는 C_L과 E_B, 그리고 C_L과 E_S 사이에만 성립할 뿐이다. 따라서 PTC1은 인과관계에 대한 적절한 분석이라고 할 수 없다. 그럼 어떻게 PTC1을 수정해야 할까?

위 기압계 사례는 공통원인 때문에 상관관계가 성립하지만 인과관계가 성립하지 않은 경우를 보여주고 있다. 그렇다면 필요한 추가 조건은 '양의 상관관계가 성립하는 두 사건의 공통원인은 존재하지 않는다'는 것이다. 즉 PTC1을 다음과 같이 수정하는 것이 한 가지 방법일 것이다.

PTC1*. C가 E의 원인이다. ⇔
  (i)   C는 E보다 먼저 발생한 사건이며,
  (ii) $P(E|C) > P(E|{\sim}C)$이며,
  (iii) C와 E의 공통원인은 없다.

우선 이런 수정이 해당 문제점을 어떻게 제거하는지 생각해 보자. 기압계의 사례가 제기하는 PTC1의 문제는, 공통원인에 의해서 상관관계만 성립하는 두 사건을 인과관계가 성립하는 관계로 규정한다는 것이다. 하지만 PTC1*로 인과관계를 규정하게 되면 그런 문제는 사라진다. 기압계의 사례에 따르면 E_B는 E_S보다 먼저 일어났고, E_B와 E_S 사이에는 양의 상관관계가 성립한다. 따라서 (i)과 (ii)가 모두 만족된다. 하지만

4. 인과와 확률   109

그 사례에서 (iii)이 만족되지 않는다. 왜냐하면 E_B와 E_S의 공통원인인 주변 기압이 낮아지는 사건 C_L이 있기 때문이다. 따라서 PTC1과 달리 PTC1*은 E_B가 E_S의 원인이라고 말하지 않는다.

이와 같은 점을 생각할 때, PTC1보다 PTC1*이 인과관계에 대한 더 좋은 규정인 것처럼 보인다. 하지만 PTC1*에는 치명적인 문제점이 있다. 그 문제는 새로 추가한 조건 (iii) 때문에 발생한다. 우리의 목표는 무엇인가? 그것은 'C가 E의 원인'이라는 말을 확률을 이용해서 규정하는 것이다. 그렇다면 우리 규정 안에는 '인과', '원인' 등과 같은 것들이 포함되어선 안 된다. 그럴 경우, 우리 규정은 순환적인 것이 되어 버릴 것이다. 하지만 (iii)에는 '원인'이라는 개념이 포함되어 있다. 따라서 PTC1* 자체는 인과관계에 대한 순환적인 규정일 뿐이다.

이 순환성을 피하기 위해, '원인'과 같은 것을 언급하지 않은 채 (iii)에 의해서 의도된 것이 재서술되어야 한다. 이 장에서 우리는 인과관계를 확률적으로 규정하는 방법이 무엇인지 찾고 있다. 따라서 우리는 (iii)이 말하고 있는 바, 특히 '사건 X가 사건 Y와 Z의 공통원인이다'라는 말을 X, Y, Z 사이에 성립하는 확률 관계로 규정할 수 있는 방법을 찾아내야 한다.

4.2.2 차폐

위 목적을 위해 먼저 확률 관계의 몇 가지 특징들을 생각해 보자. 두 사건 사이에는 확률 독립성이 성립할 수도 있고 확률 의존성이 성립할 수도 있다. 그리고 조건이 추가되면 '확률 의존성이 성립하는 사건들'이 '확률 독립성이 성립하는 사건들'로 바뀔 수 있다.

예를 들어 생각해 보자. 어느 쪽으로도 쏠려 있지 않은 주사위를 던질 것이다. 'O'는 홀수가 나온다는 사건을, '$N_{1,3}$'은 '1 이상 3 이하의 수가 나온다' 는 사건을, 'N$_{2,5}$' 는 '2 이상 5 이하의 수가 나온다' 는 사건을 가리킨다고 하자. 그럼 분명 다음이 성립한다.

$$P(O|N_{1,3}) = 2/3 > 1/3 = P(O|{\sim}N_{1,3}). \qquad (6)$$

즉 O와 N$_{1,3}$ 사이에는 확률 의존성, 특히 양의 상관관계가 성립한다. 하지만 '2 이상 5 이하의 수가 나온다' 는 조건이 추가된 경우를 생각해 보자. 즉 N$_{2,5}$가 해당 조건부 확률의 조건으로 추가되었다고 하자. 그럼 다음이 성립한다.

$$P(O|N_{1,3}\&N_{2,5}) = 1/2 = P(O|{\sim}N_{1,3}\&N_{2,5}). \qquad (7)$$

(6)이 잘 보여주듯이 N$_{2,5}$라는 조건이 추가되지 않은 경우 O와 N$_{1,3}$ 사이에는 확률 의존성이 성립한다. 하지만 (7)은 N$_{2,5}$가 추가되면, 문제의 의존성은 사라지고 O와 N$_{1,3}$ 사이에는 확률 독립성이 성립하게 된다는 것을 보여준다.

　이렇듯 추가 조건에 따라서 '확률 의존성이 성립하는 사건들' 이 '확률 독립성이 성립하는 사건들' 로 바뀔 수 있다. 그런데, 어떤 특별한 경우에는 추가 조건 X의 도입으로 Y와 Z 사이에 성립했던 확률 의존성이 사라져 버리는 경우가 있다. 수식으로 표현하자면 다음 두 확률 관계가 성립하는 경우가 있다.

$$P(Y|Z) > P(Y|{\sim}Z)$$
$$P(Y|Z\&X) = P(Y|{\sim}Z\&X)$$

첫 번째 확률 관계는 Y와 Z 사이에 양의 상관관계가 성립한다는 것을
나타낸다. 그리고 두 번째 확률 관계는 X가 조건으로 추가되었을 때 해
당 양의 상관관계가 사라진다는 것을 의미한다. 이런 경우 철학자들은
'X가 Z로부터 Y를 차폐한다' (X screens off Y from Z)고 말한다. 일
상적으로 '차폐' 라는 말은 '방사능 차폐 시설'과 같이 두 개의 공간 사
이에 이루어질 수 있는 어떤 영향을 차단하는 것을 말한다. 예를 들어,
두 공간 사이에 성립했던 방사능을 주고받음이라는 관계가 차폐 시설
을 통해서 사라져 버리게 된다. '차폐' 라는 단어의 이런 의미는 위 확
률적 관계에도 반영되어 있다. 위 확률적 관계가 성립한다는 것, 즉 X
가 Z로부터 Y를 차폐한다는 것은 Z와 Y 사이에 성립했던 상관관계가
X의 도입에 의해서 사라져 버린다는 것을 의미한다.

흥미롭게도, X가 Y와 Z의 공통원인일 때 위와 같은 확률 관계가 성
립한다. 이를 다시 기압계의 사례를 통해 생각해 보자. 앞서 설명했듯
이, 기압계의 눈금이 떨어지는 사건(E_B)과 태풍이 오는 사건(E_S) 사이
에는 양의 상관관계가 성립한다. 그렇다면 주변 기압이 낮아지는 사건
(C_L)은 기압계의 눈금이 떨어지는 사건으로부터 태풍이 오는 사건을
차폐할 수 있는가? 즉 다음이 성립할 수 있는가?

$$P(E_S | E_B \& C_L) = P(E_S | {\sim}E_B \& C_L).$$

이 식이 성립할 수 있다는 것을 조금 더 직관적으로 이해하기 위해서,
다소 극단적인 가정, 즉 주변 기압이 낮아지면 언제나 태풍이 온다고
가정해 보자. 즉 $P(E_S | C_L) = 1$이라고 가정하자. 물론 이렇게 가정을 한
다고 하더라도 여전히 E_B와 E_S 사이에는 양의 상관관계가 성립할 수
있다. 한편, 그 가정은 $P(E_S | E_B \& C_L) = P(E_S | {\sim}E_B \& C_L) = 1$를 함축한

다. 즉 기압계의 눈금이 떨어지든 그렇지 않든 상관없이 주변 기압이 낮아지는 경우에는 늘 E_S의 확률은 1이 되는 것이다. 극단적이긴 하지만 이 경우는 위 식이 성립할 수 있다는 것을 직관적으로 보여주고 있다.

정리해 보자. PTC1*이 직면한 문제는 인과관계를 규정하는 데 있어, 원인이라는 개념, 특히 '공통원인'이라는 개념을 사용하고 있다는 것에 있었다. 하지만 위에서 살펴보았듯이, 공통원인 관계가 성립한다면 차폐관계가 성립한다. 따라서 우리는 '원인'을 언급하지 않는 방식으로 PTC1*을 다음과 같이 수정할 수 있다.

> **PTC2.** C가 E의 원인이다. ⇔
> (i) C는 E보다 먼저 발생한 사건이며,
> (ii) $P(E|C) > P(E|{\sim}C)$이며,
> (iii) C로부터 E를 차폐하는 어떤 사건도 없다. 즉 다음과 같은 사건 X는 존재하지 않는다. $P(E|C\&X) = P(E|{\sim}C\&X)$.

PTC1*과 달리 이 규정은 순환성 문제를 일으키지 않는다는 것은 분명하다. 그리고 공통원인의 문제 역시 적절하게 해결하는 것처럼 보인다. 따라서 PTC2가 PTC1, PTC1*보다 훌륭한 규정이라고 말할 수 있다.

하지만 안타깝게도 PTC2 역시 문제점을 가지고 있다. 그 문제점을 이해하기 위해서 말라리아라는 질병과 관련된 인과관계에 대해서 생각해 보자. 말라리아는 말라리아 원충을 가지고 있는 모기에 의해서 전염되며, 감염 결과 혈액 내 적혈구가 파괴된다. 이와 관련된 일련의 사건 유형들을 인과관계를 이용해서 표현하면 다음과 같다.

〈그림 4-1〉 말라리아 발병의 인과관계

말라리아모기에게 물리는 사건(M)은 말라리아 병원균이 적혈구에 침입하는 사건(R)의 원인이며, 말라리아 병원균이 적혈구에 침입하는 사건(R)은 말라리아 병원균이 적혈구를 파괴하는 사건(D)의 원인이다. 〈그림 4-1〉이 잘 보여주듯이, M은 R의 원인이며 R은 D의 원인이다. 그렇다면 M과 D 사이의 관계는 어떤가? 즉 말라리아모기에 물리는 사건과 말라리아 병원균이 적혈구를 파괴하는 사건 사이의 관계는 어떤가? 이 질문에 대해 '말라리아모기에게 물리는 사건은 말라리아 병원균이 적혈구를 파괴하는 사건의 원인'이라고 답하는 것은 이상해 보이지 않는다. 즉 우리 직관에 따르면, 'M이 R의 원인이고 R이 D의 원인이라면, M이 D의 원인'이라는 것이 성립하는 것 같다. 그럼 이런 직관적인 판단과 PTC2는 양립 가능한가?

일단 M은 D보다 먼저 발생했다. 따라서 (i)이 만족된다. 그리고 M과 D 사이에 양의 상관관계가 성립한다는 것도 참이다. 따라서 (ii)도 만족된다. 그럼 (iii)은 어떤가? M으로부터 D를 차폐하는 어떤 사건도 없다고 할 수 있는가? 즉 다음 두 식이 성립하는 X는 존재하지 않는다고 말할 수 있는가?

$$P(D|M\&X) = P(D|\sim M\&X).$$

흥미롭게도 위 식을 만족하는 X가 있다. 말라리아 병원균이 적혈구에 침입하는 사건 R이 발생했다고 해보자. 말라리아 병원균이 적혈구에 침입하는 일이 발생하도록 만드는 사건은 여럿이 있다. 말라리아모기에 물리는 것은 그 여러 방법 중에 하나일 것이다. 가령, 모기에 물리지 않았지만, 잘못된 수혈에 의해서 말라리아 병원균이 적혈구 속에 들어갈 수 있다. 그리고 말라리아 병원균이 적혈구에 침입하면, 그 침입을 야기한 원인이 무엇이든 상관없이 말라리아 병원균에 의해서 적혈구가 파괴된다. 즉 R이 발생한다면 M이 발생하든 그렇지 않든 상관없이 D가 일어난다. 따라서 다음 식이 성립하게 된다.

$$P(D|M\&R) = P(D|\sim M\&R).$$

즉 R은 M으로부터 D를 차폐한다. 이에 우리는 (iii)이 만족되지 않는다고 결론 내려야 한다. 결국, PTC2를 확률 인과관계에 대한 규정이라고 생각한다면 우리는 말라리아모기에 물린 것이 말라리아 병원균이 적혈구를 파괴하는 것의 원인이라고 말할 수 없게 된다. 우리의 직관적 판단과 PTC2가 충돌하는 것이다.

앞서 우리가 차폐관계를 확률 인과관계 규정에 포함시킨 것은 공통원인에서 비롯된 상관관계를 인과관계로 잘못 규정하는 것을 피하기 위해서였다. 하지만 차폐관계는 공통원인 관계에만 성립하는 것은 아니다. 특히 위 사례가 보여주듯이 Y로부터 Z를 차폐하는 어떤 X가 존재한다고 하더라도 Y와 Z 사이에 진정한 인과관계가 성립할 수 있다. 따라서 PTC2와 같이, 차폐관계가 성립하면 인과관계가 성립하지 않는다고 규정하면 우리는 다양한 인과관계를 배제해 버리게 될 것이다.

이와 관련해 철학자들과 통계학자들은 X가 Y로부터 Z를 차폐하는 경우는 위에서 다룬 두 가지 경우밖에 없다고 생각한다. 첫 번째는 기압계의 사례와 같이 (a) X가 Y와 Z의 공통원인인 경우이다. 두 번째는 말라리아 발병 사례와 같이 (b) X가 Y와 Z 사이의 인과관계를 매개하는 경우이다. 그렇다면 확률 인과관계를 올바르게 규정하기 위해서는 (b)와 같은 이유에서 PTC2의 (iii) 속 차폐관계가 만족되는 경우가 배제되도록 해야 한다.

이를 위해서 우리는 (a)와 (b)의 차이점에 주목해야 한다. 그 둘 사이의 가장 중요한 차이점은 Y로부터 Z를 차폐하는 X의 시간 상 위치이다. (a)에서 X는 Y와 Z보다 먼저 일어난다. 하지만 (b)에서 X는 Y보다 나중에 일어난다. 그럼 우리는 X가 Y와 Z보다 먼저 일어나고 X가 Y로부터 Z를 차폐할 때, X는 Y와 Z의 공통원인이라고 말할 수 있을 것이다. 그리고 이 점을 이용하면 PTC2를 다음과 같이 수정할 수 있다.

PTC2*.   C가 E의 원인이다. ⇔
(i)   C는 E보다 먼저 일어난 사건이며,
(ii) $P(E|C) > P(E|\sim C)$이며,
(iii) C보다 먼저 일어난 사건들 중에는 C로부터 E를 차폐하는 사건은 없다. 즉, 다음과 같은 사건 X는 존재하지 않는다. $P(E|C\&X) = P(E|\sim C\&X)$.

그럼 이제 말라리아 발병 사례를 위 새로운 규정에 적용해 보자. 사건 R, 즉 말라리아 병원균이 적혈구에 침입하는 사건은 M으로부터 D를 차폐한다. 하지만 이 경우 위 PTC2*의 (iii)이 성립하지 않는다고 말할 수 없다. 왜냐하면 R은 M보다 나중에 일어난 사건이기 때문이다. 따라서 PTC2와 달리 PTC2*은 말라리아모기에 물린 것이 말라리아 병원균이 적혈구를 파괴하는 것의 원인이 아니라고 말하지 않는다. 이에

PTC2*은 우리의 직관에 부합하며, PTC2보다 더 훌륭한 확률 인과관계에 대한 규정이라고 할 수 있다.

지금껏 우리는 인과관계를 확률을 이용해 규정하는 방법을 살펴보았다. 그 결과 우리는 PTC2*에 이르렀다. 앞서 설명했듯이, 이 논의는 '원인이 결과와 관련된 무언가를 바꾼다'는 직관에 근거하여 진행되었다. 여기서 원인이 바꾸는 '결과와 관련된 무언가'는 '결과의 확률'이었으며, 이 '결과의 확률'은 원인에 의해서 '증가'된다. 그리고 이런 점은 PTC2*의 (ii)에 명시적으로 표현되어 있다. 이런 직관은 꽤 자연스럽고, 의심할 만한 것이 별로 없어 보인다.

하지만 불행하게도 '원인이 결과의 확률을 증가시킨다'는 직관을 고집하다 보면 인과관계에 대한 잘못된 분석에 이르기도 한다. 특히, 우리가 일상생활 혹은 과학 탐구 속 인과관계가 성립한다고 볼 수 있는 여러 사례들 중에서는 PTC2*의 (ii)가 성립하지 않는, 즉 원인이 결과의 확률을 증가시키지 않는 경우들이 있다. 이른바 '심슨 역설'(Simpson's Paradox)이 보여주는 것이 바로 그런 사례다.

4.3 심슨 역설과 확률 인과관계

우리는 이 절에서 심슨 역설에 대해서 살펴보고 이 역설에 대해 어떤 답변이 제시되었는지 확인할 것이다. 이를 위해서, 심슨 역설이 의존하고 있는 확률의 수학적 특징을 먼저 살펴볼 것이다. 그 후 심슨 역설이 야기하는 문제를 좀 더 분명하게 드러낼 것이다. 그리고 이런 논의를 바탕으로 확률 인과관계에 대한 새로운 규정을 제시할 것이다.

4.3.1 준거집단, 모집단, 부분 모집단

심슨 역설의 일반적인 특징을 이해하기 위해서 항아리에서 구슬 하나를 뽑는 사건을 생각해 보자. 항아리에는 100개의 구슬이 있다. 이 항아리 속 구슬들은 여러 속성을 가지고 있다. 구슬들은 크거나 크지 않으며(L/~L), 붉은색이거나 붉은색이 아니다(R/~R). 더불어, 그 구슬들은 금속으로 되어 있거나 그렇지 않다(M/~M). 이 항아리에서 구슬 하나를 무작위로 뽑을 것이다. 그럼 붉은 구슬이 나오는 사건이 발생할 확률, 즉 P(R)은 무엇인가? 아마도 우리는 '전체 구슬들의 집단' 속 붉은 구슬의 비율이라고 생각할 것이다. 한편, 큰 구슬이 나왔다는 조건 아래에서 그 구슬이 붉은 구슬일 확률, 즉 P(R|L)은 무엇인가? 앞의 것과 비슷하게 우리는 '큰 구슬들의 집단' 속 붉은 구슬의 비율이라고 생각할 것이다. P(R)과 P(R|L) 모두 붉은 구슬의 비율을 나타낸다. 하지만 그 비율 결정의 기준이 되는 집단은 다르다. 즉 P(R)은 '모든 구슬들의 집단'을 기준으로 하고 있으며, P(R|L)은 모든 구슬들의 집단의 일부인 '큰 구슬들의 집단'을 기준으로 하고 있다. 이렇게 특정 비율 혹은 확률을 결정하기 위해 기준이 되는 집단을 '준거집단'(reference class)이라고 부른다. 그리고 '모든 구슬들의 집단'은 '전체 모집단'이라고 불리며, '큰 구슬들의 집단'은 '부분 모집단'이라고 불린다. (기호 표기의 번거로움을 줄이기 위해서 '속성 X를 가진 것들로 이루어진 부분 모집단', 혹은 'X라는 유형의 사건들로 이루어진 부분 모집단'을 그냥 'X-부분 모집단'으로 줄여 부를 것이다. 가령, '크다는 속성(L)을 가진 구슬로 이루어진 부분 모집단'은 'L-부분 모집단'이라 부를 것이다.)

당연히도, 무엇을 준거집단으로 삼느냐에 따라서 붉은 구슬의 비율은 달라지고, 이에 붉은 구슬이 나올 확률도 달라진다. 전체 모집단을

준거집단으로 삼았을 때의 붉은 구슬이 뽑힐 확률 P(R)과 큰 구슬들의
집단, 즉 L-부분 모집단을 준거집단으로 삼았을 때의 붉은 구슬이 뽑
힐 확률 P(R|L)은 서로 다를 수 있다. 마찬가지로 무엇을 준거집단으
로 삼느냐에 따라서 조건부 확률도 달라질 수 있다. 전체 모집단을 준
거집단으로 삼았을 때, 금속으로 된 구슬이 뽑혔다는 조건 아래에서 붉
은 구슬이 뽑힐 확률은 전체 모집단에서 금속으로 된 구슬 중 붉은 구
슬의 비율과 같다. 이때 이 비율은 확률 P(R|M)에 대응한다. 한편, L-
부분 모집단을 준거집단으로 삼았을 때, 금속으로 된 구슬이 뽑혔다는
조건 아래에서 붉은 구슬이 뽑힐 확률은 L-부분 모집단에서 금속으로
된 구슬 중 붉은 구슬의 비율과 같다. 그리고 이 비율은 확률
P(R|M&L)에 대응한다. 물론, P(R|M)과 P(R|M&L)은 다를 수 있
다. 즉 무엇을 준거집단으로 삼느냐에 따라서 해당 조건부 확률이 다를
수 있다.

준거집단에 따라서 (조건부/비조건부) 확률이 달라질 수 있다면, 그
확률들을 이용해 정의되는 두 사건 사이의 확률 관계도 달라질 수 있
다. 특히, 확률 독립성/의존성 관계가 준거집단에 따라서 달라질 수 있
다. 예를 들어, 항아리 속 각 구슬들의 비율과 그에 따른 확률값을 나타
내는 확률분포표가 다음과 같다고 생각해 보자.

〈표 4-1〉 전체 모집단에서는 양의 상관관계, 특정 부분 모집단에서는 확률 독립성

	M		~M		합계
	L	~L	L	~L	
R	0.48	0.04	0.05	0.06	0.63
~R	0.12	0.01	0.15	0.09	0.37
합계	0.60	0.05	0.20	0.15	1

4. 인과와 확률 **119**

위 〈표 4-1〉은 〈상자 4-2〉의 설명대로 확률이 할당된 것이다. 이제 우리는 이 표를 이용해서 다음 식이 성립한다는 것을 알 수 있다.

$$P(R|L) = 0.66 > 0.5 = P(R|\sim L). \tag{8}$$

$$P(R|M\&L) = 0.8 = P(R|M\&\sim L). \tag{9}$$

$$P(R|\sim M\&L) = 0.25 < 0.40 = P(R|\sim M\&\sim L) \tag{10}$$

위의 (8)은 전체 모집단을 준거집단으로 삼았을 때 L과 R은 양의 상관관계에 있다는 것을 나타낸다. 그리고 (9)는 M-부분 모집단을 준거집단으로 삼았을 때 L과 R 사이에는 확률 독립성이 성립한다는 것을 보여준다. 한편 (10)은 ~M-부분 모집단을 준거집단으로 삼았을 때 L과 R 사이에 음의 상관관계가 성립한다는 것을 보여준다. 결국, 위 사례는 전체 모집단에서 성립하는 확률 의존성이 M-부분 모집단에서는 성립하지 않는다는 것을 보여준다.

〈상자 4-2〉 확률 할당과 확률분포표

다양한 사건들 혹은 그것에 대응하는 명제들에 어떻게 확률을 할당할 수 있을까? 물론 확률 할당은 앞서 언급한 확률 공리를 만족해야 한다. 한 가지 방법은 가능한 사건을 최대로 상세하게 기술하고, 확률 공리에 맞춰 그렇게 기술된 사건들에 확률을 할당하는 것이다. 앞의 항아리 사례를 생각해 보자. 이 항아리에서 구슬을 하나 뽑았다. 어떤 사건이 일어날 수 있는가? 그 구슬은 R과 ~R 중에 하나의 속성을, L와 ~L 중에 하나의 속성을, 그리고 M과 ~M 중에 하나의 속성을 가질 것이다. 그럼, '뽑힌 구슬에 대해서 최대로 상세히 기술한다'는 것은 해당 구슬이 위 세 가지 종류의 속성들 각각 중에서 무엇을 가지고 있는지 기술하는 것이 된다. 가령, R&L&M, ~R&L&M과 같은 것이 구슬 뽑기와 관련해 최대로 상세히 기술된 사건들이라고 할 수 있다. (여기서 'R&L&M'은 'R, L, M이라는 속성을 가진 구슬이 뽑혔다'는 것을 줄인 것이다.)

우리는 이런 구슬 뽑기에서 이렇게 최대로 상세히 기술된 사건들은 모두 8개라는 것을 쉽게 확인할 수 있다. 이제 확률 공리에 맞춰 각 사건들에 확률을 할당하기만 하면 된다. 즉 각 사건들의 확률은 모두 0 이상이 되도록, 그리고 전체의 합이 1이 되도록 확률을 할당하기만 하면 된다. (각 사건들은 서로 양립 불가능하고, 모든 사건들 중에 적어도 하나는 반드시 일어날 수밖에 없다.) 예를 들어, 다음 표가 이런 확률 할당을 보여준다.

	M		~M	
	L	~L	L	~L
R	0.12	0.20	0.10	0
~R	0.03	0.05	0	0.50

위 표는 P(R&M&L)=0.12, P(~R&~M&~L)=0.5라는 것을 나타낸다. 다른 '최대로 상세히 기술된 사건들'에 대해서도 마찬가지다. 그 어떤 확률도 0보다 작지 않다. 더불어 모든 값을 더하면 1이 된다. 따라서 위 확률 할당은 확률 공리를 모두 만족하고 있다고 말할 수 있다.

이렇게 확률분포표를 이용하면, 다양한 사건들의 확률도 쉽게 계산할 수 있다. 가령, 'R이라는 속성을 가진 구슬이 뽑혔다'는 사건의 확률 P(R)은 R을 가지고 있는 최대로 상세히 기술된 사건들에 할당된 확률값을 모두 더하면 된다. 여기서 'R을 가지고 있는 최대로 상

세히 기술된 사건들'이란 'R&―&―'의 형식을 가진 최대로 상세
히 기술된 사건들을 말한다. 그럼 P(R)은 0.12, 0.20, 0.10, 0을 모
두 더한 0.42가 된다. 마찬가지로 R&L의 확률 P(R&L) 역시 비슷
하게 계산된다. 즉 그것은 R&L&M과 R&L&~M에 할당된 두 값
0.12와 0.10을 더한 0.22라고 할 수 있다. 마지막으로 위 표를 통해
서 조건부 확률의 값도 계산할 수 있다. 정의에 의해서 P(L|R)은
P(R&L)/P(R)과 같다. 그럼 위 계산에 의해서 P(L|R)=0.22/0.42
가 성립한다.

4.3.2 심슨 역설

앞 절에서 우리는 전체 모집단에서 성립하는 확률 의존성이 부분 모
집단에서는 더 이상 성립하지 않을 수 있다는 것을 보았다. 즉 확률 독
립성/의존성은 준거집단에 따라서 달라질 수 있다. 이런 준거집단에
따른 확률 관계의 변화는 다양한 방식으로 나타난다. 가령 다음 표들이
드러내는 확률 관계를 생각해 보자.

〈표 4-2〉 전체 모집단에서는 확률 독립성, 모든 부분 모집단에서는 양의 상관관계

	M		~M		합계
	L	~L	L	~L	
R	0.06	0.10	0.04	0.30	0.5
~R	0.09	0.30	0.01	0.10	0.5
합계	0.15	0.40	0.05	0.40	1

P(R|L)=0.50=P(R|~L);　　　　　▷ 전체 모집단에서 확률 독립성
P(R|M&L)=0.40>0.25=P(R|M&~L);　▷ M-부분 모집단에서 양의 상관관계
P(R|~M&L)=0.80>0.75=P(R|~M&~L).　▷ ~M-부분 모집단에서 양의 상관관계

〈표 4-3〉 전체 모집단에서는 음의 상관관계, 모든 부분 모집단에서는 양의 상관관계

	M		~M		합계
	L	~L	L	~L	
R	0.06	0.05	0.04	0.45	0.6
~R	0.09	0.15	0.01	0.15	0.4
합계	0.15	0.20	0.05	0.60	1

$P(R|L)=0.50<0.625=P(R|\sim L)$;   ▷ 전체 모집단에서 음의 상관관계
$P(R|M\&L)=0.40>0.25=P(R|M\&\sim L)$;   ▷ M-부분 모집단에서 양의 상관관계
$P(R|\sim M\&L)=0.80>0.75=P(R|\sim M\&\sim L)$. ▷ ~M-부분 모집단에서 양의 상관관계

〈표 4-4〉 전체 모집단에서는 음의 상관관계, 일부 부분 모집단에서는 양의 상관관계

	M		~M		합계
	L	~L	L	~L	
R	0.06	0.05	0.04	0.48	0.63
~R	0.09	0.15	0.01	0.12	0.37
합계	0.15	0.20	0.05	0.60	1

$P(R|L)=0.50<0.66=P(R|\sim L)$;   ▷ 전체 모집단에서 음의 상관관계
$P(R|M\&L)=0.40>0.25=P(R|M\&\sim L)$;   ▷ M-부분 모집단에서 양의 상관관계
$P(R|\sim M\&L)=0.80=P(R|\sim M\&\sim L)$. ▷ ~M-부분 모집단에서 확률 독립성

이렇듯, 전체 모집단 속 R과 L 사이에 성립하는 확률 관계는 부분 모집단 속에서 R과 L 사이에 어떤 확률 관계가 성립하는지 함축하지 않는다. 〈표 4-1〉이 보여주는 것처럼 전체 모집단에서 성립하던 상관관계가 일부 부분 모집단에서는 성립하지 않을 수 있다. 〈표 4-2〉는 〈표 4-1〉과 반대 상황을 보여준다. 즉 전체 모집단에서는 상관관계가 성립하지 않지만 관련된 모든 부분 모집단에서는 양의 상관관계가 성립할 수 있다. 〈표 4-3〉은 조금 더 극단적인 상황을 보여준다. 이 표에 따르면 전체 모집단에서는 음의 상관관계가 성립하지만 관련된 모든 부분 모집단에서는 양의 상관관계가 성립한다. 마지막 〈표 4-4〉는 어떤 준

거집단을 기준으로 삼느냐에 따라서 확률 독립성, 양의 상관관계, 음의 상관관계 모두가 성립할 수 있다는 것을 보여준다.

심슨 역설은 이렇게 준거집단에 따라 확률 관계가 달라질 수 있다는 수학적 사실에 기반하고 있다. 조금 더 분명하게 말하자면, '심슨 역설'이란 "전체 모집단에서 성립하는 확률 관계가 부분 모집단에서는 성립하지 않을 수 있다."는 것이다. 이 심슨 역설은 왜 문제인가? 항아리 속 구슬들이 위 표들처럼 분포될 수 있다는 사실 그 자체는 별로 흥미롭지 않다. 그러나 우리가 인과관계를 확률 관계로 규정하려고 할 때 심슨 역설이 보여주는 확률 관계는 당혹스러운 결과를 만들어 내는 것처럼 보인다.

4.3.3 심슨 역설과 확률 인과관계

앞서 확률 인과관계에 대한 논의는 '원인이 결과의 확률을 증가시킨다'는 직관을 중심으로 진행되었다. 여기서 '원인이 결과의 확률을 증가시킨다'는 것은 원인과 결과 사이에 양의 상관관계가 성립한다는 것을 의미했다. 4.2.2절의 PTC2*에도 분명하게 드러나듯이, 두 사건 사이에 양의 상관관계가 성립하지 않는 경우 인과관계가 성립한다고 말할 수 없다. 즉 양의 상관관계가 성립한다는 것은 인과관계가 성립하기 위한 필요조건이다. 하지만 위의 표들이 드러내는 것과 같은 확률 관계가 성립한다고 해보자. 그럼, PTC2*를 따른다면 인과관계에 대해서 어떤 판정을 내려야 하는가?

〈표 4-2〉와 같은 확률 관계가 성립한다고 해보자. 그럼 $P(R|L) = P(R|{\sim}L)$이 성립한다. 이에 PTC2*의 (ii)가 만족되지 않는다. 그러므로 우리는 L은 R의 확률값을 증가시키지 못하고, 따라서 L은 R의 원인이 아니라고 말해야 한다. 이런 점은 〈표 4-3〉, 〈표 4-4〉도 마찬가지다.

이 두 개의 표가 나타내는 것과 같이 확률값이 분포된다면 L은 R의 확률값을 감소시킨다. 따라서 PTC2*에 따라 L은 R의 원인이 아니라고 판정해야 한다. 이런 판정은 그럴듯한가? 얼핏 보면 그럴듯하다고 말해야 할 것 같다. 하지만 인과관계와 관련된 맥락을 생각해 보면 그렇지 않다.

우선, 위 표들에 등장하는 기호들을 다르게 해석해 보자. 즉, L을 '흡연을 함'이라는 사건, R을 '심장병에 걸림'이라는 사건, M을 '운동을 꾸준히 함'이라는 사건을 나타낸다고 해보자. 그럼 〈표 4-2〉의 확률관계는 다음과 같이 다시 나타낼 수 있다.

(a) $P(심장병 | 흡연) = P(심장병 | {\sim}흡연)$.

(b) $P(심장병 | 운동\&흡연) > P(심장병 | 운동\&{\sim}흡연)$.

(c) $P(심장병 | {\sim}운동\&흡연) > P(심장병 | {\sim}운동\&{\sim}흡연)$.

이렇게 해석했을 때, 〈표 4-2〉의 확률분포는 흥미로운 확률 관계를 드러내는 것 같다. (b)에 따르면, 운동을 꾸준히 했다는 조건 아래에서 흡연은 심장병에 걸릴 확률을 증가시킨다. 그리고 (c)에 따르면, 운동을 꾸준히 한 것은 아니라는 조건 아래에서도 흡연은 심장병에 걸릴 확률을 증가시킨다. 한편, (a)에 따르면, 어떤 특별한 조건도 고려하지 않았을 때, 흡연은 심장병에 걸릴 확률을 증가시키지 않는다.

만약 우리가 확률값의 증가 여부만을 가지고 인과관계를 결정한다면 우리는 다음과 같이 말해야 할 것 같다.

(a1) 흡연은 심장병에 걸리는 것의 원인이 아니지만,

(b1) 운동을 꾸준히 했다는 조건 아래에서 흡연은 심장병에 걸리는

것의 원인이며,

(c1) 운동을 꾸준히 한 것은 아니라는 조건 아래에서 흡연은 심장병
에 걸리는 것의 원인이다.

그런데 이런 진술들은 이상하다. (b1)에 의해서, 내가 운동을 꾸준히
하는 사람이라면 나에게 흡연은 심장병에 걸리는 것의 원인이다. 마찬
가지로 (c1)에 의해서, 내가 운동을 꾸준히 하는 사람이 아니라면 나에
게 흡연은 심장병에 걸리는 것의 원인이다. 한편 나는 운동을 꾸준히
하는 사람이거나 그렇지 않는 사람이다. 그렇다면, 나에게 흡연은 심장
병에 걸리는 것의 원인이라고 말해야 할 것 같다. 그런데, (a1)은 흡연
은 심장병에 걸리는 것의 원인이 아니라고 말한다. 즉, (a1)-(c1)으로
부터 다소 부조리한 결과가 도출된 것이다.

부조리한 결과가 도출되었을 때 우리는 위 추론 속 전제들 중에서 무
엇이 잘못되었는지 확인해야 한다. 위 추론의 전제는 무엇인가? 우리
논의와 관련해 중요한 전제는 다음 두 가지다. 첫 번째는 흡연, 심장병,
운동 사이에 (a)-(c)와 같은 확률 관계가 성립할 수 있다는 것이다. 두
번째는 '원인은 결과의 확률을 증가시킨다'는 것이다. 이 두 번째 전제
는 (a)-(c)로부터 (a1)-(c1)을 도출하는 데 사용되었다.

우선 첫 번째 전제를 생각해 보자. 과연, 흡연, 심장병, 운동 사이에
(a)-(c)와 같은 확률 관계가 성립할 수 있는가? 〈표 4-2〉가 드러내는
것은 단지 수학적 가능성이고, 그런 식으로 확률값들이 분포되는 것은
실제로 일어나기 어려운 일이 아닐까? 그렇지 않다. 우리는 자연스레
〈표 4-2〉가 성립하는 상황을 생각해 볼 수 있다.

예를 들어, 운동을 하면 심장병에 걸릴 확률이 낮아진다고 해보자.
그리고 흡연자들 대부분이 운동을 꾸준히 한다고 가정하자. 그렇다면

흡연이 심장병의 원인이라고 하더라도, 대부분의 흡연자들이 운동을 하기 때문에 흡연자가 심장병에 걸릴 확률은 비흡연자가 심장병에 걸릴 확률과 같아질 수 있다. 즉 흡연자들 대부분이 운동을 꾸준히 하는 경우, 흡연이 심장병에 미치는 영향과 운동이 심장병에 미치는 영향이 서로 상쇄되어 흡연이 심장병에 걸릴 확률을 증가시키지 않게 될 수 있다. 심지어, 흡연자들 중 운동하는 비율이 흡연자가 아닌 사람들 중 운동하는 사람들의 비율을 압도한다면, 흡연이 심장병에 걸릴 확률을 감소시킬 수도 있다.

이런 점은 위 〈표 4-2〉와 〈표 4-3〉에서 분명히 드러난다. 해당 표들에 등장하는 기호들을 앞에서와같이 해석한다면 다음이 성립한다.

〈표 4-2〉의 경우:

$$P(운동|흡연) = 0.75 > 0.50 = P(운동|{\sim}흡연).$$
$$P(심장병|흡연) = P(심장병|{\sim}흡연).$$

〈표 4-3〉의 경우:

$$P(운동|흡연) = 0.75 > 0.25 = P(운동|{\sim}흡연).$$
$$P(심장병|흡연) < P(심장병|{\sim}흡연).$$

이 두 개의 표 모두 흡연과 운동 사이에 양의 상관관계가 있다는 것을 드러낸다. 더불어 흡연과 운동이 서로 상관된 정도, 즉 $P(운동|흡연)$와 $P(운동|{\sim}흡연)$ 사이의 차이는 〈표 4-3〉의 경우가 〈표 4-2〉의 경우보다 훨씬 더 크다. 이렇게 흡연과 운동 사이의 양의 상관관계의 크기가 커질수록, 부분 모집단 속 확률 관계가 전체 모집단에서 성립하지 않거나, 심지어 역전될 수 있다. 이런 점에서 볼 때, 〈표 4-2〉와 〈표 4-3〉과 같은 확률 관계가 흡연, 심장병, 운동 사이에 성립한다고 가정하는 것

이 아주 이상한 일이라고 할 수 없다.

이제 두 번째 전제를 생각해 보자. 우리는 (a)-(c)로부터 (a1)-(c1)을 도출하는 데 있어, '원인은 결과의 확률을 증가시킨다'는 직관을 가정했다. 그리고 그 결과 (a1)-(c1)은 부조리한 결과를 도출하는 것처럼 보였다. 그럼 우리는 이 부조리한 결과를 피하기 위해서 '원인은 결과의 확률을 증가시킨다'는 직관을 포기해야 하는가?

이 질문에 대해 몇몇 철학자들은 '부분적으로 그렇다'고 답한다. 그 답이 '부분적'인 이유는 'C가 E의 원인이기 위해서 **모든 종류의 모집단**에서 C가 E의 확률을 증가시킬 필요는 없다'고 주장하기 때문이다. 특히 그런 철학자들은 **전체 모집단**에서 원인이 결과의 확률을 증가시킬 **필요는 없다**고 주장한다. 그들의 입장을 이해하기 위해서 다음 두 진술을 생각해 보자.

① $P(심장병|흡연) > P(심장병|{\sim}흡연)$.
② 모든 배경 맥락 $\mathcal{B}$에 대해서, $P(심장병|흡연\&\mathcal{B}) > P(심장병|{\sim}흡연\&\mathcal{B})$.

위 두 진술을 정확하게 이해하기 위해서, 우선 진술 ②에 등장하는 '배경 맥락 $\mathcal{B}$'(background context $\mathcal{B}$)가 무엇인지를 분명히 해보자. 이 배경 맥락 $\mathcal{B}$는 심장병과 관련되어 있는 모든 요인들, 가령 운동을 열심히 함, 고지방식을 즐김 등과 같은 것들의 성립 여부를 나타낸다. 가령, 심장병과 관련된 요인들에는 흡연 이외에 '운동을 열심히 함(K1)'과 '고지방식을 즐김(K2)' 밖에 없다고 하자. 그럼, $\mathcal{B}$는 K1&K2, K1&~K2, ~K1&K2, ~K1&~K2 중에 하나가 된다. 즉 흡연 이외에 심장병과 관련된 요인들 모두의 성립 여부를 기술한 것이 바로 $\mathcal{B}$가 될 수 있다. 이런 점에서 B는 특정 부분 모집단을 가리키는 속성이 될 수 있으며, 각 B에 해당하는 부분 모집단을 모두 합하면 전체 모집단이 된다.

그럼, 이제 우리는 ①과 ②의 차이를 조금 더 명확하게 이해할 수 있다. ①은 '전체 모집단'에서 흡연이 심장병의 확률을 증가시킨다고 말하고 있다. 한편 ②는 심장병과 관련된 '모든 부분 모집단'에서 흡연이 심장병의 확률을 증가시킨다고 말하고 있다. 얼핏, ①과 ②는 비슷한 내용을 말하고 있는 듯이 보인다. 왜냐하면, ①은 '전체 모집단', ②는 심장병과 관련된 '모든 부분 모집단'에 대해서 말하고 있으며, 모든 부분 모집단의 합집합은 전체 모집단이 되기 때문이다. 그러나 앞의 사례, 특히 〈표 4-1〉-〈표 4-3〉에서 잘 드러나듯이, 이 둘은 분명히 다르다. ②가 성립한다고 ①이 반드시 성립하는 것은 아니며, ①이 성립한다고 해서 ②가 반드시 성립하는 것도 아니다.

그럼, ①과 ②에 등장하는 P(심장병|흡연)와 P(심장병|흡연&B)들은 어떤 관련이 있을까? 수학적으로 말해 P(심장병|흡연)은 P(심장병|흡연&B)들, 혹은 그런 형식을 가진 몇몇 확률들의 가중평균이다. P(심장병|~흡연)도 마찬가지다. 따라서 P(심장병|흡연)와 P(심장병|~흡연)는 관련된 가중치와 P(심장병|흡연&B)들에 의해서 결정된다. 이런 점에서 볼 때, P(심장병|흡연&B)의 값에 비해 (그 값들의 가중평균인) P(심장병|흡연)와 P(심장병|~흡연)의 값은 우연적이다. 따라서 흡연과 심장병 사이의 인과관계를 규정하는 데 있어, P(심장병|흡연)와 P(심장병|~흡연)의 크기를 비교하는 것은 부차적인 듯이 보인다. 이런 이유에서, '원인이 결과의 확률을 증가시킨다'는 직관을 부분적으로 거부하려는 철학자들은 ①을 받아들이지 않는다.

4. 인과와 확률 129

'P(심장병│흡연)은 P(심장병│흡연&$\mathcal{B}$)들, 혹은 그런 형식을 가진 몇몇 확률들의 가중평균'이라는 것은 무슨 말인가? 앞에서 $\mathcal{B}$는 K1&K2, K1&~K2, ~K1&K2, ~K1&~K2 중에 하나라고 하였다. 각각을 순서대로 $\mathcal{B}_1$, $\mathcal{B}_2$, $\mathcal{B}_3$, $\mathcal{B}_4$라고 하자. 그럼 확률 규칙에 따라서 다음이 성립한다.

$$P(\text{심장병}│\text{흡연}) = P(\text{심장병}\&\mathcal{B}_1│\text{흡연}) + P(\text{심장병}\&\mathcal{B}_2│\text{흡연})$$
$$+ P(\text{심장병}\&\mathcal{B}_3│\text{흡연}) + P(\text{심장병}\&\mathcal{B}_4│\text{흡연})$$
$$= P(\text{심장병}│\text{흡연}\&\mathcal{B}_1)P(\mathcal{B}_1│\text{흡연})$$
$$+ P(\text{심장병}│\text{흡연}\&\mathcal{B}_2)P(\mathcal{B}_2│\text{흡연})$$
$$+ P(\text{심장병}│\text{흡연}\&\mathcal{B}_3)P(\mathcal{B}_3│\text{흡연})$$
$$+ P(\text{심장병}│\text{흡연}\&\mathcal{B}_4)P(\mathcal{B}_4│\text{흡연}).$$

이런 경우, 우리는 P(심장병│흡연)는 P(심장병│흡연&$\mathcal{B}_1$), P(심장병│흡연&$\mathcal{B}_2$), P(심장병│흡연&$\mathcal{B}_3$), P(심장병│흡연&$\mathcal{B}_4$)의 가중평균이며, 각 가중치는 P($\mathcal{B}_1$│흡연), P($\mathcal{B}_2$│흡연), P($\mathcal{B}_3$│흡연), P($\mathcal{B}_4$│흡연)라고 말한다.

하지만 그들이 ②도 거부하는 것은 아니다. 사실 ②는 꽤 강력하다. 그것은 심장병과 관련된 어떤 추가 요인이 발생하더라도 흡연은 심장병에 걸릴 확률을 증가시킨다고 말하고 있다. 즉 모든 관련 부분 모집단에서 흡연이 심장병에 걸리는 것에 영향을 미친다는 말이다. 달리 말하면, 내가 심장병과 관련된 어떤 속성을 가지든지 흡연을 하기만 하면 심장병에 걸릴 확률이 증가한다는 말이다. 이런 직관적인 호소력 때문에 철학자들은 ①보다는 ②가 '원인이 결과의 확률을 증가시킨다'는 우리의 직관을 더 잘 포착한다고 생각한다.

우리는 PTC2*의 (ii), 즉 ①을 통해 원인이 결과의 확률을 증가시킨다는 직관을 반영하였다. 하지만 심슨 역설을 통해 그 규정의 문제점이 밝혀졌다. 위에서 설명한 대로 ①보다 ②를 더 선호하는 철학자들은 PTC2*의 (ii)를 다음과 같이 (ii*)로 수정할 것이다.

PTC2**.   C가 E의 원인이다. ⇔

    (i)   C는 E보다 먼저 일어난 사건이며,

    (ii*) 모든 배경 맥락 $\mathcal{B}$에 대해서 $P(E|C\&\mathcal{B}) > P(E|{\sim}C\&\mathcal{B})$이며,

    (iii) C보다 먼저 일어난 사건들 중에는 C로부터 E를 차폐하는 사건은 없다. 즉 다음과 같은 사건 X는 존재하지 않는다. $P(E|C\&X) = P(E|{\sim}C\&X)$.

흥미롭게도, 위와 같은 수정은 (iii)을 불필요하게 만든다. 왜냐하면 (iii)이 성립하지 않는다면 (ii*)도 성립하지 않기 때문이다. 그렇다면, PTC2**은 다음과 같이 간단한 형태로 수정된다.

PTC3.   C가 E의 원인이다. ⇔

    (i)   C는 E보다 먼저 일어난 사건이며,

    (ii) 모든 배경 맥락 $\mathcal{B}$에 대해서 $P(E|C\&\mathcal{B}) > P(E|{\sim}C\&\mathcal{B})$이다.

이런 규정 아래에서 〈표 4-1〉-〈표 4-4〉의 확률분포를 생각해 보자. 다시 한번 그 표들 속 각 기호들이 '흡연', '운동', '심장병'을 가리키는

것으로 간주하자. 그럼 각 표들 속 확률분포에 따르면, 흡연은 심장병의 원인인가, 그렇지 않은가? 각 표에서 배경 맥락 B는 '운동'과 '~운동' 중에 하나일 것이다.

〈표 4-1〉의 확률분포에 따르면 전체 모집단에서, 즉 어떤 배경 맥락도 고려하지 않았을 때 흡연은 심장병에 걸릴 확률을 증가시킨다. 하지만 흡연이 심장병에 걸릴 확률을 증가시키지 못하는 배경 맥락이 존재한다. 따라서 〈표 4-1〉의 확률분포에서는 흡연이 심장병의 원인이라고 할 수 없다. 한편, 〈표 4-2〉와 〈표 4-3〉의 확률분포는 다르다. 비록 전체 모집단에서 흡연이 심장병에 걸릴 확률을 증가시키지는 않지만 모든 배경 맥락에서 흡연은 심장병에 걸릴 확률을 증가시킨다. 따라서 이 두 표와 같은 상황에서는 흡연이 심장병의 원인이라고 해야 한다. 한편, 마지막 〈표 4-4〉는 어떤가? 전체 모집단에서 흡연은 심장병의 확률을 증가시키지 못한다. 그리고 모든 배경 맥락에서 흡연이 심장병의 확률을 증가시키는 것도 아니다. 따라서 PTC3은 이 경우에서는 흡연이 심장병의 원인이 아니라고 판정한다.

이 절에서 우리가 다룬 문제는 심슨 역설이 발생하는 상황, 즉 전체 모집단 속 상관관계가 부분 모집단 속 상관관계와 다른 경우 인과관계를 어떻게 규정할 것인지에 대한 것이었다. 특히, 심슨 역설이 발생하는 상황에서 원인이 결과의 확률을 높인다는 직관이 어떻게 구제될 수 있는지 살펴보았다. 우리는 이런 문제에 답하기 위해서, 확률적 인과관계에 대한 규정으로 PTC3을 제시하였으며, 이것이 어떻게 해당 직관을 구제하는지 확인하였다. 그 결과는 나쁘지 않았으며, 충분히 숙고해 볼 만한 것이라고 생각한다. 물론, 그러한 숙고는 우리에게 PTC3이 가진 몇 가지 한계 혹은 특징을 드러낼 것이다.

4.4 확률 인과 이론의 문제점

지금껏 우리는 확률을 이용해서 인과관계를 규정하려는 시도를 살펴보았다. 결과적으로 우리는 PTC3에 이르렀다. 얼핏 보기에, PTC3은 인과관계에 대한 그 나름의 분석을 제공하는 듯하다. 이는 공통원인의 문제도 해결할 수 있으며, 심슨 역설에 대해서도 납득할 만한 답변을 제시하는 것 같다. 하지만 이런 분석 역시 몇 가지 문제점을 가지고 있다.

4.4.1 너무 강한 규정

〈표 4-1〉과 〈표 4-4〉의 상황에 대한 PTC3의 판정을 다시 생각해 보자. 앞서 설명했듯이 PTC3은 〈표 4-1〉과 〈표 4-4〉의 상황에서 모두 인과관계가 성립하지 않는다고 판정한다. 하지만 여기서 두 상황의 차이점에 주목할 필요가 있다. 〈표 4-1〉의 경우, 어떤 배경 맥락에서는 흡연과 심장병이 서로 무관하지만, 다른 배경 맥락에서는 흡연이 심장병의 확률을 **감소시킨다**. (119쪽의 식 (10)을 보라.) 하지만 〈표 4-4〉의 경우는 그렇지 않다. 이 경우, 흡연이 심장병의 확률을 **감소시키는 배경 맥락은 없다**. 오히려, 흡연이 심장병의 확률을 증가시키는 배경 맥락이 있다. PTC3이 〈표 4-4〉의 인과관계를 부정하는 것은 단지 흡연이 심장병의 확률에 영향을 주지 않는 부분 모집단이 있기 때문이다. 하지만 과연 우리는 이런 경우에도 흡연이 심장병의 원인이 아니라고 말할 수 있는가?

이 장 처음에서 우리는 흡연이 폐암이나 심장병의 원인이라는 기사를 보고 "내가 아는 어떤 사람은 평생 담배를 끼고 살았는데, 90살이 넘도록 건강에 별 이상이 없이 잘 살고 있다."는 식의 냉소적인 반응을 언급했다. 더불어, 이런 반응에도 불구하고 '흡연이 심장병의 원인' 이라는 주장이 우리의 자연스런 직관과 충돌하는 것 같지 않다. 하지만 PTC3에 따르면 이렇게 판정할 수 없다. 왜냐하면 위 반응이 언급하는 사람이 속한 배경 맥락 아래에서는 흡연이 심장병의 확률에 영향을 주지 않기 때문이다. 이렇듯 PTC3은 위와 같은 직관을 반영하기에는 너무 강하다. 그렇다면, PTC3은 어떻게 수정되어야 할까? 한 가지 방법은 다음과 같다.

> **PTC3*.** C가 E의 원인이다. ⇔
> (i) C는 E보다 먼저 일어난 사건이며,
> (ii) 모든 배경 맥락 $\mathcal{B}$에 대해서 $P(E|C\&\mathcal{B}) \geq$
> $P(E|\sim C\&\mathcal{B})$이고, 몇몇 배경 맥락 $\mathcal{B}$에 대해서
> $P(E|C\&\mathcal{B}) > P(E|\sim C\&\mathcal{B})$이다.

이 규정에 따르면 〈표 4-4〉의 경우가 어떻게 판정되는가? 운동이라는 배경 맥락 아래에서는 흡연과 심장병 사이에 양의 상관관계가 성립하며, ~운동이라는 배경 맥락 아래에서는 흡연과 심장병은 서로 독립적이다. 즉 모든 배경 맥락에서 흡연이 심장병에 걸릴 확률을 감소시키지 않으며, 어떤 배경 맥락에서는 흡연이 심장병에 걸릴 확률을 증가시킨다. 따라서 PTC3*에 따르면, 〈표 4-4〉의 경우에도 흡연이 심장병의 원인이라고 할 수 있다.

그렇다면, PTC3*이 PTC3보다 더 우수한 규정이라고 해야 하지 않을까? 하지만 그렇게 단언할 수는 없다. 아주 극단적인 경우를 생각해보자. 심장병과 관련된 거의 모든 배경 맥락에서 규칙적인 독서와 심장병은 무관하다고 해보자. 하지만 아주 특수한 경우에 규칙적인 독서가 심장병의 확률을 증가시킨다고 하자. 이런 경우에도 우리는 규칙적인

독서가 심장병의 원인이라고 말할 수 있는가? PTC3*에 따르면 원인이라고 판정해야 하지만, PTC3에 따르면 그렇지 않다. 이런 상황에서는 PTC3*보다 PTC3이 우리 직관을 더 잘 반영하는 듯하다. 이런 점을 고려할 때, PTC3*이 PTC3보다 더 우수한 규정이라고 단언할 수 없다.

4.4.2 배경 맥락

인과에 대한 확률적 규정 PTC3에서 중요한 것은 배경 맥락이다. PTC3에 따르면, 모든 배경 맥락에서 원인이 결과의 확률값을 증가시킬 때 해당 인과관계가 성립한다. 그럼, 이 배경 맥락은 어떻게 규정할 수 있을까?

앞서 우리는 다소 불분명하게 '배경 맥락'을 규정하였다. 특히, 우리는 흡연과 심장병 사이의 인과관계와 관련된 배경 맥락을 '흡연을 제외하고 심장병과 **관련된 요인들** 모두의 성립 여부를 기술한 것'이라고 서술하였다. 이런 서술에서 주목할 것은 '관련된 요인들'이라는 표현이다. 이 표현이 의미하는 것은 무엇인가? 흡연과 심장병 사이의 인과관계를 다루면서 우리가 제시한 사례는 '운동을 열심히 함'과 '고지방 식을 즐김'이었다. 즉 결과인 심장병에 **인과적으로** 영향을 줄 수 있는 요인들이 '관련된 요인들'이 될 수 있다.

우리는 C와 E 사이에 인과관계를 규정하기 위해서 배경 맥락을 고려해야 했다. 그런데 이 배경 맥락은 (C를 제외하고) E에 인과적으로 영향을 줄 수 있는 것들로 구성된다. 결국, C와 E 사이에 성립하는 인과관계에 대한 규정은 E와 다른 요인 사이에 성립하는 인과관계에 의존할 수밖에 없다. 결국, 우리는 PTC3의 인과관계에 대한 규정은 순환적이라고 말할 수 있다. (당연히도 PTC3* 역시 이 문제를 가지고 있다. 왜냐하면 PTC3*에도 배경 맥락이 중요한 역할을 하기 때문이다.

아래는 위 문제에 대한 가능한 답변을 다루고 있다. 그 답변은 PTC3*
에도 적용된다.)

물론 이런 순환성을 과장할 필요는 없다. 즉 해당 순환성은 PTC3을
쓸모없는 것으로 만들지 않는다. PTC3이 규정하는 것은 C와 E 사이의
인과관계이다. 그리고 그 인과관계에 대한 규정은 C와는 다른 요인과
E 사이에 성립하는 인과관계에 의존한다. 만약 C와 E 사이의 인과관계
에 대한 규정이 C와 E 사이의 인과관계에 의존한다면, PTC3은 파국에
이를 것이다. 하지만 PTC3은 그렇지 않다. 이런 점에서 PTC3의 순환
성을 심각하게 유해한 것으로 단정할 필요는 없다.

하지만 해당 순환성으로 인해 PTC3이 '인과관계를 확률 관계로 분
석했다' 혹은 '인과관계를 확률 관계로 환원하였다'고 말할 수도 없다.
즉 PTC3은 더 이상 인과관계에 대한 환원적 분석(182쪽 〈상자 6-1〉
참조)으로 간주될 수 없다. 그럼 인과관계와 관련해 PTC3이 하는 역
할은 무엇인가? 그것은 여러 인과관계들이 서로 복잡하게 얽혀 있을
때, 그들 사이에 어떤 확률 관계가 성립해야 하는지 말해준다. 예를 들
어 보자. 심장병(E)과 관련된 인과적 요인에는 흡연(C1), 운동(C2),
고지방식(C3)밖에 없다고 하자. 그럼, 다음과 같은 확률 관계가 성립
해야 한다.

(ㄱ) $P(E|C1 \& \pm C2 \& \pm C3) > P(E|{\sim}C1 \& \pm C2 \& \pm C3)$;

(ㄴ) $P(E|C2 \& \pm C1 \& \pm C3) > P(E|{\sim}C2 \& \pm C1 \& \pm C3)$;

(ㄷ) $P(E|C3 \& \pm C1 \& \pm C2) > P(E|{\sim}C3 \& \pm C1 \& \pm C2)$.

위 식에서 '$\pm X \& \pm Y$'라는 형식의 표현이 있는 자리에는 'X & Y',
'X & ~Y', '~X & Y', '~X & ~Y' 중 어느 것이라도 들어갈 수 있다.

그럼 위 식들 중, (ㄱ)은 C1이 E의 원인이라는 것을 나타내며, (ㄴ)과 (ㄷ)은 C2, C3 각각이 E의 원인이라는 것을 나타낸다. 앞에서 설명했듯, PTC3은 인과관계를 확률 관계로 환원하지 못한다. 하지만, 그것은 위 (ㄱ)~(ㄷ)처럼 E와 그것의 여러 인과적 요인들 사이에 어떤 확률 관계가 성립해야 하는지를 규정하고 있다. 이런 점에서 PTC3은 인과관계를 확률 관계로 환원하는 것이 아니라, 여러 인과관계들에 걸쳐 어떤 확률 관계가 성립해야 하는지를 제약하는 규정이라고 할 수 있다.

지금껏 우리는 인과와 확률 사이의 관계를 추적해 왔다. 기본 아이디어는 원인은 결과의 확률을 증가시킨다는 것이었다. 그리고 이런 아이디어가 보다 명료하게, 그리고 우리의 직관과 어긋남이 없이 발전되는 과정을 추적하였다. 물론 이런 아이디어의 발전 과정은 확률과 인과 사이의 관계에 대한 이론의 역사적 흐름과 다를 것이다. 이는 조금 더 이해하기 쉽게 만들기 위해서 역사를 임의로 재구성한 것이라고도 할 수 있다. 추측건대, 인과와 확률 사이의 관계에 대한 이론적 관심의 첫 시작에는 인과를 확률로 환원 혹은 분석할 수 있다는 희망이 있었을 것이다. 하지만 우리가 마지막에서 살펴보았듯이, 그 희망은 더 이상 유지되기 어려워 보인다.

물론 환원주의적 기획에 대한 희망이 사라졌다는 것이 더 이상 확률과 인과 사이의 관계에 대한 연구가 불필요하다는 것을 의미하지 않는다. 오히려, 그 반대이다. PTC3의 역할을 설명하면서 언급했듯이, 환원주의적 기획이 사라진 자리에 확률과 인과 사이의 관계에 대한 새로운 연구 흐름이 등장하게 된다. (이런 연구 흐름에 대해서는 6장 참조.) 그것은 바로, 여러 복잡한 인과관계가 주어졌을 때 그들 사이에 어떤 확률적 관계가 성립해야 하는지를 규정하는 일, 혹은 여러 요인들 사이에서 성립하는 여러 복잡한 확률 관계를 통해서 그들 사이에 성립하는 인과관계를 추적하는 일이 될 것이다.

더 읽을거리

공통원인과 확률 사이의 관계에 대한 전통적인 논의는 다음 문헌에서
살펴볼 수 있다.

Reichenbach, H. (1956), *The Direction of Time*, University of California
Press. 4장 19절.

확률 인과와 심슨 역설에 대한 대표적인 논의는 다음 논문에서 확인할
수 있다. 특히 PTC3에 대해서는 카트라이트의 논문을, PTC3*에 대해
서는 스컴즈의 글을 참조하라.

Cartwright, N. (1979), "Causal Laws and Effective Strategies", *Noûs* 13(4),
pp. 419-437.

Skyrms, B. (1980), *Causal Necessity*, Yale University Press. II부 B절.

확률 인과에 대한 포괄적인 논의를 위해서는 다음 책을 참조하라.

Eells, E. (1991), *Probabilistic Causality*, Cambridge University Press.

5

인과와 과정

인과 과정 이론(Causal Process Theories, CPT)은 원인과 결과를 독립적인 사건으로 보기보다는 원인과 결과가 서로 이어져 있다는 직관에 근거하여 인과를 이해하려 시도한다. 과정 이론은 현대 과학의 성과를 적극적으로 활용하여 원인과 결과 사이의 연결 고리를 설명하고자 한다. 과정 이론의 옹호자는 여럿이나, 이 글에서는 새먼의 이론을 주로 소개하기로 한다. 다른 사람의 견해는 새먼의 이론을 전개하는 과정에서 꼭 필요한 경우에 한하기로 한다.

5.1 과정과 상호작용

5.1.1 원인과 결과 사이의 연결

힘껏 발로 찬 공이 멋지게 휙 날아 골인된다. 망치를 두드리자 벽에 못이 박힌다. 북을 치자 둥둥 소리가 난다. 병을 던지자 땅에 떨어져 산산조각이 난다. 평소 우리가 쉽게 인과관계를 떠올릴 수 있는 예들이다. 처음 두 사례만을 생각해 보자. 힘껏 발로 찬 것이 공이 날아가게 된 원인이라면, 그래서 그것이 골인된 것은 결과이다. 망치를 두드린 것이 원인이라면, 그래서 벽에 못이 박힌 것은 결과이다.

이러한 사정은 잘 알려진 당구공 충돌의 사례에서도 다르지 않다. 큐대를 떠난 하나의 당구공이 빠르게 굴러 다른 하나의 공에 부딪친다. 그 순간 "딱!" 하는 경쾌한 소리와 함께 정지해 있던 다른 하나의 공이 빠르게 구르기 시작한다. '인과관계가 있다'고 말하기 좋은 또 다른 사례이다. 빠르게 구르던 공과의 충돌이야말로 정지해 있던 공이 구르게 된 결과의 원인이 아니고 무엇이란 말인가!

우리는 2장에서 흄이 위와 같은 사례들을 세 조건들, 즉 시간적 선행성, 공간적 근접성, 그리고 항상적 결합을 이용해 분석한다는 것을 확인하였다. 더불어 우리는 원인과 결과 사이를 연결한다고 생각되곤 하는 '필연적 연관성'에 관해 흄이 어떤 입장을 취하는지 살펴보았다. 흄에 따르면, 필연적 연관성은 과거 사례의 규칙적 반복에 기초해 우리 마음속에 생겨난 습관일 뿐이다. 즉 흄에게 있어 문제의 연결은 우리 마음 밖에 있는 어떤 특별한 것이 아니라 우리 마음이 만들어 낸 주관적인 것이다.

그러나 원인과 결과 사이의 연결이 우리 마음이 만들어 낸 것이라는 흄의 결론에는 만족스럽지 않은 면이 있다. 왜냐하면 앞서 '인과관계가 있다'고 말할 수 있는 사례들을 다시 검토해 본다면, 객관적인 물리적 사실에 의해서 원인과 결과가 연결된 듯이 보이기 때문이다. 즉 그 어느 경우에든, '원인'에 해당하는 것이 가진, 혹은 그것에서 비롯된 어떤 물리적 성질이 '결과'에 해당하는 것으로 전달, 혹은 '결과'에 해당하는 것에 이르기까지 지속되는 것으로 보인다.

가령 공을 차서 공이 골에 들어가는 사례를 생각해 보자. 이 사례에서 공을 찬 것이 원인으로, 공이 골에 들어간 것이 결과로 여겨질 것이다. 물리학적 사실에 비추어 보면 힘껏 공을 찰 때 공은 운동에너지를 가지게 된다. 그리고 이 에너지는 공이 골로 굴러갈 때까지 어느 정도 공에 남아 있게 된다. 다시 말해 원인에 해당하는 사건에 의해서 공이 가지게 된 물리적 성질, 즉 운동에너지가 결과에 해당하는 사건에 등장하는 공에게 전달 혹은 지속되고 있는 것이다. 이런 점은 당구공의 경우도 마찬가지다. 그렇다면 원인과 결과 사이의 연결이 주관적이라고 말하는 것은 성급해 보인다. 왜냐하면 그런 물리적 성질은 우리 마음이 만들어 낸 것이 아닌 듯이 보이기 때문이다. 결국, 우리는 흄과 달리 원인과 결과는 그 사이에 전달 혹은 지속되는 객관적인 물리적 성질들로 연결되어 있다고 말해야 하는 것 같다.

5.1.2 시공간 좌표와 궤적

그럼 이 물리적 성질을 이용한다면 관련된 인과관계를 어떻게 규정할 수 있을까? 당구공의 충돌을 다시 생각해 보자. 두 개의 당구공 A와 B가 있다. 당구공 A는 시점 t_0에 당구대 왼쪽 편에 있다. 그리고 당구대 오른쪽을 향해 움직이고 있다. 이와 반대로 당구공 B는 시점 t_0에 당구대 오른쪽 편에 있다. 그리고 당구대 왼쪽을 향해 움직이고 있다. 얼마의 시간이 지난 시점 t_1에 이 두 당구공은 서로 만나 (완전 탄성) 충돌하였다. 그 결과 t_2 시점에 당구공 A는 당구대 왼쪽에 있으면서 왼쪽을 향해 움직이게 되었다. 마찬가지로 같은 시점에 당구공 B는 당구대 오른쪽에 있으면서 오른쪽을 향해 움직이게 되었다.

우리가 이 사례 속에서 확인할 수 있는 물리적인 성질과 그 성질의 변화에는 무엇이 있는가? 그리고 그것들을 어떻게 나타낼 수 있을까? 우리는 우선 당구공의 움직임을 궤적으로 나타낼 수 있다는 사실에 주목하자. 〈그림 5-1〉을 보자.

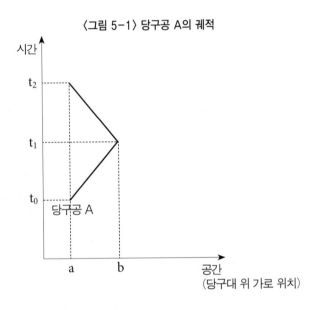

〈그림 5-1〉 당구공 A의 궤적

이 그림은 당구공 A의 궤적을 시공간 좌표에 그려 넣은 것이다. A는 t_0 시점에 당구대의 왼쪽 위치, 즉 a에 위치하고 있다. 그리고 t_1 시점까지 오른쪽으로 이동한다. A의 시간상의 위치는 위쪽으로 이동하고 공간상의 위치는 오른쪽으로 이동하기 때문에, t_0과 t_1 사이의 당구공 A의 궤적은 오른쪽 위로 올라가는 사선으로 표현된다. 한편 시점 t_1, 위치 b에서 당구공 A는 당구공 B와 충돌한다. 그 결과 당구공 A는 왼쪽으로 움직이게 된다. t_0과 t_1 사이의 시공간상 움직임과 유사하게, t_1과 t_2 사이 당구공 A의 궤적은 왼쪽 위로 올라가는 사선으로 표현된다.

우리는 〈그림 5-1〉에 당구공 B의 궤적도 함께 나타낼 수 있다. 〈그림 5-2〉에서 당구공 A의 궤적은 검은 실선으로 당구공 B의 궤적은 회색 실선으로 표현되었다.

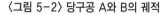

〈그림 5-2〉 당구공 A와 B의 궤적

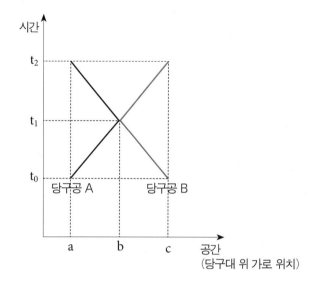

이렇게 우리는 두 당구공의 궤적을 시공간 좌표상에 나타낼 수 있다. 다르게 말해, 우리는 당구공 A와 B 사이에 벌어진 일들을 시공간 좌표상에 나타낼 수 있다. 그럼, 이를 통해서 A와 B 사이에 벌어진 인과관계를 포착할 수 있을까?

예를 들어, 다음 두 진술을 생각해 보자.

(ㄱ) '당구공 A가 시점 t_0에 위치 a에 있었다'는 사건은 '당구공 A가 시점 t_1에 위치 b에 있었다'는 사건의 원인이다.

(ㄴ) '당구공 A가 시점 t_0에 위치 a에 있었다'는 사건은 '당구공 B가 시점 t_0에 위치 c에 있었다'는 사건의 원인이다.

우리는 위 두 진술 중에서 (ㄱ)은 참이라고 생각하지만 (ㄴ)은 거짓이라고 생각한다. 왜 그런가? 한 가지 쉬운 설명은 위 〈그림 5-2〉를 이용하는 것이다. 해당 그림에서 쉽게 확인할 수 있듯이, '시점 t_0에 위치 a에 있는 당구공 A'와 '시점 t_1에 위치 b에 있는 당구공 A'는 같은 궤적으로 연결되어 있지만, '시점 t_0에 위치 a에 있는 당구공 A'와 '시점 t_0에 위치 c에 있는 당구공 B'는 같은 궤적으로 연결되어 있지 않다. 이렇게 우리는 두 개의 사건 혹은 그것에 해당하는 대상이 '같은 궤적에 있다'는 사실을 이용해서 그 둘 사이에 성립하는 인과관계를 규정할 수 있을 것이다.

한편, 우리는 다음과 같은 인과 진술도 궤적을 이용해서 규정할 수 있다.

   (ㄷ) '당구공 A와 B가 시점 t_1에 위치 b에서 충돌했다'는 사건은 '당구공 A가 시점 t_2에 위치 a에 있었다'는 사건의 원인이다.

여기서 우리는 원인에 해당하는 사건, 즉 '당구공 A와 B가 시점 t_1에 위치 b에서 충돌했다'를 궤적들 사이의 관계로 규정할 수 있다. 즉 그 충돌은 '시점 t_1 이전까지 당구공 A가 그리는 궤적과 시점 t_1 이전까지 당구공 B가 그리는 궤적이 시점 t_1에 교차하여 각 당구공은 새로운 궤적을 가지게 되었다'라고 나타낼 수 있다. 더불어 '그런 충돌이 당구공 A가 시점 t_2에 위치 a에 있다는 것의 원인이다'는 진술은 '해당 충돌로 만들어진 당구공 A의 새로운 궤적이 시점 t_1에 위치 b에 있는 당구공 A와 연결된다'는 말로 바꿔 쓸 수 있을 것이다.

이렇게 인과관계는 원인에서부터 결과로 이어지는, 그리고 시공간 좌표상에 그려지는 궤적들을 통해서 나타낼 수 있는 듯이 보인다. (ㄱ)의 인과관계가 성립하는 이유는 두 사건이 하나의 궤적 속에 있기 때문이고, (ㄷ)의 인과관계가 성립하는 이유는 원인 사건에 의해서 새로

이 만들어진 궤적이 결과에 해당하는 사건과 연결되기 때문이다.

5.1.3 인과 과정과 인과 상호작용

이런 식으로 인과관계를 규정하려는 시도는 인과관계에 대한 다른 이론들과 중요한 점에서 차이가 있다. 이 책에서 우리가 다루고 있는 인과관계에 대한 다른 이론들은 모두 인과관계를 '사건들 사이의 관계'로 규정하고 있다. 여기서 '사건'이란 것은 사건과 다른 어떤 종류의 것으로 정의되지 않는다. 즉 그런 이론에서 사건은 다른 것들로 정의되지 않는 어떤 근본적인 것이다. 하지만 위와 같은 방식으로 인과관계를 규정하려는 시도에서 '사건'은 근본적인 것이 아니다.

물론 위와 같은 방식으로 인과관계를 다루려는 시도 역시 인과관계가 사건들 사이에 성립할 수 있다는 것을 인정한다. 하지만 위 방식은, 다른 인과 이론과 달리, 사건들을 그보다 더 근본적인 것에 의존하여 규정한다. 가령, (ㄱ)의 경우처럼 사건은 어떤 물리적 궤적에 속해 있다는 것으로 규정되기도 하고, (ㄷ)의 경우처럼 사건은 여러 물리적 궤적의 교차로 규정되기도 한다. 이렇듯, 위와 같은 방식은 물리적 궤적을 우선적으로 고려하고, 그로부터 사건들을 규정하고 있다. 이렇게 위와 같은 방식은 사건들을 우선시하지 않는다는 점에서 다른 인과 이론과 크게 차이가 난다.

이런 식으로 인과관계를 다루는 이론을 '인과 과정 이론'(Causal Process Theories, CPT)이라고 부른다. 이 이름에서 등장하는 '과정'이라는 표현은 일반적으로 '어떤 특징을 지속으로 드러내는 연속적인 궤적'을 뜻한다(〈상자 5-1〉 참조). 인과 과정 이론가들은 이런 '과정'이라는 것을 이용해 인과관계를 규정하려고 한다. 그들이 인과관계에 대해서 가지고 있는 기본적 직관은 다음과 같이 서술할 수 있다.

CPT0.   C는 E의 원인이다. ⇔

   C로부터 E로 이어지는 물리적 과정이 있다.

여기서 우리는 'E로 이어지는 물리적 과정', 즉 결과로 이어지는 물리적 과정이 무엇일 수 있는지 생각해 볼 필요가 있다. 이를 위해 (ㄱ)과 (ㄷ)을 다시 생각해 보자. (ㄱ)과 (ㄷ)에서 원인에 해당하는 것은 무엇인가? 그리고 결과로 이어지는 과정은 무엇이고, 그 과정은 원인과 어떤 관련이 있는가?

일단 (ㄱ)에서 원인은 '결과로 이어지는 과정'을 새롭게 만들지 않았다. 즉 (ㄱ)의 사례에서 원인과 결과는 하나의 과정에 속해 있는 두 가지 다른 부분일 뿐이다. 그럼 (ㄷ)의 경우는 어떤가? (ㄷ)에서의 원인은 (ㄱ)에서의 원인과 조금 다르다. (ㄷ)에서의 원인은 두 개의 과정이 교차하는 사건을 나타낸다. 이 교차를 통해서 기존 과정은 새롭게 변화하게 된다. 즉 (ㄷ)에서의 원인은 두 개의 과정이 교차하게 되는 사건이며, 그 사건을 통해서 새로이 만들어진 과정이 (ㄷ)의 결과와 연결된다.

〈상자 5-1〉 궤적, 과정, 시공간 잡동사니

시공간상에 그려지는 궤적은 다양할 수 있다. 그러나 그 모든 궤적이 인과관계와 관련된 것은 아니다. 본문에서 제시된 당구공 사례를 다시 생각해 보자. 〈그림 5-2〉는 두 개의 당구공이 서로 충돌한 뒤 각자 다른 방향으로 이동하는 동안 각 당구공이 그리는 궤적을 나타내고 있다. 우리는 이 두 궤적을 이용해서 연속적이지만 이상한 궤적을 구성할 수 있다.

가령, 다음 그림을 보자.

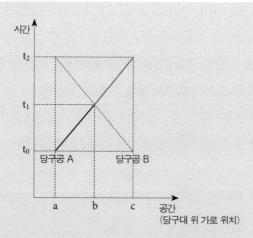

이 그림에서 검은 실선과 회색 실선이 연결된 연속 궤적은 시점 t_0에서 t_1까지는 당구공 A의 궤적, 시점 t_1에서 t_2까지는 당구공 B의 궤적이 연결되어 짜깁기된 궤적이다. 이런 궤적은 〈그림 5-2〉의 당구공 A와 B가 각각 그리는 궤적과 다르다. 그것은 그저 사물들의 여러 궤적을 짜깁기하여 서로 연결해 놓은 것에 불과하다. 이런 궤적을 키처 (P. Kitcher)는 '시공간 잡동사니'(spatiotemporal junk)라고 부른다. 키처는 '나를 물기 전 모기의 궤적'과 '모기에 물린 이후 나의 궤적'이 서로 연속적으로 연결된 궤적을 시공간 잡동사니의 사례로 들고 있다. 이런 이상한 궤적이 인과관계와 관련이 없다는 것은 분명하다. 왜냐하면 이 궤적들에는 어떤 물리적 특징이 지속되고 있지 않기 때문이다.

본문에서 따로 설명되지만, 인과 과정 이론가들의 목표 중 하나는 인과 과정과 사이비 과정을 구분하는 것이다. 그 이론가들은 위와 같은 시공간 잡동사니는 '과정' 조차 될 수 없는 것으로 간주한다. 결국, 인과 과정 이론가들에게 시공간 속 연속 궤적은 세 가지, 즉 '인과 과정', '사이비 과정', '시공간 잡동사니'로 분류되는 셈이다.

그렇다면 인과 과정 이론은 그 무엇보다도 원인과 결과를 연결하는 '과정'이라는 것이 무엇인지, 그리고 원인이 될 수 있는 사건을 만들어 내는 '과정들 사이의 교차'가 무엇인지 밝혀내야 할 것이다. 보다 정확하게는 다음 두 질문에 대해서 답할 수 있어야만 한다.

- 두 사건을 인과관계로 연결하는 과정은 어떤 특징을 가져야 하는가?
- 과정들 사이의 교차와 다른 사건이 인과관계로 연결되기 위해 해당 교차는 어떤 특징을 가져야 하는가?

이 두 질문 중에서 첫 번째는 (ㄱ)의 경우에 성립하는 인과관계를 규정하기 위해 답할 필요가 있는 질문이다. 한편 두 번째 질문은 (ㄷ)의 경우에 성립하는 인과관계를 규정하기 위해 답해야 하는 질문이다.

이런 질문들과 관련해, 인과 과정 이론가들은 '두 사건을 인과관계로 연결하는 과정'을 '인과 과정'(causal process)이라고 부른다. 더불어, 그들은 '다른 사건과 인과관계로 연결될 수 있는 과정들의 교차'를 '인과 상호작용'(causal interaction)이라고 부른다. 그렇다면 그들이 답해야 하는 질문은 다음 두 가지가 된다.

- 인과 과정과 그렇지 않은 과정을 어떻게 구분할 것인가?
- 인과 상호작용과 그렇지 않은 과정들의 교차를 어떻게 구분할 것인가?

넓은 의미에서 '인과 과정 이론'이라 부를 수 있는 것은 20세기 초반 러셀(B. Russell)의 작업에서 찾을 수 있다. 하지만 위와 같은 방식으로 인과관계를 규명하려는 본격적인 시도는 20세기 후반 새먼에게서 비롯되었다. 이 장에서는 우선 위 질문에 대한 새먼의 답변을 중심으로 살펴볼 것이다.

5.2 표지 인과 과정 이론

새먼이 인과 과정에 대해 초기에 제시한 이론은 흔히 '표지 인과 과정 이론'(Mark Theories of Causation)이라고 불린다. 이 이론에서는 소위 '표지'(mark)라는 개념이 핵심적인 역할을 한다. 거칠게 말해, 이것은 어떤 과정에 개입해 그 과정이 가진 특징 중 일부를 변경하는 것을 말한다. 그는 이 개념을 이용해 인과 과정과 인과 상호작용을 모두 규정하려고 한다.

5.2.1 표지의 전달과 인과 과정

먼저 인과 과정과 그렇지 않은 과정을 어떻게 구분할 수 있는지 살펴보자. 인과 과정이 아닌 과정은 흔히 '사이비 과정'(pseudo process)이라고 불린다. 이렇게 인과 과정과 사이비 과정을 구분하기 위해서는 우선 과정과 과정이 아닌 것을 구분해야 한다(〈상자 5-1〉 참조). 일반적으로 '과정'은 다음과 같이 규정된다.

과정.　연속적인 시공간 궤적 $\mathcal{L}$은 과정이다. ⟺
　　　　　$\mathcal{L}$이 한결같이 드러내는 특징이 있다.

여기서 '한결같이 드러내는 특징'이란 해당 궤적이 시공간 속에서 펼쳐질 때 언제나 큰 변화 없이 가지고 있는 특징을 말한다. 예를 들어,

당구공이 움직이면서 그리는 과정을 생각해 보자. 이 과정을 통해서 당구공이 가지고 있는 여러 물리적 특징은 크게 바뀌지 않고 꾸준히 유지된다. 이런 점에서 당구공의 궤적은 '과정'이라고 부를 수 있다. 하지만 〈상자 5-1〉에서 설명된 시공간 잡동사니와 같은 것에는 그런 식으로 꾸준히 유지되는 특징이 있다고 말할 수 없다.

이렇게 과정이 무엇인지 정의하였으니, 이제 우리가 할 일은 "인과 과정과 사이비 과정을 어떻게 구분할 것인가?"라는 질문에 답하는 것이다. 이 질문에 대한 답은 새먼이 제시한 유명한 사례를 통해서 이해할 수 있다. 로마의 콜로세움과 비슷한 어느 원형의 건물 안 중심에 설치된 스포트라이트가 회전하는 상황을 생각해 보기로 하자(〈그림 5-3〉참조). 중앙에 있는 스포트라이트로부터 나온 빛은 건물 안 벽에 부딪쳐 하나의 점, 즉 광점(光點)을 이루게 된다. 이렇게 불빛을 내보내고 벽에 광점을 만드는 스포트라이트는 광원(光源)이라고 할 수 있다. 이 광원은 어두운 바닷가 등대의 회전처럼 원형 건물 중심에서 벽에 빛을 내보내며 회전을 한다. 그럼 이 광원의 회전에 따라 광점은 위치를 옮겨 가게 될 것이다.

〈그림 5-3〉 원형 건물 내 스포트라이트의 회전

이제 이런 사례에 어떤 과정들이 포함되어 있는지 확인해 보자. 이를
위해 위 그림의 일부를 조금 더 자세히 그린 〈그림 5-4〉를 보자. 이 그
림에는 어떤 과정들이 있는가? 적어도 두 개의 과정이 있다. 하나는 광
원 O에서 벽으로 빛이 이동하는 과정이고, 다른 하나는 벽에 생긴 광
점이 S_0에서 S_2로 이동하는 과정이다. 그럼 이 두 과정들은 모두 인과
과정이라고 할 수 있는가? 특히, 광점의 이동, 즉 S_0에 위치한 광점이
S_2로 이동하는 것 역시 인과 과정이라고 할 수 있는가? 만약 그런 광점
의 이동을 인과 과정이라 할 수 있다면, 우리는 광점이 S_0 지점에 위치
했다는 것이 광점이 S_2에 위치하게 된 것의 원인이라고 해야 한다. 과
연 그런가?

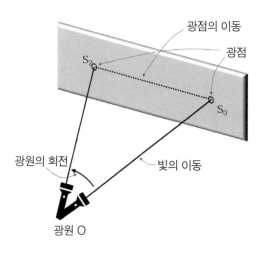

〈그림 5-4〉 빛의 이동과 광점의 이동

이런 질문에 답하기 위해서 새먼은 위 사례에 대해 두 가지 실험을
해볼 것을 제안한다. 각 실험은 다음 〈그림 5-5〉와 〈그림 5-6〉에 묘사
되어 있다.

〈그림 5-5〉 빛의 이동과 표지의 전달

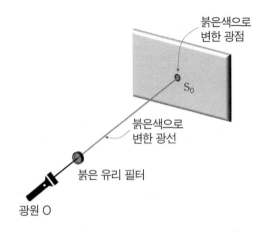

붉은색으로
변한 광점

S_0

붉은색으로
변한 광선

붉은 유리 필터

광원 O

〈그림 5-6〉 광점의 이동과 표지의 전달

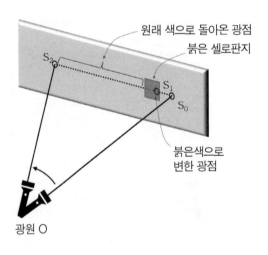

원래 색으로 돌아온 광점

붉은 셀로판지

S_2

S_1

S_0

붉은색으로
변한 광점

광원 O

먼저, 〈그림 5-5〉와 같이 광원 가까이에 붉은색 유리 필터를 장착하고 광선을 비추는 실험을 해보기로 하자. 이 경우 광원에서 출발한 빛은 필터를 통과함으로써 붉은색으로 바뀔 뿐만 아니라 벽에 비치는 광점 역시 붉은색으로 변하게 될 것이다. 즉 붉은 유리 필터는 광원 O에서 출발한 빛에 어떤 표지(mark)를 남겼고, 그 표지는 빛이 S_0에 도달하는 내내 유지되었다. 이렇게 빛의 이동 과정은 그 표지를 다른 곳으로 전달할 수 있다.

그럼 광점 이동은 어떤가? 〈그림 5-6〉을 보자. 이 그림은 〈그림 5-4〉와 마찬가지로 광원에 의해서 벽에 생긴 광점이 벽을 따라 이동하는 과정을 나타낸다. 〈그림 5-4〉와 한 가지 다른 것은, 위치 S_1에 붉은 셀로판지 조각을 가져다 놓았다는 점이다. 그럼 S_0에서 출발한 광점이 S_1을 지나는 순간 얼마 동안 붉은색 광점으로 바뀌었다가 셀로판지를 지나게 되면 다시 원래의 색깔로 돌아가게 된다. 다시 말해, S_0에서 출발한 광점이 S_1을 통과하는 순간, 붉은 셀로판지는 해당 광점에 어떤 표지를 남겼지만 그 표지는 광점이 이동하는 과정 중 곧 사라져 버리게 될 것이다. 이렇게 광점의 이동 과정은 문제의 표지를 다른 곳으로 전달할 수 없다.

이처럼 〈그림 5-5〉, 〈그림 5-6〉 각각이 묘사하는 실험들이 다루는 과정은 중요한 점에서 차이가 있다. 광원으로부터 벽으로 빛이 이동하는 과정은 표지를 전달할 수 있지만(〈그림 5-5〉), 벽을 따라 광점이 이동하는 과정은 표지를 전달할 수 없다. 이러한 차이에 주목해, 새먼은 첫 번째 과정은 하나의 진정한 **인과 과정**(causal process)을 이루나, 두 번째 과정은 단지 하나의 **사이비 과정**(pseudo process)을 이룰 뿐이라고 생각하였다. 그러므로 그를 따라, '인과 과정'을 다음과 같이 좀 더 일반적으로 정의할 수 있다.

CP0. 어떤 과정 $\mathcal{L}$은 인과 과정이다. ⇔

어떤 지점에서 $\mathcal{L}$에 표지가 도입되면, 그 이후 모든 지점에서 $\mathcal{L}$은 해당 표지에 의해서 갖게 된 특징을 드러낸다.

위에서 말하는 '표지'란 좀 더 구체적으로는 다양한 종류의 어떤 정보나 구조를 말한다. 위의 새먼의 실험들에서라면, 광원 가까이에 붉은색 필터를 장착한다든가 아니면 벽에 붉은색 셀로판지를 붙이는 일들이 모두 일종의 새로운 정보 생성의 순간들이라 할 수 있다.

　앞에서 우리는 과정을 어떤 특징을 한결같이 드러내는 연속적인 시공간 궤적이라고 정의하였다. 따라서 위의 회전하는 스포트라이트 사례에 등장하는 빛의 이동과 광점의 이동은 모두 과정이다. 광원에서 벽으로 빛이 이동하는 과정은 색과 같은 특징을 한결같이 드러낸다. 더불어, 위에서 설명한 것처럼 그 과정은 붉은 필터에 의해서 표지가 도입된 이후, 그 표지에 의해서 가지게 된 특징, 가령 붉은색이라는 특징을 모든 다른 지점에서 드러낸다. 따라서 빛의 이동 과정은 인과 과정으로 분류된다. 한편, 광점의 이동 역시 과정이다. 왜냐하면 이동하는 광점 역시 색과 같은 특징을 한결같이 드러내기 때문이다. 하지만 그 과정은 표지를 전달하지 못한다. 왜냐하면 표지가 도입된 이후 얼마 지나지 않아 광점은 다시 원래의 색으로 돌아가기 때문이다. 따라서 광점의 이동 과정은 사이비 과정으로 분류된다.

　이처럼 진정한 인과 과정과 사이비 과정을 실감나게 구별해 줄 수 있는 일상적인 좋은 예가 영화관에서의 영화 상영 상황이다. 이 경우 프로젝터로부터 투사되어 스크린에 이르는 광선의 진행은 진정한 인과 과정에 해당한다. 하지만 스크린에서 움직이는 배우의 움직임, 예컨대 서부 영화에서라면 총잡이들의 화려한 동작들은 단지 사이비 과정일 따름이다. 그러므로 그러한 영상에 흥분해 실제 물건을 던지는 등으로 맞대응한다 할지라도, 그 물건이 인과적으로 영향을 미칠 수 있는 대상은 단지 그 스크린일 따름이다.

과학적으로 좀 더 심각한 예로는 다음을 생각해 볼 수 있다. 아인슈타인의 특수 상대성이론에 따르면, 이 세상에 빛보다 빠른 속도를 갖는 것은 존재하지 않는다. 그런데 정말 그럴까? 놀랍게도 위의 원형 건물 사례를 변형하면 그렇지 않은 경우를 발견할 수 있다. 위 사례에서 등장하는 광원이 1초에 1회전한다고 해 보자. 그럼 벽에 생긴 광점 역시 전체 벽을 따라 1초에 1회전하게 될 것이다. 이는 둥근 벽의 길이가 아무리 늘어나도 마찬가지다. 즉 벽의 길이가 아무리 늘어나도 광원의 회전 속도가 변하지 않는다면, 벽에 생긴 광점은 여전히 벽을 따라 1초에 1회전할 것이다. 이런 경우 그 광점의 속도는 어떻게 될까? 당연하게도 원형 건물의 반경이 길어질수록 광점의 이동 속도는 점점 빨라질 것이다. 그리고 원형 건물의 반경이 어떤 특정한 길이 이상이 되면 그 광점의 속도는 빛의 속도를 넘어서게 될 것이다. 예컨대 원형 건물의 반경이 대략 5만km만 되어도 그 광점의 속도가 $2\pi \times 5$만km/초, 즉 대략 30만km/초에 이르러 빛의 속도에 육박하고, 반경을 더 크게 하면 그 광점의 속도는 쉽게 빛의 속도를 능가할 것이다. 즉 광점이 빛의 속도보다 더 빠르게 이동하게 되는 것이다!

새먼은 이와 비슷한 실제 사례로 지구로부터 6,500광년 떨어진 게 성운(the Crab nebula)의 한 맥동성(pulsar)을 소개한다. 이 맥동성은 마치 예의 광원처럼 초당 30번 정도 자전하면서 전자기파를 방출하는데, 지구와 맥동성 사이의 거리는 이미 5만km를 훨씬 넘으므로, 그 전자기파가 지구에 닿아 만들어진 점의 속도는 빛의 속도를 훨씬 능가하는 셈이다. 그렇다면 이러한 사실이 특수상대성이론을 무너뜨리는 것일까? 하지만 새먼은 이 역시 진정한 인과 과정 아닌 단지 사이비 과정일 따름이라고 분석한다. 앞서 〈그림 5-6〉이 묘사하는 두 번째 실험에서 광점의 이동과 같이, 위 맥동성으로부터 오는 전자기파에 의해 만들어진 점의 이동은 표지를 전달할 수 없으며, 따라서 사이비 과정일 따름이다. 물론 상대성이론이 말하는 바는 이런 사이비 과정에 대한 것이 아니다. 그러므로 이와 같은 사례들이 존재한다고 할지라도 아인슈타인의 특수상대성이론은 무너지지 않는다.

5.2.2 카트라이트의 반박 사례와 반사실적 조건

앞 절에서 제시한 인과 과정에 대한 정의 CP0는 꽤 상식적이고 실제 과학에 잘 부합되는 듯하다. 하지만 카트라이트(N. Cartwright)가 제시한 다음과 같은 반박 사례를 고려할 때, 이제 그에 대한 적절한 수정이 필요하다. 〈그림 5-7〉을 보자.

〈그림 5-7〉 카트라이트의 반례

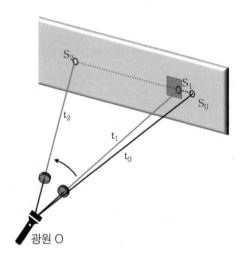

앞의 사례와 마찬가지로 원형 건물 중앙에서 스포트라이트가 회전하고 있다. t_0 시점에 광원에서 출발한 빛은 S_0에, t_1에 광원에서 출발한

빛은 S_1에, t_2에 광원에서 출발한 빛은 S_2에 광점을 만들었다. 그리고 지점 S_1에는 붉은 셀로판지가 놓여 있다. 여기까지는 〈그림 5-6〉이 묘사하는 상황과 동일하다. 그러나 한 가지 차이점이 있다. 바로 광점이 S_1에 도달하는 그 순간 스포트라이트에 붉은 유리 필터가 설치되었다는 것이다. 필터가 설치된 이후 스포트라이트는 그 필터와 함께 회전하게 된다. 이럴 경우, t_0에 광원에서 출발한 빛은 S_0에 이를 때까지 계속 원래의 색을 유지할 것이다. 한편, t_1에 광원에서 출발한 빛은 S_1에 이를 때까지 붉은색을 띨 것이다. 마찬가지로 t_2에 광원에서 출발한 빛 역시 붉은색을 띠며 S_2에 이를 것이다. 그럼 광점들은 어떠한가? S_0에서 S_1으로 이동하는 광점은 원래의 색을 띠고 있을 것이다. 하지만 S_1에 이르자 광점은 붉은색이 될 것이다. 이는 셀로판지 때문에 그러하기도 하고, 바로 직전에 설치된 붉은 필터 때문에 그러하기도 하다. 그럼 S_1에서 S_2로 이동하는 광점은 어떤 색을 띨까? 광원에 붉은 필터가 계속 설치되어 있기에, 그 사이를 이동하는 광점 역시 계속 붉은색을 띨 것이다. 즉 S_0에서 출발해 S_2로 이동하는 광점은 셀로판지에 의해서 표지가 남겨진 이후 계속 붉은색을 띠게 된다. 물론 이런 일이 벌어진 것은 해당 광점의 이동이 셀로판지에 의해서 도입된 표지를 전달하고 있기 때문은 아니다. 그보다 그 표지 이외의 다른 것, 즉 광원에 붉은 필터가 설치되었다는 것에 의해 지속적으로 붉은색을 띠게 된 것이다.

그럼 이런 상황에서 광점의 이동을 앞 절에서 제시된 인과 과정의 정의, 즉 CP0에 적용해 보자. CP0에 따르면 위 광점의 이동은 인과 과정인가, 사이비 과정인가? 일단 앞의 사례와 같이 광점의 이동은 '시공간적 잡동사니'가 아니라 '과정'이라 할 수 있다. 그럼 도입된 표지를 전달하는가? CP0가 요구하는 바는 표지에 의해서 과정이 갖게 된 특징들을 표지가 도입된 이후에도 계속 드러내야 한다는 것이다. 흥미롭게도, 위 사례에서 광점 이동은 이런 요구사항을 만족한다고 말할 수밖에 없다. 표지에 의해서 과정이 가지게 된 특징은 붉은색이라는 색깔이다. 그리고 그 표지가 도입되는 순간 동시에 붉은색 필터가 설치되어, 표지 도입 이후에도 표지에 의해서 갖게 된 특징과 동일한 특징을 광점이 가지게 되었다. 따라서 우리는 위 광점의 이동은 CP0의 요구 사항을 만족시키고, 이에 그 광점의 이동 역시 인과 과정이라고 해야만 한다. 하지만 이는 받아들일 수 없다. 그림자의 이동과 같은 광점의 이동을 인과 과정이라고 부르는 것은 상당히 자연스럽지 않다.

그럼 이런 반례에 어떻게 답할 수 있을까? 한 가지 방식은 위 문제가 발생한 이유를 파악해, 문제가 생기지 않도록 CP0를 수정하는 것이다. 그럼 위 문제가 발생한 이유는 무엇인가? 그 문제가 생긴 까닭은, 물론 처음 지점 S_1에 놓인 붉은 셀로판지와 t_1 시점에 광원에 설치된 렌즈가 모두 붉은색이기 때문이다. 즉 표지의 도입과 더불어 다른 종류의 개입이 해당 광원의 이동 과정 중에 일어났기 때문이다.

문제가 생긴 이유는 분명해졌다. 그럼 문제를 피하기 위해 CP0를 어떻게 수정해야 할까? 여기서 우리는 붉은 필터의 설치와 같은 개입이 일어나지 않았더라면 어떤 일이 일어났을지 생각해 볼 필요가 있다. 당연히 그런 개입이 일어나지 않았더라면 해당 광점의 색이 붉은색으로 유지되지 않았을 것이다. 그리고 바로 이런 점 때문에 해당 광점의 이동은 사이비 과정으로 분류될 필요가 있다. 그럼 CP0의 수정 방향은 분명하다. 〈그림 5-7〉이 드러내는 상황을 배제하기 위해 우리는 그런 종류의 개입이 일어나지 않는 상황을 생각해 보고, 그런 상황에서 표지가 전달되는지 확인해야만 한다. 즉 "만일 그 광원에 붉은 필터가 설치되지 '않았더라면', 지점 S_1에서 광점이 붉은색으로 바뀌었다 할지라도, 지점 S_2로 광점이 옮겨 가는 과정에서 그 붉은색은 유지되지 '않았

을' 것이다."와 같은 진술의 진위를 물어, 인과 과정 여부를 판정해야
만 하는 것이다.

이런 진술은 실제 상황과 반대되는 상황을 가정하는 조건문, 즉 반사
실적 조건문의 형태를 가지고 있다(3장 참조). 그리고 이런 반사실적
조건문의 조건에 해당하는 것을 '반사실적 조건'이라고 한다. 그럼 우
리는 문제의 반사실적 조건을 이용해 원래의 정의 CP0를 다음과 같이
수정해야 한다.

CP1.   어떤 과정 $\mathcal{L}$은 인과 과정이다. ⇔
           어떤 지점에서 $\mathcal{L}$에 표지가 도입되고 그 이외에 어떤 다른
           것도 $\mathcal{L}$에 개입하지 않았더라면, 그 이후 모든 지점에서
           $\mathcal{L}$은 해당 표지에 의해 갖게 된 특징을 드러냈을 것이다.

이 정의에 포함된 '그 이외에 어떤 다른 것도 $\mathcal{L}$에 개입하지 않았더라
면'이라는 구절이 반사실적 조건에 해당하는 추가 부분이다. 앞서 제3
장에서 보았듯, 반사실적 조건은 인과관계를 해명하는 한 가지 유력한
방안 중 하나이다. 새먼은 처음에 매우 물리적인 '표지' 개념을 동원해
출발했지만, 이로써 반사실적인 조건의 방안을 새로이 끌어들이지 않
으면 안 되게 된 셈이다.

어쨌든 위의 CP1에서처럼 반사실적 조건을 명시적으로 추가한다면,
카트라이트의 반론은 쉽사리 피해 갈 수 있다. 우선 스포트라이트의 예
에서 우리가 진위를 확인해야 할 점은 "붉은 셀로판지에 의해서 표지
가 도입되고 붉은 필터의 설치와 같은 것이 추가로 광점 이동에 개입하
지 않았더라면, 표지 도입 이후 광점의 색깔은 붉은색을 유지했을 것이
다."와 같은 주장이다. 이 주장은 참인가? 물론 거짓이다. 해당 반사실

적 조건, 즉 '붉은 필터의 설치와 같은 것이 추가로 광점 이동에 개입
하지 않았다'는 점이 추가된다면, 광점이 S_1 지점에서 붉은색 셀로판지
를 만났다 할지라도, 이후 이동된 광점은 붉은색을 유지하지 못하고 원
래의 색으로 돌아가게 될 것이다. 따라서 위와 같은 주장은 거짓이고,
광점의 이동은 사이비 과정으로 분류된다. 반면 만일 광원에 붉은색 렌
즈를 설치한 경우에는, S_1 지점에 붉은 셀로판지가 놓여 있다 할지라
도, 이미 붉은 렌즈가 장착되어 표지가 도입된 경우 그 광점의 색이 바
뀌어 붉은색이 되고, 그것이 계속 유지될 것이라 예상 가능하다. 즉 광
원으로부터 벽으로의 빛의 이동은 진정한 인과 과정으로 분류된다. 이
렇게 CP1은 카트라이트의 반론을 피해, 인과 과정에 대한 우리의 직관
적 이해와 일치된 결과를 제시한다.

5.2.3 과정들의 교차와 인과 상호작용

앞의 5.1.3절에서 우리는 인과 과정 이론이 답해야 할 질문으로 두
가지를 제시했다. 하나는 인과 과정과 그렇지 않은 과정을 구분하는 것
이며, 다른 하나는 인과 상호작용과 그렇지 않은 것을 구분하는 것이었
다. 5.2절은 이 두 개의 질문 중 첫 번째 질문에 대한 답이었다. 이로써
우리는 'C가 E의 원인이다'라는 말의 의미를 부분적으로 규정할 수 있
게 되었다. 즉 우리는 하나의 인과 과정의 두 부분 사이에 성립하는 인
과관계를 CP1을 통해 규정할 수 있다. 가령, 광원에 있었던 빛과 벽에
도달한 빛이 같은 인과 과정으로 연결되어 있기에 우리는 전자가 후자
의 원인이라고 말할 수 있다.

이제 우리는 나머지 한 가지 질문에 답해야 한다. 앞 절의 사례를 다
시 생각해 보자. 벽에 붉은 빛이 도달한 사건의 원인이라 할 수 있는 사
건은 무엇인가? 그것은 당연히 붉은 필터가 광원에 설치되는 사건이

다. 이런 인과관계는 5.1.2절의 (ㄷ)과 유사한 인과관계이다. 즉 붉은 필터가 그리는 인과 과정과 광원에서 출발한 빛이 그리는 인과 과정이 서로 교차하는 사건이 일어났으며, 이 사건 이후에 새로이 만들어진 과정이 벽에 붉은 빛이 도달하는 사건으로 이어진 것이다. 그렇다면 우리가 해야 할 일은 새로운 인과 과정을 만들어 내는 교차는 어떤 특징을 가져야 하는지, 즉 인과 상호작용은 어떤 특징을 가져야 하는지를 밝히는 일이다.

앞 절에서 우리는 붉은 필터가 설치되는 것을 '표지의 도입'이라고 불렀다. 그리고 바로 위에서 우리는 그런 필터의 설치가 두 개의 과정이 교차하는 것이라고도 말했다. 즉 표지의 도입은 일종의 인과 상호작용인 것이다. 표지라는 개념은 앞 절에서 인과 과정을 정의할 때 매우 핵심적인 역할을 하였다. 따라서 우리는 인과 과정에 대한 정의는 인과 상호작용에 대한 정의에 의존한다고 말할 수밖에 없다. 이런 점에서 인과 과정 이론에서 인과 상호작용에 대한 논의는 다른 어떤 것보다 근본적이라고 말할 수 있다. 그렇다면 인과 상호작용에 대한 규정은 당연히 인과 과정에 의존해선 안 된다. 왜냐하면 그렇게 의존하게 되면 인과 과정 이론의 인과 이론은 순환적인 것이 되어 버리기 때문이다.

그럼 어떻게 인과 상호작용을 규정할 것인가? 즉 인과 상호작용과 그렇지 않은 과정들의 교차를 어떻게 구분할 것인가? 이 질문에 답하기 위해, 먼저 '과정들의 교차'(intersection between processes)가 무엇인지 생각해 보자. 거칠게 말해, 교차는 두 개의 과정이 시공간의 특정 지점에서 만나는 것이다. 이런 교차는 인과 과정들 사이에서, 인과 과정과 사이비 과정 사이에, 그리고 사이비 과정들 사이에 일어날 수 있다. 예를 들어 두 개의 당구공이 서로 충돌하는 것은 인과 과정들 사이의 교차이다. 한편 나무 아래 생긴 그림자를 내가 밟고 지나가는 것은 인과 과정과 사이비 과정 사이의 교차이다. 그리고 아이와 함께 하는 그림자놀이에서 그림자들이 서로 만나는 것은 사이비 과정들 사이의 교차이다. 이렇게 교차는 인과 과정이든 사이비 과정이든 상관없이 일어날 수 있다.

그럼 이런 다양한 교차들 중에서 무엇이 인과 상호작용인가? 이 질문에 답하는 한 가지 방식은, 인과 과정에 대한 정의와 비슷하게 교차에 의해 과정에 어떤 변화가 일어났는가의 여부에 의존하는 것이다. 즉 우리는 다음과 같이 인과 상호작용을 규정할 수 있다.

CI1. 시공간의 특정 지점에서 일어난 두 과정들 사이의 교차는 인과 상호작용이다. ⇔
(i) 해당 시공간 지점에서 두 과정이 가진 특징에 어떤 수정이 일어난다.
(ii) 해당 교차 이외에 어떤 다른 교차도 일어나지 않았더라면, 교차가 일어난 이후 언제나 두 과정은 그 수정된 특징을 드러냈을 것이다.

이 인과 상호작용에 대한 규정은 인과 과정에 대한 규정, 즉 CP1과 두 가지 점에서 비슷하다. 첫 번째는 과정들이 가지게 된 새로운 특징이 있다는 것이다. CP1은 새로운 특징의 도입을 위해 표지라는 개념을 이용하였다. 이와 비슷하게 CI1은 과정의 교차에 의해 기존 특징이 변해 새로운 특징을 각 과정이 가지게 된다고 말하고 있다. 두 번째는 CP1과 CI1 모두 반사실적 조건을 이용하고 있다는 것이다. CP1과 유사하게, CI1의 (ii)에는 '해당 교차 이외에 어떤 다른 교차도 일어나지 않았더라면'이라는 반사실적 상황을 가정하는 조건이 포함된다.

이런 규정에 따르면, 두 개의 당구공이 서로 충돌하는 것은 분명 인
과 상호작용의 한 사례이다. 충돌에 의해 두 개의 당구공은 서로 몇몇
물리량들을 교환한다. 그리고 다른 추가적 상호작용이 없는 경우에 교
차 이후 그 물리량이 꾸준히 유지된다. 하지만 내가 나무의 그림자를
밟고 지나가는 사건은 인과 상호작용이 아니다. 내가 나무의 그림자를
밟는 사건이 일어날 때 나의 발의 색은 달라질 것이다. 물론 나무 그림
자의 모양도 달라질 것이다. 하지만 내가 그림자에서 벗어나면 달라진
내 발의 색과 나무 그림자의 모양 모두 원래의 모습으로 돌아간다. 즉
CI1의 (i)이 만족된다고 하더라도 (ii)가 만족되지 않는 것이다. 따라서
해당 교차는 인과 상호작용이 아니다. 그림자놀이에서 두 개의 그림자
가 만나는 교차가 인과 상호작용이 아니라는 점은 더욱 분명하다. 그림
자가 서로 겹쳐 그림자의 모양이 순간 바뀐다고 할지라도 그 이후에는
원래의 모양으로 돌아가기 때문이다. 이렇듯 CI1은 인과 상호작용을
직관적으로 구분해 낼 수 있다.

더욱이 이런 규정에 따르면, CP1에 등장하는 표지의 도입 역시 인과
상호작용의 하나로 이해할 수 있다. 예컨대 앞서 원형 건물의 예에서
광원 앞에 붉은 필터를 설치하는 경우, 그 붉은 필터는 광선으로부터
어느 정도의 에너지를 얻는 반면, 광선의 색깔은 새로이 변화하게 되는
상황이 전개된 셈이다. 이와는 달리, 벽면에 붉은색 셀로판지를 놓았다
할지라도 광원의 회전에 따라 붉은색이 유지되지 않는 경우는 물론 비
인과적 교차의 한 예라 할 것이다.

결국 새먼은 흄이 찾으려고 했으나 결론적으로 부정한 '인과적 연
관'이란 바로 인과 상호작용, 즉 표지의 전달이 가능한 하나의 인과 과
정에 다름 아니라고 본다. 흄이 생존하던 당시인 18세기에는 어쩌면
표면적으로 관찰 가능한 사건들을 넘어 그 사건들 사이의 과정에 관해

서는 생각하기 어려웠을 것이다. 물론 그것은 직접 관찰 불가능한 것임에 분명하다. 그러므로 언뜻 원인과 결과 각각에 해당하는 사건에 대한 관찰만으로 그 양자 사이에 있을 법한 별도의 연관을 찾아내기란 어려웠을 것이다. 이러한 상황하에서라면, 어느 원인에 해당하는 사건에 대한 경험적 지식을 갖고 있다 할지라도, 어떤 필연적 연관에 의해 그 원인과 결부될 결과에 대한 경험적인 지식을 보장할 수 없다. 그 사이에는 논리적 가능성이 무한히 열려 있기 때문이다. 예컨대 앞서의 당구공 사례에서, 어느 하나의 공이 다른 하나의 공에 충돌한 사건을 직접 관찰한다 할지라도, 그로써 곧 다른 하나의 공이 반대 방향으로 움직이는 사건을 경험하게 되리라는 보장은 없는 것이다. 이 경우 그 다른 하나의 공이 그대로 정지하고 있을지, 아니면 하늘로 솟을지, … 등등 그 가능성은 무한히 열려 있는 셈이다. 어느 경우든 논리적으로 모순되는 바는 전혀 없다. 그러므로 당시의 흄이 인과관계를 단지 우리의 심리적 습관에서 구하려고 했던 바는 일면 수긍할 만하다. 하지만 이제 20세기 이후의 현대 과학의 지식으로써 앞서와 같은 인과 상호작용을 이해할 수 있는 한, 여전히 인과관계를 우리의 주관에서 구할 필요는 없어 보인다. 그것은 우리의 주관과는 독립적으로 저 객관 세계에 존재하는 그 무엇일 수 있다.

5.2.4 표지 이론의 문제점

새먼의 이론은 인과 과정에 대해서 우리가 가지고 있는 몇 가지 직관을 훌륭하게 설명해낸다. 하지만 여러 다른 인과 이론과 마찬가지로 그의 이론은 몇 가지 문제점을 가지고 있다. 그 문제점들 중 우리는 여기서 두 가지 종류의 문제들만을 언급할 것이다. 첫 번째는 그의 규정이 어떤 인과 과정은 배제하기도 하고, 사이비 과정을 배제하는 데 실패하

기도 한다는 것이다. 두 번째는 그의 인과 과정에 대한 정의가 반사실
적 조건문에 의존한다는 사실에서 비롯된 문제다.

우선 첫 번째 문제부터 살펴보자. 새먼의 CP1에 따르면, 인과 과정
은 어떤 외부 작용이 없을 때 원래 가지고 있던 특징을 지속적으로 유
지해야 한다. 그럼 예를 들어 보자. 음파와 같은 것은 인과 과정인가 아
닌가? 잘 알려져 있듯, 음파가 전달되기 위해서는 언제나 매질이 필요
하다. 즉 음파가 전달되는 과정 내내 음파는 매질과 상호작용한다. 만
약 그런 상호작용이 없다면, 음파는 전달될 수 없다. 그럼 새먼의 규정
을 다시 생각해 보자. 만약 매질과의 사이에 어떠한 개입도 없다면, 음
파의 전달이라는 과정은 존재할 수 없게 된다. 따라서 새먼의 규정에
따르면, 음파라는 인과 과정도 존재하지 않게 된다. 하지만 이는 상당
히 부자연스럽다. 다시 말해, 새먼의 규정은 직관적으로 분명해 보이는
'음파'라는 인과 과정을 인과 과정으로 분류하지 못하게 만드는 것이
다.

한편, 새먼의 규정이 사이비 과정을 인과 과정이 아닌 것으로 분류할
수 없는 경우도 있다. 다시 원형 건물의 사례를 생각해 보자. t_0 시점에
S_0에 있던 광점은 이동해 t_2 시점에 S_2에 자리 잡게 된다. (그리고 이 이
후에 광원의 불빛이 사라져 버린다고 하자.) 이런 이동 과정 초기에 광
점은 'S_2보다 S_0에 더 가까움'이라는 특징을 갖게 된다. 하지만 S_0와 S_2
의 중간 지점을 지나는 순간 이 특징은 변하여 광점은 'S_0보다 S_2에 더
가까움'이라는 특징을 갖게 된다. 이런 특징은 S_0와 S_2의 중간 지점에
있던 벽에 의해 그림자에 도입된 일종의 '표지'라고 할 수 있다. 그리
고 그 수정된 특징, 즉 'S_0보다 S_2에 더 가까움'이란 특징은 해당 표지
가 도입된 이후 광점의 이동 과정이 계속 드러내고 있다. 이런 생각이
그럴듯하다면, 새먼의 규정에 따라 광점의 이동 역시 인과 과정이라고

불러야 할 것이다. 하지만 이는 받아들일 수 없다. 물론 이런 비판에 대해 손쉬운 답변이 있다. 그것은 'S₂보다 S₀에 더 가까움' 이나 'S₀보다 S₂에 더 가까움' 같은 것은 과정에 의해 전달되는 특징이 아니라고 말하는 것이다. 그렇다면 우리는 새먼의 표지 이론이 아직 충분히 완성되지 않았다고 해야만 한다. 왜냐하면 그의 이론이 완성되기 위해서는 표지로 사용될 수 있는 특징과 그렇지 않은 특징을 구분하는 규정이 필요하기 때문이다.

마지막으로, 반사실적 조건문과 관련된 문제를 생각해 보자. CP1과 CI1에서 분명히 드러나는 대로, 그의 이론에서 핵심적인 것은 바로 관련된 반사실적 조건문의 진위이다. 따라서 새먼의 시도가 성공적이기 위해서는 그의 이론에 반사실적 조건문의 진위에 대한 규정, 혹은 반사실적 조건문의 의미론이 추가되어야만 한다. 이런 사실은 그의 이론이 여전히 불충분함을 보여준다고 할 수 있다. 하지만 문제는 더욱 심각하다. 우선 그처럼 반사실적 조건문을 추가하는 순간, 새먼은 인과를 또한 반사실적으로 해명한다는 것이 무엇인가를 밝혀야 하는 새로운 부담을 안게 된다. 게다가 그러한 해명이 가능하다고 할지라도, 그와 같은 해명 자체가 3장에서 다루었던 반사실적 인과 이론이 가지고 있는 그 나름의 여러 난점들에 새롭게 부딪히게 될 것이다. 더 나아가, 만일 그가 성공적으로 반사실적 조건문을 제시할 수 있다고 해보자. 그럼, 왜 굳이 인과 과정, 인과 상호작용이라는 것을 도입하는가? 그저 반사실적 인과 이론을 제시하면 되는 것 아닌가? 즉 새먼이 반사실적 조건문을 성공적으로 다루게 된다면 그가 과정이라는 개념을 도입할 필요가 사라져 버리는 것이다. 이런 문제는 일견 치명적인 것처럼 보인다.

5.3 보존량 인과 과정 이론

이러한 상황에서 새먼은 자신의 이론에 다우(P. Dowe)의 새로운 제안을 받아들이게 된다. 새먼의 생각에, 다우의 제안은 반사실적 조건의 추가를 필요로 하지 않으면서도 자신의 과정 이론을 좀 더 과학에 맞춰 객관적으로 만들 수 있을 것이라 여겨졌기 때문이다.

5.3.1. 보존량과 인과 과정

다우에 따르면, 어떤 과정이 인과적이라는 것은 그 과정에서 어떤 물리량이 보존된다(a quantity is conserved)는 것을 의미한다. 예컨대 운동량, 에너지, 전하량(電荷量) 등과 같은 물리량의 보존을 말한다. 우리는 이미 현대물리학에서 운동량 보존 법칙이나 그와 유사한 여러 보존 법칙들을 통해 일정한 계 내에서 물리량의 총량이 보존됨을 알고 있다. 그러므로 그러한 법칙들을 받아들이는 한, 우리는 그에 근거해, 인과 과정 역시 물리학적으로 해명할 수 있을지 모른다.

〈상자 5-2〉 운동량, 에너지, 전하량의 보존

물리학에서 말하는 '운동량'(momentum)이란 대략적으로 말해 어떤 물체나 존재자가 갖는 질량과 속도의 곱으로 주어지는 양으로, 일정한 크기와 방향을 모두 갖는 벡터양이다. 그러므로 어떤 당구공이 무거울수록 그리고 빠르게 구르면 구를수록 그것의 운동량은 커지게 마련이다.

대상 물체나 존재자가 선형(線形) 운동을 할 때와 원운동을 할 때에 각각 대응해 운동량을 구별하기도 한다. 전자를 '선운동량'(linear momentum), 후자를 '각운동량'(angular momentum)이라 부른다. 이러한 운동량은 외부로부터 별도의 힘이 가해지지 않은 닫힌계(closed system) 내에서 그 총량이 변화하지 않는 것으로 알려져 있다. 이를 '운동량 보존 법칙'(law of conservation of momentum)이라 부른다.

이와 유사한 보존 법칙이 마찬가지로 에너지나 전기적인 전하량에 대해서도 성립하는 것으로 알려져 있다. 에너지에 대한 보존 법칙은 열역학의 제1법칙으로 '에너지 보존 법칙'(law of conservation of energy), 그리고 전하량에 대한 그것은 '전하량 보존 법칙'(law of conservation of charge)이라 부른다.

이러한 관점에서, 앞서 새먼은 인과 과정을 표지의 전달을 이용해 규정했던 데 반해, 이제 그것들을 다음과 같이 새롭고 간단하게 정의한다. (보존량 이론을 처음 제시한 사람은 다우이다. 아래의 이론은 그 이론을 바탕으로 새먼이 제시한 것이다. 다우의 이론에 대해서는 〈상자 5-3〉을 보라.)

CP2.   어떤 과정 $\mathcal{L}$은 인과 과정이다. ⇔
        $\mathcal{L}$은 어떤 보존량을 전달해 주는 과정이다.

이러한 새로운 정의하에서라면, 앞서 CP1에서처럼 반사실적 조건의 추가는 필요치 않다. 왜냐하면 흰색 광원으로부터 벽으로 투사되는 광선은 그 광파가 일정하게 보존되는 에너지를 옮겨주기에 인과 과정으로 보는 것으로 충분하기 때문이다. 이처럼 보존된 에너지를 옮겨주는 일은, 광원으로부터 빛이 비치는 한, 벽에서 어떠한 식으로 광점이 이동하든 관계없이 중단 없이 계속된다. 반면 벽에 만들어진 광점의 이동 궤적 자체는 그처럼 보존된 에너지를 옮겨주지 않는다. 그러므로 그러한 광점의 경우에는, 별도의 광원으로부터 에너지를 받지 못하는 순간, 더 이상 유지되지 못하고 사라질 따름이다. 이것이 곧 사이비 과정이다.

물론 어떤 인과 과정에 새로 표지가 도입되는 일도 이제 이를 이용해 새로이 해명 가능하다. 앞서 어느 두 과정이 교차되는 경우, 우리는 인과 상호작용을 비인과적 교차와 구별하고, 어떤 인과 과정이 가지고 있던 특징에 수정이 일어나는 경우 인과 상호작용의 하나임을 밝힌 바 있다. 그런데 이제 인과 과정을 위의 CP2에서처럼 새로이 규정할 수 있다면, 인과 상호작용 역시 다음과 같이 새롭게 규정할 수 있다.

CI2. 시공간의 특정 지점에서 일어난 두 과정들 사이의 교차는 인과 상호작용이다. ⇔
해당 시공간 지점에서 그 두 과정들 사이에 보존량의 교환이 일어난다.

앞서 설명한 대로 어떤 인과 과정에 새로 표지가 도입되는 일도 이와 다르지 않다. 예컨대 앞서 스포트라이트의 예에서 흰색 빛을 투사하는 광원 앞에 붉은색 유리 필터를 장착하는 경우, 그 유리 필터는 광선으로부터 어느 정도의 에너지를 얻는 반면 광선의 색깔은 새로이 변함으로써 필터와 광선 사이에 에너지의 교환이 이루어지되 전체 에너지의 총량은 보존되는 것이다.

이러한 관점에서 본다면, 처음 당구공의 예 역시 보존량의 교환으로 새로이 해명 가능하다. 처음에 빠르게 구르던 공의 운동량과 정지해 있던 공의 운동량은 그 두 공의 충돌 후 각기 서로 바뀌게 된다. 하지만 충돌 전의 그 운동량들의 총합과 충돌 후의 그 운동량들의 총합은 동일하게 유지돼, 그 공들의 충돌 상황은 보존된 운동량의 교환으로 해명 가능한 것이다(〈상자 5-3〉 참조).

〈상자 5-3〉 다우의 보존량 이론과 인과 전달

진정한 인과 과정에 관해 처음 표지 전달의 개념을 이용했던 새먼은 이후 다우의 제안에 따라 보존량의 개념을 중시하게 되었다. 본문 중 CP2에서는 인과 과정을 단지 '어떤 보존량을 전달해 주는 과정'이라 규정하고 그쳤으나, 다우에 따라 그 개념을 좀 더 명료히 규정하면 다음과 같다.

CP2*. 어떤 과정 $\mathcal{L}$은 인과 과정이다. ⟺

　$\mathcal{L}$은 어떤 보존량을 드러내는 한 대상의 세계선(a world line of an object, which manifests a conserved quantity)이다.

여기서 말하는 '세계선'(世界線)이란, 독일의 수학자 민코프스키(H. Minkowski)가 제안한 것으로, 어떤 대상이 지나온 역사를 나타내는 하나의 시공간 도표상의 점들의 집합체(collection)를 말한다. 즉 공간과 시간을 함께 축으로 하는 4차원의 추상적 도표상에서 어느 한 대상이 지나온 과정을 보여주는 점들의 집합체인 것이다(이는 5.1절의 〈그림 5-1〉, 〈그림 5-2〉에 그려진 시공간 궤적과 유사한 것이다). 때문에 이는 아인슈타인의 상대성이론에 따라 어떤 사건들이 나타나는 계열을 표현해 주는 유용한 한 가지 방법으로 알려져 있다.

인과 과정을 이처럼 규정한다면, 인과 상호작용에 관해서도 좀 더 물리학적으로 다음과 같이 새로이 규정 가능하다.

CI2*. 두 세계선 사이의 교차는 인과 상호작용이다. ⇔

　　해당 교차는 어떤 보존량의 교환을 포함하는 그 두 세계선 사이의 교차(an intersection of world lines, which involves exchange of a conserved quantity)이다.

　그런데 본문에서 언급한 대로, 새먼은 위와 같은 다우의 규정들을 수용하면서도, 이러한 규정들만에는 주요하게 '전달'의 개념이 빠져 있다고 주장한다. 앞서 '표지의 전달' 개념에서도 그러했을 뿐 아니라, 보존량의 개념을 받아들인 이후에도 새먼은 인과 과정의 규정에서 '전달' 개념을 매우 중시하였다. 그는 인과 과정이 사이비 과정과 구별되는 주요한 특징 중 하나가 또한 그 '전달' 능력에 있다고 보았기 때문이다. 아닌 게 아니라 인과 상호작용에서 어떤 교차가 일어나기 위해서라도 어쩌면 문제의 보존량은 그 자체 전달될 수 있어야만 할지 모른다. 그러므로 그에게 있어, 보존량과 함께 전달 개념을 반영해 인과 과정을 다시금 규정한 결과가 바로 본문 중의 정의 CP2이다.

　하지만 이처럼 '전달'의 개념을 중시하게 되면, 그러한 보존량의 전달이 과연 어떻게 이루어질 수 있는가에 관한 새로운 문제에 부딪히게 된다. 이에 관해 새먼은 그러한 문제가 전통적인 '제논의 화살 역설'(Zeno's paradox of the arrow) 문제와 다르지 않다고 보았다.

　고대 그리스의 인물인 제논에 의해 제기된 이 역설은, 어떤 날아가는 화살은 원리상 날아갈 수 없음을 논증하고 있다. 이제 어느 한 화살이 날아간다고 해 보자. 그것은 일정한 한 시각에 일정한 공간점을 지나야만 할 것이다. 그런데 바로 이때 그 화살은 문제의 시간에 해당 공간에 머물러 있는 셈이며, 그 순간 그곳에 한해 본다면, 그 화살에게는 별도의 시간과 공간이 주어져 있지 않은 셈이다. 따라서 그 화살은 원리상 날아갈 수 없다.

이러한 역설에 관해 이후 여러 해결책이 시도되었지만, 새먼은 러셀의 다음과 같은 발상이 가장 합당하다고 보았다. 즉 어느 물체가 운동한다는 것은 그 물체가 '여러 특정 시각들에 여러 특정 공간점들에 존재한다'(being at precise points of space at precise instants)는 의미 외에 아무것도 아니라는 것이다. 그러므로 이에 따르면, 어떤 화살이 점 A로부터 점 B로 운동한다는 것 역시 결국엔 그 화살이 서로 다른 시각에 A와 B 사이의 다양한 점들에서 발견된다는 의미 외에 아무것도 아니라 할 수 있다. 어떤 물체의 운동에 대한 방금의 규정 속에 나타나는 '~에 ~에'라는 대목에 유의해, "운동의 ~에~에 이론"(at-at theory of motion)이라 부르는 이 이론을 새먼은 자신의 '전달' 개념에도 적절히 이용할 수 있으리라 생각하였다.

그에 따르면, 우선 전달 역시 일종의 운동이다. 그러므로 전달에 대한 '~에~에 이론'에 따르면, 어떤 표지가 한 과정의 A와 B점 사이에서 전달된다는 것은 그 표지가 다른 과정들과의 별도 상호작용 없이 그 과정상의 모든 각 점에 존재한다는 의미이다. 이와 유사하게 이제 보존량과 관련해 '~에~에 이론'을 적용한다면, '어떤 보존량이 해당 과정의 어느 적절한 특정 단계에서 어느 적절한 특정 위치에 존재'할 때, 그를 **'인과 전달'**(causal transmission)이라 부를 수 있을 것이다. 진정한 인과 과정이란 바로 이러한 인과 전달이 이루어지는 과정을 말한다고 볼 수도 있다.

5.3.2 보존량 이론의 장점들

이상에 따라, 새먼은 다시금 흄에서처럼 인과적 연관을 우리의 마음에서 찾을 필요는 없다고 본다. 그것은 우리의 물리 세계에 객관적으로 존재하는 것일 따름이다. 이러한 주장은 흄의 규칙성 이론을 한층 정교화시킨 매키의 이론에 대해서도 마찬가지로 펼 수 있다. 이른바 'IN-US' 조건을 이용해 원인과 결과 사이의 인과관계를 좀 더 자세히 분석하긴 했으나(2장 참조), 매키 역시 인과적 힘이나 인과적 연관 자체를 배제했다는 점에서는 흄과 마찬가지였다. 그리고 인과관계를 근본적으로 어느 두 사건의 반복되는 규칙성에서 구했다는 점에서 여전히 흄과 마찬가지로 규칙성 이론에 머물고 있다.

하지만 이제 매키의 INUS 이론을 설명하기 위해 2장에서 제시된 화재 사건의 예를 다시 보기로 하자. 어떤 집에 불이 나서 큰 피해를 본 화재 사건에서 그를 조사한 전문가가 "특정 지점의 전기 합선이 그 집 화재의 원인이다."라고 말했을 때, 그 말은 분명 그 특정 지점의 전기 합선으로부터 주택의 화재에 이르기까지 여러 인과 과정과 인과 상호작용을 전제로 한 말이다. 예컨대 처음에 어느 전선들을 따라 전기가 흐르고, 그 선들의 피복이 벗겨진 상태로 서로 맞닿음으로써 상호작용이 일어나, 전기에너지가 열에너지로 바뀌게 된다. 그 열에너지가 다시 주변의 가연성 물질, 예컨대 종이나 나무 등으로 옮겨지고, 그것이 화학적 에너지로 바뀌어 불을 일으키게 된다. 만일 이러한 물리적 인과 과정과 인과 상호작용을 생각할 수 없다면, "특정 지점의 전기 합선이 그 집 화재의 원인이다."라는 전문가의 말은 단지 피상적일 따름이다. 물론 이는 특정 지점에서의 전기 합선과 주택의 화재 사이에 어떤 필요조건이나 충분조건 방식의 규칙성이 존재하지 않는다는 의미는 결코 아니다. 다만 우리가 이 물리적 세계에서 발견하게 되는 인과적 규칙성을 그에 관한 인과 과정과 인과 상호작용 없이는 충분히 설명할 수 없다는 의미이다.

다른 한편, 보존량의 교환으로서의 인과 상호작용 개념을 이용하면,

단지 표지의 전달 개념만으로는 설명하기 어려운 인과 상호작용의 또
다른 경우들까지도 설명 가능하게 된다는 이점이 있다. 앞서 당구공의
예에서 두 당구공의 충돌 상황에 관해서는 보존량의 교환은 물론이거
니와 표지의 전달 개념에 의해서도 어렵지 않게 설명이 이루어질 수 있
음을 보았다. 하지만 이제 다음의 두 경우를 생각해 보기로 하자. (i)
어느 한 과정이 두 과정으로 분리되는 경우, 그리고 이와는 반대로 (ii)
어느 두 과정이 하나로 합쳐지는 경우.

위의 첫 번째 경우에 잘 부합되는 사례가 어느 한 원자핵이 하나의
입자를 방출하는 경우나 어느 한 마리의 닭이 계란 하나를 낳는 경우이
다. 반면 위의 두 번째 경우에 잘 부합되는 사례는, 첫 번째 경우와는
반대로, 어느 하나의 원자핵이 하나의 광자(photon)를 흡수하거나 한
마리의 뱀이 쥐 한 마리를 먹어 버리는 경우이다 (〈그림 5-8〉 참조).

〈그림 5-8〉 과정의 분리와 과정의 병합

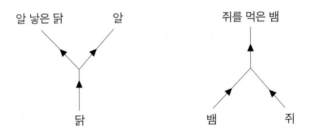

이러한 것들 역시 하나의 인과 상호작용으로 보이나, 이러한 경우에
는 어느 것이 문제의 '표지'가 되는지, 그리고 그것이 어떻게 전달이
되는지 이해하기 쉽지 않다. 하지만 이러한 경우에도 어떤 물리량이 그
상호작용 전과 후에 여전히 보존된다는 관점에서 본다면, 그 상황은 이
해하기 어렵지 않다.

예컨대 어느 한 마리의 닭이 계란 하나를 낳은 경우, 그 닭이 알을 낳는 일이 하나의 원인이라면, 그로써 알을 낳은 닭 자신과 새로이 알이 생겨나는 일은 서로 다른 두 결과라 할 수 있다. 이 경우, 닭이 알을 잉태하고 그것을 몸 밖으로 배출하기까지의 과정에서 '표지'의 개입을 확인하기란 쉽지 않다. 그것은 결국 동일한 닭의 몸 안에서 일어나는 여러 복잡한 생물학적 과정들의 상호작용일 것이기 때문이다. 하지만 이 경우일지라도 우리는 현대 과학의 수준에서 그 생물학적 과정이 여러 물리화학적 상호작용으로 환원될 수 있음을 알고 있고, 이 수준에서라면 역시 물리량의 보존을 쉽사리 이해할 수 있다. 닭이 알을 낳는 일 역시 보존량의 교환이라는 점에서는 다른 인과 상호작용과 하등 다를 것이 없다. 존재하던 그 무엇으로부터 완전히 그와 무관한 전혀 새로운 것이 존재하게 되는 것이 아니다.

다른 두 존재자가 하나로 합쳐지는 경우는 '표지의 전달'이라는 관점에서는 한층 더 이해하기 어려우나, 이 역시 닭의 경우와 유사한 과정을 거쳐 보존량의 교환 결과로 이해한다면 납득하기 어렵지 않다. 두 존재자가 하나로 합쳐져 하나의 존재자가 되었다 할지라도, 그 두 존재자 중 하나가 그저 완전히 사라진 것은 결코 아니다.

5.3.3 공통원인과 보존량 이론

이 책의 처음 부분에서 우리는 공통원인의 존재 여부가 어떤 규칙적인 사건들의 관계가 진정한 인과관계인지 아니면 사이비 인과관계인지의 여부를 가리는 데 중요한 역할을 할 수 있음을 언급한 바 있다. 3장에서 처음으로 언급한 기압계의 사례가 대표적이다. 이와 관련해 우리는 4장에서 확률 관계를 통해서 이 문제를 해결할 수 있는 한 가지 방법을 살펴보았다. 새면 역시 확률 관계가 인과관계와 그렇지 않은 관계를 구분하는 중요한 특징이라는 것을 인정한다.

하지만 새먼의 인과 과정 이론은 단순히 확률적 관계의 해명에 머물지 않고, 그 사건들 사이의 실제적인 물리적 과정의 차이까지를 밝힐수 있는 이점이 있기도 하다. 이를 3장의 기압계-태풍-저기압의 사례에 적용해 보면 다음과 같다. 오늘날의 과학 지식에 의하면, 지구상의온대나 열대에서는 상대적으로 높은 온도의 태양열에 의해 열에너지를얻은 대기가 상승하며 저기압이 된다. 반면 상대적으로 그보다 낮은 온도의 주변 공기는 그 밑으로 하강하며 고기압을 형성하게 된다. 이때기압의 저하는 우선 기압계에 영향을 미치게 되는데, 예컨대 아네로이드 기압계의 경우, 그 안에는 진공 상태의 얇은 금속판 용기가 장착돼, 그 주위의 공기 압력이 낮아짐에 따라 용기가 팽창하고 그에 연동된 바늘의 눈금이 내려가게 된다. 열에너지가 기계적 에너지로 전달되는 과정이다. 다른 한편, 고기압의 찬 공기는 저기압의 따뜻한 공기 밑으로하강하며 위치에너지를 상실하게 되고, 그 상실된 에너지가 운동에너지로 전환돼 바람을 일으키게 된다. 이는 열에너지로부터 시작해 위치에너지를 거쳐 운동에너지로의 전달 과정이라 할 수 있다. 이처럼 에너지의 전달 과정으로 볼 때, 저기압과 기압계, 저기압과 태풍 사이의 관계는 진정한 인과관계이다. 반면 기압계와 태풍 사이에는 이와 같은 물리적 보존량의 전달 과정이 보이지 않는다. 그러므로 그것들 사이에 어떤 통계적 상관관계가 있다 할지라도, 그 관계는 진정한 인과관계라 할수 없다. 확률의 차원에서, 저기압이 기압계와 태풍 사이에서 '차폐'의역할을 할 수 있는 근본 이유도 바로 여기에 있다 할 수 있다(4.2.2절참조).

5.4 한계: 양자역학과 인간의 행위

인과관계를 우리의 마음속이 아니라 객관적인 물리 세계에서 찾으려는 시도는 바로 그 때문에 또한 필경 양자역학의 영역에 부딪히지 않을 수 없다. 양자역학은 오늘날 상대성이론과 더불어 현대물리학의 커다란 두 축의 하나를 이루는 것으로, 원자나 전자 등등의 미시 세계에 대한 물리 이론이나 분야의 하나이다. 그런데 이와 같은 세계에 대해 양자역학적 결과들은 많은 경우 지금까지 새면의 이론으로는 이해하기 어려운 물리 과정들을 보여주고 있다.

  예컨대 어느 두 입자 A와 B로 이루어진 하나의 계 S를 생각해 보자. 이때 이 A와 B가 처음에는 상호작용을 하나, 이후에는 서로 분리되어 결국 물리적으로 아무런 상호작용도 하지 않는다고 해보자. 하지만 이러한 계 S에 대해서일지라도 슈뢰딩거(E. Schrödinger)가 제시한 하나의 양자역학적 파동함수(이른바 "ψ-함수"라 부르는 함수)에 의해 확률적으로 묘사하는 일이 불가능하지 않다. 즉 그 함수에 의해, 문제의 계에 대해 어떤 측정이 이루어질 경우 그 계가 보여줄 여러 가능한 결과들이 나타날 확률들을 계산해 낼 수 있는 것이다. 이로써 이제 만일 두 입자 중 어느 하나인 A에 대해 검출기를 통해 그 위치를 측정해 확정짓는다고 해보자. 그렇다면 이때 또 다른 입자인 B의 위치에 대해서도 미리 확정지을 수 있게 될 것이다. 문제의 두 입자가 서로 완전히 분리되어 아무런 상호작용도 없는데도 불구하고 그러한 것이다! 이는 사실 아인슈타인(A. Einstein), 포돌스키(B. Podolsky), 로젠(N. Rosen)이 제시한 것으로, 그들 이름의 앞 글자를 따 이른바 'EPR 역설'이라고 불린다. 이를 어떻게 이해할 수 있을까?

  짐작건대 한 가지 가능성은, A에 대해 위치 측정이 이루어질 경우 그것이 전체 계 S와 상호작용을 하고, 그로써 다시 B에 대한 위치가 결정된다고 보는 것이다. 하지만 A와 B 사이에 물리적 상호작용이 전혀 없는 상태에서 이것이 어떻게 가능한가? 물론 양자역학적 파동함수는 그러한 과정에 대한 고민 없이 단지 수학적인 결과로써 B의 위치에 대해 우리로 하여금 예측 가능하게 해준다. 하지만 그 실제의 물리적 과정이 어떠한지에 대해 말해주는 바는 전혀 없다. 그렇다면 그러한 경우야말로 보존량의 교환을 통한 물리적 상호작용으로써 인과관계를 해명하려는 새먼으로서는 곤혹스러울 수밖에 없는 경우가 될 것이다. 그러므로 새먼은, 만일 이상의 결과가 부인할 수 없는 사실이라면, 그러한 경우들은 아직 그가 이해할 수 없는 비인과적 결과임을 쉽사리 인정한다. 이에 대한 이해는 우리 모두를 향해 열려 있는 셈이다.

다른 한편, 인과관계를 물리적으로 이해하려는 시도는, 만일 그것이 물리적 과정에 대해 성공적이라 할지라도, 인간의 행위와 관련한 여러 영역에 관해서라면 무력하거나, 적어도 해명이 매우 어렵다. 예컨대 우리의 어떤 의지나 정서 상태가 일정한 행위의 원인이 되는 경우가 그러하다. 우리는 '범인 C의 분노가 그의 살인 행위의 원인'이라고 말하곤 하나, 이 경우 그러한 인과관계를 물리적 상호작용으로 해명하기란 매우 어려워 보인다. 범위를 넓혀, 역사에서의 여러 인과관계, 정치나 경제에서의 여러 인과관계에 대해 새먼의 과정 이론을 어떻게 적용할 수 있을지는 분명 난점이다.

이러한 면에서의 인과관계에 관해서는 어쩌면 인간의 행위나 어떤 모종의 '개입' 개념을 고려한 이론이 유효할 수 있다. 이에 관한 논의는 이어지는 제6장에서의 주제이다.

더 읽을거리

과정 이론 일반과 특히 새먼의 과정 이론을 개괄적으로 소개하는 문헌
들로 다음을 들 수 있다.

Dowe, P. (2007), "Causal Processes", *Stanford Encyclopedia of Philosophy*
Summer 2010 Edition. E. N. Zalta (ed.), https://plato.stanford.edu/
archives/sum2018/entries/causation-process/

Galavotti, M. C. (2018), "Wesley Salmon", *Stanford Encyclopedia of Philoso-
phy*. E. N. Zalta (ed.), https://plato.stanford.edu/entries/wesley-salmon/

새먼과 다우의 이론에 대해서는 다음의 문헌들을 참조하면 좋을 것이다.

Salmon, W. (1984), *Scientific Explanation and the Causal Structure of the
World*, Princeton Univ. Press.

Salmon, W. (1998), *Causality and Explanation*, Oxford Univ. Press.

Salmon, W. (2010), "The Causal Structure of the World", *Metatheoria*
1(1), pp. 1-13.

Dowe, P. (1992), "Wesley Salmon's Process Theory of Causality and the
Conserved Quantity Theory", *Philosophy of Science* 59(2), pp. 195-216.

Dowe, P. (1995), "Causality and the Conserved Quantities: A Reply to
Salmon", *Philosophy of Science* 62(2), pp. 321-333.

6

인과와 조종

조종 인과 이론(Manipulability Theories of Causation, MTC)은 결과를 바꾸기 위해 원인을 조종할 수 있고 원인을 조종하면 결과를 다르게 바꿀 수 있다는 직관으로부터 인과를 이해하려는 시도이다. 앞서 나온 이론들과 달리 조종 이론은 "인과란 무엇인가?"에 대한 답을 직접 모색하지 않는다(〈상자 6-1〉 참조). 인과 개념을 다른 개념으로 바꿔 정의하려 시도하는 대신, 조종 이론은 인과 개념을 어떻게 활용할 수 있는지에 초점을 맞추며 "우리는 인과관계를 어떻게 파악할 수 있는가?"와 "우리는 어떤 인과 추론을 할 수 있는가?"에 대한 답을 추구한다. 실제 연구 현장의 자연과학자들과 사회과학자들이 사용하는 인과 개념과 잘 들어맞는 조종 이론은 최근에 베이즈망(Bayes network)을 활용하는 인과 이론으로 발전하면서 철학계에서도 널리 주목받고 있다.

조종 이론은 초기에 인간의 행위를 통해 원인을 조종할 수 있다는 '행위자 인과 이론'(Agency Theories of Causation, ATC)을 중심으로 논의되었다. 행위자 이론은 폰 라이트(G. H. von Wright, 1916-

2003)를 출발점으로 삼아 1993년에 멘지스(P. Menzies, 1953-2015)와 프라이스(H. Price, 1953-)에 의해 발전되었다. 하지만 원인을 조종하는 것이 반드시 인간 행위자여야 한다는 제한이 과도하다는 비판에 따라 조종 이론은 행위자 이론에서 급격하게 개입주의(interventionism)로 논의의 중심이 바뀌었다. '개입주의 인과 이론'(Interventionalist Theories of Causation, ITC)은 1994년에 미크(C. Meek)와 글리모어(C. Glymour)의 제안으로부터 시작하여 우드워드(J. Woodward)를 중심으로 발전하였는데, 개입주의, 혹은 개입 이론은 행위자와 같은 조종의 주체에 더 이상 주목하지 않는다. 개입 이론은 단지 조종을 일으키는 사건, 즉 개입이 발생했는지의 여부와 개입이 발생했다면 그 개입은 원인을 어떻게 조종했고 얼마나 변화시켰는지에 주목한다. 개입주의 인과 이론은 베이즈망 이론의 개발과 함께 발전했기에 개입주의 인과 이론을 소개하는 과정에서 베이즈망 이론 역시 간략하게 소개하기로 한다.

⟨상자 6-1⟩ 인과에 대한 환원적 분석과 비환원적 분석

앞서 우리가 다룬 인과 이론들은 모두 다음과 같은 형식을 갖추고 있었다.

C는 E의 원인이다. ⟺ ···C···E···.

이런 형식의 인과 이론은 모두 ···에 해당하는 빈칸 부분을 다른 것으로 채움으로써 C와 E 사이에 성립하는 인과관계에 대한 필요충분조건을 제시하려는 시도라고 할 수 있다. (⟨상자 1-1⟩ 참조.)

이런 시도들은 빈칸 ···에 무엇이 들어가느냐에 따라서 두 가지로 나뉠 수 있다. 첫 번째는 해당 빈 부분에 들어가는 내용이 인과관계

와 유사한 어떤 개념도 포함하지 않는 시도들이다. 이런 것들, 즉
'인과관계'를 '인과관계를 포함하지 않는 개념'으로 바꾸어 서술하
려는 시도들은 흔히 '환원적 분석'(reductionist analysis)이라고 불
린다. 이런 종류의 환원적 분석은 인과관계에 대한 분석에만 등장하
는 것은 아니다. 예를 들어, 과학에서 '온도'라는 개념을 '분자의 운
동에너지'를 통해 분석하는 것이 대표적인 환원적 분석이라고 할 수
있다. 이런 분석에서 '온도'라는 개념이 환원되는 '분자의 운동에너
지'라는 개념에는 온도라는 개념이 포함되어 있지 않다. 만약 온도
라는 개념을 분석할 때, 온도라는 개념이 사용된다면 그런 분석은 순
환적일 것이다.

　흥미롭게도 이 장에서 다루는 인과관계에 대한 분석은 이런 종류
의 환원적 분석이 아니다. (그리고 4장의 확률 인과 이론의 한 형태,
즉 PTC3 역시 환원적 분석이 아니다. 4.4.2절 참조.) 왜냐하면 조종
인과 이론은 위 형식 속 빈칸 …에 인과관계 개념이 포함되기 때문이
다. 이런 점에서 조종 인과 이론과 같은 인과 분석은 C와 E 사이의
인과관계에 대한 '직접적인 답을 모색하지 않는다'고 말할 수 있다.

　철학에서 이런 종류의 분석은 '비환원적 분석'(non-reductionist
analysis)이라고 불린다. 그렇다면 이 조종 인과 이론은 순환적이며
따라서 잘못된 분석이라고 평가되어야 하는가? 이런 평가는 다소 조
심스럽게 내려져야 한다. 모든 순환이 문제가 있는 것은 아니다. 물
론, C와 E 사이에 성립하는 인과관계를 분석하는 데 있어 C와 E 사
이의 인과관계가 사용된다면, 그런 분석은 분명 순환적이며 잘못되었
다고 평가해야 한다. 하지만 조종 인과 이론에서는 이런 식의 순환이
일어나지 않는다. 왜냐하면 이 이론은 C와 E 사이에 성립하는 인과
관계를 분석하기 위해서 C와 E 사이의 인과관계가 아닌 다른 인과

관계를 사용하기 때문이다. 이런 점에서 조종 이론가들은 조종 이론의 순환은 '악성 순환'은 아니라고 주장한다. 이와 관련해서는 6.5.2절을 참조하라.

6.1 조종

"술과 고지방 음식을 줄이고 규칙적으로 운동을 하면, 깨끗한 혈관을 가질 수 있습니다."라는 의사의 조언은 우리가 원하는 결과, 즉 깨끗한 혈관을 얻는 방법이 있다는 주장이다. 먹는 것과 신체 활동량을 조종하는 것이 그 방법이라는 것이다. 이와 같은 의사의 조언은 인과 진술에 해당한다. 깨끗한 혈관이라는 결과를 얻기 위해서는 그 원인에 해당하는 먹는 것과 신체 활동량을 조종하면 된다는 의미에서, 즉 원인을 조종하면 결과를 바꿀 수 있다는 의미에서 인과 진술인 것이다. "에어컨을 켜면 더운 방 안이 시원해진다."거나 "아침 출근 시간에 5분만 더 일찍 출발하면 교통 혼잡을 피할 수 있다."는 것 역시 마찬가지의 인과 진술이다. 적절한 조종을 통해서 방 안의 공기를 시원하게 바꿀 수 있다는 것이고, 교통 혼잡을 피하도록 결과를 바꿀 수 있다는 것이다.

이렇게 결과를 바꾸기 위해 원인을 조종할 수 있다는 데에 초점을 맞춘 조종 인과 이론은 기본적으로 다음과 같이 인과관계를 규정한다고 할 수 있다.

MTC0.　　C가 E의 원인이다. ⇔
　　　　　　C를 조종하면, E를 바꿀 수 있다.

위의 규정에 따르면, C와 E 사이에 인과관계가 성립하는 것은 다음 두 조건, 즉 C가 발생하면 E가 발생하고, C가 발생하지 않으면 E가 발생하지 않는다는 두 조건을 모두 만족할 때이다. 만약 C가 발생하지 않았는데도 불구하고 E가 발생했다면, C가 E의 원인이 아니라고 판단할 수 있다는 것이다. 여기서 조종이 의미하는 바가 단순하게 C를 발생하도록 할 수도 있고, 발생하지 않도록 할 수도 있다는 것만은 아니다. 여기서 조종은 C를 발생하도록 하되 그 발생의 방식 또는 정도를 변화시키는 것까지도 포함하는 넓은 의미로 이해할 수 있는 것이다. 대부분의 실험 과정에서 그렇듯이 C를 변수(variable)로 보면, 조종은 바로 C의 값을 변화시키는 것이다.

원인을 조종한다는 것은 주로 인과관계가 성립하는지를 확인하기 위한 실험을 기획한다는 것이고, 그러한 실험에서 원인을 조종하는 것은 인간의 행위에 따른 것이라고 가정할 수 있다. 그리고 그와 같은 실험은 이상적인 상태를 전제하므로 원인을 조종하기 위한 개입은 이상화된 실험 상태에서의 조종이라고 할 수 있다. 이에 "초신성 폭발은 방사선 방출의 원인이다."라는 인과 주장에서 초신성 폭발이 실제로는 인간의 행위에 의해 조종할 수 없는 것처럼 보이는 경우에 대해서도 그러한 조종이 원칙적으로 가능하다는 반사실적인 가정을 한다. 그 점에서 조종 인과 이론은 반사실적 인과 이론과 비슷하다고 할 수 있다.

하지만 조종 이론은 반사실적 이론과 달리 원하는 결과를 어떻게 이끌어낼 수 있는가의 실제 문제에 초점을 맞춘다. 이론 수준에서 정의를 내리는 문제가 아니고, 구체적인 결과를 얻기 위해 무엇을 바꿔야 하는가를 묻는 실용적인 차원에서 인과관계를 분석하려 하는 것이다. 실험을 중시하는 심리학이나 분자생물학, 정부 정책을 제안하는 사회과학 분야의 학문이 모두 인과관계와 상관관계의 구분을 특별히 강조하는 것도 같은 맥락이다. 실험을 중시하는 과학자들의 인과 이론이라고 불리기도 하는 조종 이론은 아무리 긴밀한 상관관계가 성립하더라도 인과관계가 성립하지 않는다면 원인을 조종해서 결과를 원하는 대로 바꿀 수 없는 것에 주목하고, 그 두 관계를 정확하게 구분하는 방법을 찾아내는 것이 무엇보다도 중요하다는 입장이다. 이렇게 이 입장은 조종을 통해 결과를 바꿀 수 있는 것인지가 무엇보다 중요하다고 말한다. 따라서 이런 입장을 받아들이는 사람들은 조종의 의미를 이론적으로 정의하는 것만으로는 적절한 인과 이론이 될 수 없다고 생각하며, 인과관계와 상관관계를 명확하게 구분할 수 있는 방법을 제시하는 것이 인과 이론이 갖추어야 할 가장 기본적인 사항이라고 말한다.

예를 들어 다음 주장을 생각해 보자. "교원 생명보험에 가입한 사람들의 평균수명이 한국인의 평균수명보다 5년이 더 길다는 통계 자료가 여기 있습니다. 선생님께서도 교원 생명보험에 가입하시면 더 오래 사실 수 있습니다." 보험판매원의 이와 같은 주장은 장수의 방법, 즉 원하는 결과를 얻는 방법이 있다는 인과 주장이다. 우리는 상식적으로 그 보험판매원의 주장이 틀렸다고 판단하는데, 그 이유는 생명보험에 가입하는 것이 장수하는 방법은 아니라고 생각하기 때문이다. 보험판매원이 제시하는 평균수명에 대한 통계 자료는 인과관계를 보여주는 것이 아니라 우연의 상관관계를 보여주는 것이라고 판단하는 것이다.

우리는 그것이 우연의 상관관계라는 판단을 어떻게 정확하게 할 수 있는가? 인과관계를 상관관계와 구분해 내는 대표적인 방법은 대조군 실험이다. 예를 들어 새로 개발된 신약이 근육통의 증상을 완화하는 효과가 있는지를 알아내기 위해 대조군 실험을 기획한다고 하자. 조건이 비슷한 사람들을 두 무리로 나눠 한 무리에게는 신약을, 대조군에 해당하는 다른 무리에게는 가짜 약을 복용시킨다. 신약의 복용이라는 원인의 발생을 이런 식으로 조종하는 것을 조종 이론에서는 개입이라고 한다. 그와 같은 개입의 결과, 신약을 복용한 무리 중에서는 근육통의 증상에 효과를 본 사람들이 많지만, 가짜 약을 복용한 무리 중에서는 근육통의 증상에 효과를 본 사람들이 많지 않다면, 이 실험 결과는 신약의 복용이 근육통의 증상을 완화하는 데에 효과가 있다는 것을 함의한다. 신약의 복용이라는 원인을 발생시키면 근육통 증상의 완화라는 결과가 발생하고, 원인을 발생시키지 않으면 결과가 발생하지 않는다는 두 조건을 모두 만족하기에, 신약의 복용과 근육통 증상의 완화 사이에 인과관계가 성립한다고 판단할 수 있는 것이다.

물론 신약의 복용과 근육통 증상의 완화 사이의 인과관계는 눈에 보이지 않는다. 신약을 복용하는 것을 보고 근육통 증상이 완화되는 것은 봤지만, 흄이 일찍이 밝혔듯이, 그 둘 사이의 인과관계는 직접 볼 수 없다(2장 참조). 마찬가지로 수십 년 동안 담배를 피운 돌이가 폐암에 걸렸고, 사람들은 돌이의 흡연이 폐암의 원인이라고들 말하지만, 담배와 폐암 사이의 인과관계를 직접 본 사람은 아무도 없다. 설령 우리가 정밀한 관측 장비를 이용하여 수십 년에 걸쳐 돌이의 폐에 들어오는 흡연 물질과 그에 따른 돌이의 세포 하나하나의 미세한 변화를 모두 관찰 기록한다 하더라도, 흡연과 폐암 발병 사이의 인과관계는 직접 관찰할 수 있는 것이 아니다. 우리가 볼 수 있는 것은 오직 담배 연기의 들락거림과 세포의 계속되는 물질적 변화뿐이기 때문이다.

이렇게 인과관계는 눈에 보이는 것이 아니지만, 대조군 실험과 같은 방법을 활용해서 원인을 적절히 조종하면, 상관관계와 구분할 수 있는 인과관계를 추론해 낼 수 있다는 것이 조종 이론이다. 하지만 위의 대조군 실험에서 드러난 조종의 의미는 정확하게 무엇인가? 단지 신약을 복용시키거나 복용시키지 않거나 하는 것처럼 원인의 발생을 좌지우지

하는 정도로만 조종의 의미를 이해해도 되는 것일까? 신약의 양과 복용 방식 등도 조종의 대상일 수 있다거나 그와 같은 조종이 이상적인 상황을 가정해야 하는 반사실적인 것일 수 있다는 등의 측면은 조종 이론에서 어떻게 다뤄져야 할까?

이상의 문제들이 아니더라도 조종 이론이 인과의 본성을 드러내는 데에 성공적인지에 대해서는 여러 가지로 논란거리가 있다. 초기의 조종 이론이라고 할 수 있는 행위자 조종 이론, 즉 조종을 일으키는 것이 인간의 행위라는 입장의 조종 이론은 기존의 다른 인과 이론처럼 엄밀한 인과의 정의를 제시하려 했다. 그 시도가 성공했더라면 인과의 본성이 드러났겠지만, 여러 비판 아래에서 더 이상 행위자 조종 이론에 대한 논의는 많지 않은 실정이다. 지금 많은 논의가 이뤄지고 있는 조종 이론은 개입주의인데, 이 입장은 조종을 일으키는 주체와 무관하게 인과 추론에 유용한 조종의 조건이 무엇인지를 밝히는 데 주목하고 있다. 개입주의는 기본적으로 인과의 본성을 드러내는 것을 목표로 하지 않지만, 그렇다고 해서 인과의 본성을 드러낼 수 없는 이론이라고 단정할 수도 없다. 이에 개입주의의 성공 여부는 얼마나 정확한 인과 추론을 해내는지에 달려 있고, 이것은 아직 판정을 내리기에는 이른 상황이라고 할 수 있다. 이제 행위자 조종 이론과 개입주의를 차례로 소개하기로 한다.

6.2 행위자 조종 이론

행위자 조종 이론은 원인을 조종하여 결과를 바꾸고자 할 때, 그 조종을 일으키는 것이 인간 행위자의 행위라는 인과 이론이다. 폰 라이트가 1971년에 제시한 이 이론은 우리 인간 행위자가 과거는 바꿀 수 없지만 미래는 바꿀 수 있고, 미래를 바꾸는 방식은 시간상 앞서 일어날 어떤 사건에 변화가 일어나도록 개입하는 것이며, 그러한 개입은 인간 행위자의 행위를 통해 가능하다는 직관으로부터 출발한다. 하지만 폰 라이트가 발전시킨 행위자 조종 이론에서 원인이 결과보다 시간상 선행한다는 가정이 필수적인 것은 아니며, 가장 핵심적인 부분은 조종 가능성이다.

예를 들어 1번과 2번의 밸브가 있는 용기가 있는데, 하나의 밸브가 닫히면 자동으로 다른 밸브가 열리고, 하나의 밸브가 열리면 자동으로 다른 밸브가 닫힌다고 하자. 이 경우, 우리는 하나의 밸브가 열리거나 닫히는 사건이 다른 사건의 원인이라고 할 것이다. 그것은 우리가 1번 밸브를 조종한다면 그것은 2번 밸브에 변화를 낳을 것이며, 거꾸로 2번 밸브를 조종한다면 1번 밸브의 변화로 이어질 것이기 때문이다. 여기서 하나의 밸브가 열리고 닫힘에 따라 자동으로 다른 밸브가 열리고 닫히는 것은 시간적 선후 관계와 무관하기에 폰 라이트는 무엇이 원인이고 무엇이 결과인지를 결정하는 기준이 시간적 선후 관계가 아니라 조종 가능성이라고 주장한다.

기체의 부피, 온도, 압력 사이의 함수관계도 마찬가지이다. 여기서 조종 가능하지 않은 요소는 원인이 될 수 없다. 오직 결과가 될 수 있을 뿐이다. 예를 들어 기체의 부피가 변한다고 하자. 이 변화를 낳을 수 있는 방법은 온도와 압력을 조작하는 것 외에 다른 방법이 없다. 이 경우에 인간 행위자의 행위에 의해 조종 가능한 요소는 온도와 압력이므로 원인이 될 수 있지만, 부피의 변화는 인간 행위자의 직접적인 행위에 의해 조종 가능한 것이 아니기에 원인이 될 수 없다. 부피의 변화가 온도와 압력을 조작해 얻는 변화와 동시에 일어나더라도 원인이 아닌 결과가 되는 것이다.

폰 라이트의 행위자 인과 이론(Agency Theories of Causation, ATC)은 다음과 같이 인과관계를 규정한다고 할 수 있다.

ATC0.   C가 E의 원인이다. ⇔
              인간의 행위를 통해 C를 조종하면, E를 바꿀 수 있다.

이러한 행위자 조종 이론은 인과에 대한 기존의 다른 이론들과 마찬가지로 인과 개념을 인간 행위자의 행위에 의한 조종이라는 개념으로 대체하고 환원하려 시도했다. 하지만 인과 개념을 다른 개념으로 환원하려는 시도가 성공하려면, 최소한 그 다른 개념이 인과 개념을 전제하는 것이어서는 안 될 텐데, 행위자 조종 이론에 대해서는 조종이라는 개념 속에 이미 인과 개념이 포함되어 있어 순환적이라는 비판이 처음부터 제기되었다(〈상자 6-1〉 참조). 행위자 조종 이론에서 말하는 조종이 인간 행위자의 행위에 의한 것이라고 해서 순환성이 없어지지 않는다는 비판이었는데, 폰 라이트는 이 비판이 잘못되었다고 본다. 그에 따르면, 인간 행위자의 행위는 본질적으로 어떤 결과를 가져오는 것이기에 인간 행위자의 행위와 결과 사이의 관계를 인과적이라고 하는 것은 옳지 않다는 것이다. 그 대신, 인간 행위자의 행위가 어떤 결과를 가져오는 것은 논리적인 귀결이라고 주장한다. 나아가, 폰 라이트는 인간의 행위라는 개념은 인과관계와 마찬가지로 이 세계를 이해할 때에 가장 기초적인 개념 중 하나이고, 우리가 이미 인간 행위자의 행위에 따른 조종이 무슨 의미인지를 잘 이해하고 있는 만큼, 설사 순환성이 부분적으로 있다고 해도 문제가 되는 것은 아니라고 주장했다.

행위자 조종 이론에 대한 비판은 위의 것뿐만이 아니다. 세계의 모든 인과가 인간 행위자의 행위로부터 발생하지 않는다는 점에서 비판이 제기된 것이다. 예를 들어 "초신성 폭발은 방사선 방출의 원인이다."를 생각해 보자. 우리 또는 우리와 유사한 우주 안의 어떠한 지적 생명체도 초신성 폭발을 조종할 수 없다. 아무리 원칙적인 조종 가능성을 논한다고 하더라도 그 조종이 인간 행위자의 행위로부터 발생한 것이라는 제한을 지니는 순간에 이러한 자연 세계 속에서의 인과관계는 폰 라이트의 조종 가능성에 의한 분석의 범위에서 벗어나 있다고 비판받게 된 것이다.

이 문제에 대해 폰 라이트는 자연현상의 원인과 결과는 대개 매우 복잡한 사건이라는 점을 지적하며 그 나름의 해결책을 제시했다. 그처럼 복잡한 사건은 일반적으로 덜 복잡한 여러 사건들 사이의 인과관계로 분석할 수 있고, 그렇게 분석하다 보면 결국 인간 행위자가 조종할 수 있는 원인을 찾아낼 수 있다는 것이다. 예를 들어 화산의 용암 분출이라는 복잡한 사건은 마그마 웅덩이 속의 압력이 높아지고, 그 부분의 지각을 뚫고 조금씩 올라온 가스가 땅 위에까지 틈을 만들면, 먼저 가스가 솟구치고, 뒤를 이어 마그마가 올라와 용암을 분출하는 사건들로 구분할 수 있다. 이렇게 복잡한 사건을 계속 분석해 가다 보면 인간 행위자가 조종 가능한 원인, 즉 마그마 웅덩이 속의 압력이 높아지는 사건에 도달할 수 있다는 것이 폰 라이트의 생각이다. 예를 들어 인간 행위자가 어떤 장치를 마그마 웅덩이 속에 넣고 폭발시켜 그 압력이 높아지도록 조종할 수 있다는 것이다.

그러나 복잡한 사건을 분석하면 결국 인간 행위자가 조종 가능한 원인에 도달할 수 있다는 폰 라이트의 기대는 낙관적이기만 하다는 평가가 일반적이었다. 이에 폰 라이트는 인간 행위자가 관여할 수 있는 여지가 없는 자연 세계에도 인과가 존재한다는 것을 인정하지만, 그러한 인과에 대해서는 우리가 제대로 된 테스트를 진행할 수 없고, 그래서 그러한 인과는 이해가 불가능하다고 주장한다. 인과관계에 대한 이해를 가능하게 하는 테스트 과정만큼은 전적으로 행위자인 과학자의 실험실 안에 있다는 것이다. 이러한 폰 라이트의 답변은 여전히 인과의 개념을 인간의 인식 능력 혹은 실천 능력의 범위 안으로 부당하게 제한한다는 비판을 피할 수 없었다. 대단히 많은 종류의 인과관계가 인간 행위자의 행위에 의한 조종과 아무런 관련이 없다는 사실은 조종이라는 개념이 근본적으로 인과적 개념이라는 사실과 함께 행위자 조종 이론의 난제로 지적되었다.

자연 세계의 명백한 인과관계까지도 인간 중심의 인과 개념으로 설명하려는 행위자 조종 이론은 1993년에 멘지스와 프라이스 등에 의해 인간의 행위에 따른 조종이라는 개념을 자유로운 행위자의 조종이라는 개념으로 진화시켜 새롭게 제시되기도 했다. 하지만 이러한 시도 역시 자연 세계의 인과관계를 설명할 때에 있어서 인간중심적이라는 한계는 넘어서지 못한 것으로 평가된다.

행위자 조종 이론은 인과 개념을 조종의 개념으로 환원시키려는 논의로 시작되었는데, 이러한 환원주의적 접근은 철학자들의 관심이 주로 반영된 것이었다. 철학자들과 달리 대개의 사회과학자들과 자연과학자들은 도구적인 입장에 서 있었다. 대개의 사회과학자들과 자연과학자들은 조종의 개념을 통해 인과관계를 추론해 내는 것에 목표를 두었을 뿐, 인과관계 자체를 엄밀하게 정의하려는 생각은 없었던 것이다. 행위자 조종 이론의 환원주의적 접근이 실패한 것으로 판정된 이후, 조종 이론은 도구적인 입장에서 인과를 탐구하는 개입주의를 중심으로 발전한다. 인간 행위자의 역할을 완전히 배제하는 조종 이론이 개입주의로 전개된 것이다.

개입주의는 '조종'이란 표현을 아예 '개입'이란 표현으로 대체하며,

원인에 대해 변화를 일으키는 개입의 조건을 규정하려 시도한다. 조종 개념 혹은 조종 개념을 대체한 개입 개념이 인과 개념을 내포한다는 순환성의 문제에 괘념치 않고 더 효율적인 인과 추론을 할 수 있다는 성과를 강조한 것이다.

6.3 개입주의 인과 이론

개입주의 인과 이론(Interventionalist Theories of Causation, ITC)에 따르면, 인간 행위자에 의해 수행 가능한 조종이어야 인과관계를 분석할 수 있다는 제한이 더 이상 필요하지 않을 뿐만 아니라 원인이나 결과의 변화를 식별할 능력이 있는 인식 주체도 요구되지 않는다. 개입 이론은 오로지 어떤 조건 아래에서 원인에 해당하는 사건 C에 변화를 일으키는 개입이 발생할 때, 그러한 C에 대한 개입이 결과에 해당하는 사건 E의 변화를 낳을 수 있는지에만 주목한다.

이제 개입 이론의 기본 입장은 일단 다음과 같이 표현될 수 있다.

ITC0.   C가 E의 원인이다. ⟺

개입 I를 통해 C를 바꾸면, E가 바뀔 것이다.

개입 이론은 먼저 개입 I의 조건을 명확하게 밝혀야 한다. 이를 위해서 공통원인의 문제, 특히 3장에서 소개된 기압계의 사례를 다시 한번 살펴보자.

〈그림 6-1〉 공통원인: 기압계의 사례

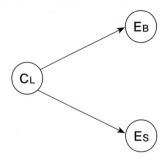

앞서 설명한 대로, 우리는 종종 기압계의 눈금이 떨어지는 것(E_B)을 보고 나서 태풍이 몰아치는 것(E_S)을 경험하지만, 기압계의 눈금이 떨어진 것은 태풍이 몰아친 원인이 아니다. 두 사건 모두 대기압이 낮아진 사건(C_L), 즉 공통원인의 결과이기 때문이다. 위 〈그림 6-1〉은 이런 상황의 인과 구조를 표현하고 있다. E_B와 E_S 사이에 화살표가 없는 것은 그 둘 사이에 인과관계가 성립하지 않는다는 뜻이다. 한편, C_L과 E_B 사이의 화살표와 C_L과 E_S 사이의 화살표는 인과관계가 성립한다는 것을 표현한다.

〈그림 6-1〉이 제시하는 인과 구조, 즉 C_L이 E_B와 E_S의 공통원인이지만, E_B와 E_S 사이에는 인과관계가 성립하지 않는다는 점을 어떻게 확인할 수 있을까? 한 가지 방법은 E_B를 변화시키는 개입을 일으켜서 E_S를 바꿀 수 있는지, 혹은 E_S를 변화시키는 개입을 일으켜서 E_B를 바꿀 수 있는지 따져보면 된다. 그런데 만약 E_B가 발생하지 않도록 개입한다고 할 때, 혹시 그 의미를 다음처럼 거꾸로 추리해 들어갈 수 있는 것으로 오해하면 안 된다. 즉 E_B가 발생하지 않도록 개입한다는 것은 C_L이 발생하지 않도록 한 것에 해당하고, 다시 C_L이 발생하지 않기 때문에 E_S 역시 발생하지 않게 된다고 추리하는 것은 잘못이라는 것이다. 만약 그런 추리를 허용한다면, E_B를 변화시키는 것이 결국 E_S를 바꿀 수 있

다는 것이고, 그렇게 되면 E_B는 E_S의 원인이라고 해야 한다. 하지만 이런 추리를 허용할 수 없는 것은 분명하다. 왜냐하면 이런 추리 과정 중에는 결과 E_B가 원인 C_L을 바꿀 수 있다는 식의 추리, 즉 결과가 원인을 바꿀 수 있다는 추리가 포함되어 있기 때문이다. 반사실적 인과 이론을 다룬 부분에서 분명히 밝혔듯이, 원인이 결과보다 시간적으로 선행한다고 가정할 경우, 이러한 추리는 백트래킹에 해당하므로 허용될수 없다.

그런 식의 개입이 잘못인 것은 대조군 실험 같은 것을 어떻게 설계해야 할지를 조금만 생각해 봐도 분명하다. 그것은 E_B와 E_S 사이에 인과관계가 있는지를 판단하기 위해서 E_B를 변화시키는 개입을 일으킨다면 E_S가 바뀌었을 때 그 원인이 오직 E_B 때문일 수 있도록 만들어야 한다는 것이다. 예를 들어 E_B 이외에 E_S에 영향을 미치는 것으로 C_L과 같은 것이 있더라도, C_L을 고정시킨다거나 아니면 아예 C_L의 발생을 무작위로 만들어서 E_B와 E_S 사이의 관계 분석에 혼동을 주지 않도록 해야 한다는 것이다. 그럼 개입이 제대로 이뤄지기 위한 조건은 무엇일까?

이 질문에 분명한 답을 제시하기 위해서는, 우선 우리가 개입을 위해 고려하고 있는 것이 무엇인지 분명히 해야 한다. 앞의 사례에서 등장하는 개입은 기압계 눈금이 변하는 사건에 대한 개입이었다. 이처럼 개입은 항상 어떤 사건에 대한 것이다. 더불어 특정 사건에 개입하는 것은 그 사건과 다른 사건 사이의 관계를 검토하기 위함이라는 것도 분명히 해야 한다. 위 사례에서 기압계 눈금의 변화라는 사건에 개입하려는 것은 그 사건과 태풍이 온다는 사건 사이의 관계를 검토하기 위함이었다. 따라서 개입이란 어떤 두 사건 X와 Y 사이의 관계를 검토하기 위해서 그 사건 중 하나, 가령 X에 개입하는 것이다. 그렇다면 개입이 갖추어야 할 조건을 확인하기 위해서 우리가 답해야 할 질문은 "X와 Y 사이의 관계를 확인하기 위한, X에 대한 개입 I가 갖추어야 할 조건이 무엇인가?"라는 질문이 될 것이다. 간단히 말하자면 우리가 제시해야 할 조건이란, 'Y와 관련하여 X에 대한 개입 I가 갖추어야 할 조건'이라 할 수 있다.

이 조건에 대해서 우드워드와 히치콕(C. Hitchcock)은 아래 네 가지를 제시하였다. 즉 Y와 관련하여 X에 대한 개입 I는 다음 네 가지 조건을 만족해야 한다.

① I는 X의 유일한 원인이어야 한다. X는 다른 원인을 가질 수 있다. 하지만 I가 X에 개입하게 되면, 그런 다른 원인들이 X에 미치는 영향은 사라져야 한다.

② I는 X를 경유하지 않고 Y의 원인이 될 수 없다. I에 의한 X에 대한 개입이 Y에 영향을 미칠 수 있어야 한다. 그렇지 않고 I만으로 Y가 바뀌어서는 안 된다.

③ X를 경유하지 않는 Y의 어떤 원인도 I의 원인일 수 없다. Y는 X를 경유하지 않고 다른 것에 의해서 야기될 수 있다. 이런 식으로 Y를 야기하는 원인들은 I의 원인일 수 없다.

④ I는 X가 아닌 Y의 원인들의 발생 여부에 영향을 주지 말아야 한다. Y는 X를 포함해서 다양한 원인들을 가지고 있을 수 있다. 그 원인 중 하나가 X이다. 개입 I에 의해서 X의 발생 여부가 바뀔 것이다. 하지만 X를 제외한 Y의 어떤 원인도 개입 I에 의해서 그 발생 여부가 바뀌어서는 안 된다.

그럼 기압계의 사례에서 어떤 종류의 개입이 위 조건들을 만족하는가? 예를 들어, 태풍이 오는 것(E_S)과 관련하여 기압계 눈금이 떨어지

는 것(E_B)에 대한 어떤 개입이 위 조건을 만족하는가? 기압계의 눈금
이 떨어지는 것에 개입하는 것, 즉 기압계의 눈금을 바꾸는 것에는 여
러 방법이 있을 것이다. 그 중 기압계 내 눈금 장치에 임의로 손을 대어
실제 기압과 상관없이 기압계의 눈금을 바꾸는 경우를 생각해 보자. 이
런 개입을 I_B라고 하자.

그렇다면 우리가 답해야 할 질문은 "E_S와 관련하여 E_B에 대한 개입
I_B가 위 네 조건을 만족하는가?"가 된다. 일단 개입 I_B는 E_B가 바뀌는
것의 유일한 원인이다. 왜냐하면 이런 개입은 실제 기압의 변화와 상관
없이 이루어지는 것이며, 실제 기압의 변화가 E_B에 가하는 영향을 차단
한 것이기 때문이다. 따라서 개입 I_B는 ①을 만족한다. 만약 I_B가 E_S
에 영향을 줄 수 있다면 이는 E_B를 통해서 영향을 주는 것일 뿐이다. 즉
I_B 독자적으로 E_S에 영향을 줄 수는 없다. 따라서 개입 I_B는 ②를 만
족한다. 한편 I_B의 원인은 무엇인가? 즉 기압계의 눈금 장치가 변경되
는 것의 원인은 무엇인가? 그 원인은 아마도 그 눈금 장치와 관련된 또
다른 기계적인 요인일 것이다. 하지만 그 원인이 무엇이든, E_S의 원인
이 I_B의 원인일 수는 없다. 즉 E_S의 원인은 I_B의 원인일 수 없다. 따라
서 이 개입은 ③도 만족한다. 마지막 ④는 어떤가? 이 질문에 답하기
위해서 우리가 확인해야 할 것은 I_B가 E_S의 다른 원인에 영향을 주는
지 여부이다. E_S의 원인은 C_L이다. 당연하게도 기압계의 눈금 장치를
바꾸는 것은 주변 대기압을 낮추지 못한다. 따라서 개입 I_B는 C_L을 바
꾸지 못하며, 이에 해당 개입은 ④를 만족한다.

이런 식으로 E_B와 E_S 사이의 관계를 확인하기 위한 E_B에 대한 개입
I_B는 위 ①~④를 모두 만족한다. 그리고 이런 개입을 통해 우리는 E_B
와 E_S 사이에 인과관계가 성립하는지 여부를 추적할 수 있다. 결국, 위
의 개입 개념에 근거해 특정 두 사건 C와 E 사이에 성립하는 인과관계

는 다음처럼 좀 더 엄밀하게 정의될 수 있다.

ICT1.   C가 E의 원인이다. ⇔
           (i) C를 변화시킬 수 있는 개입 I가 있고,
           (ii) 개입 I 아래에서 C와 E 사이에 상관관계가 성립한다.

여기서 개입 I는 위 네 조건을 만족하는 것이어야 한다. 그리고 (ii)에
서 상관관계가 성립한다는 것은 그런 개입 I에 의해서 C가 바뀌면 E
또한 바뀐다는 것을 의미한다.

   하지만 ICT1의 인과 정의는 충분조건으로서 너무 느슨하다. 즉 C를
조종할 수 있는 개입 I가 있고 개입 I 아래에서 C와 E 사이에 상관관
계가 성립하더라도 C와 E 사이에 인과관계가 있다고 말하기 어려운 사
례가 있다. 이중 방지(double prevention)의 문제가 그것이다. 예를 들
어, 수지가 폭격기를 몰고 적군 기지를 폭파하러 날아가는데, 빌리가
전투기를 몰고 따라가서, 수지의 폭격기를 공격하려는 적군 전투기를
빌리가 먼저 격추시켰고, 수지는 적군 기지를 폭파했다고 하자. 빌리의
행위는 수지의 행위를 방지하려는 적군 전투기의 행위를 방지한 이중
방지 행위에 해당한다. 적군 전투기는 수지의 폭격기를 격추시켰을 것
이기 때문이다. 따라서 빌리가 적군 전투기를 격추시키지 못했더라면,
수지는 적군 기지를 폭파하지 못했을 것이다. 그리고 바로 이 반사실적
조건문 때문에 빌리의 행위는 수지의 행위의 원인이라고 할 수 있다.
하지만 빌리의 행위가 수지의 행위가 일어난 곳과는 아주 멀리 떨어진
곳에서 발생했다면, 그리고 그 거리가 멀면 멀수록, 빌리의 행위가 수
지의 행위의 원인이라고 말하기 어렵게 된다. 예를 들어, 빌리의 행위
가 대한해협 상공에서 수지의 전투기를 공격하려고 공중급유기와 함께

출동하는 적전투기 비행단을 모두 격추시킨 상황으로 발생했고, 수지의 행위는 독일에서 발생했기에 수지를 비롯해서 수지의 작전을 직접 지휘했던 군사령부에서는 빌리의 행위에 대해 알지 못했다면, 게다가 빌리의 행위가 성공하지 못했더라도 대한해협 상공에서 출동한 적전투기 비행단이 실제로 수지의 폭격기를 격추시켰을 것인지가 의심스럽기 때문에 빌리의 행위가 수지의 행위의 원인이라고 말하기 어렵다는 것이다. 이와 같은 직관을 무시하기 어렵다는 것이 이중 방지의 문제이다.

이 이중 방지의 문제는 원래 반사실적 이론의 난제로 제시된 것인데, ICT1에 대해서도 똑같이 해결하기 어려운 문제가 된다. 즉 빌리의 행위를 개입이라고 생각할 때 적군 전투기의 의도와 수지의 임무 사이에는 상관관계가 성립한다. 빌리의 개입이 성공한다면 그 상관관계는 수지의 임무 완수 결과를 낳고, 빌리의 개입이 실패한다면 그 상관관계는 수지의 임무 실패 결과를 낳기 때문이다. 이 사례는 ICT1의 조건을 충족하지만, 우리의 직관에 따르면 인과관계로 보기 어렵다는 이중 방지의 문제에 부딪히는 것이다.

게다가 ICT1은 필요조건을 제시한다고 말할 수 없다. 다음 그림을 보자.

〈그림 6-2〉 상관관계가 상쇄되는 개입

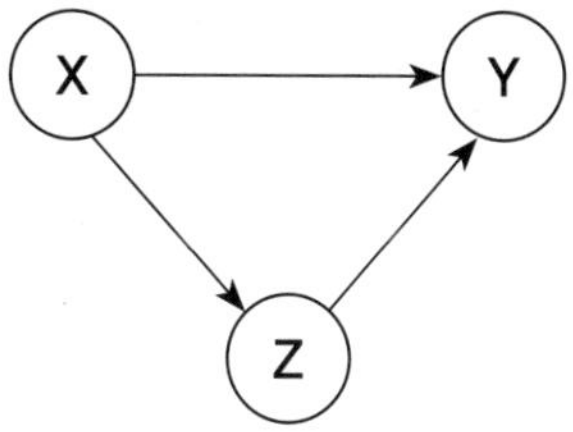

이 그림은 X로부터 Y로 이어지는 인과관계가 두 가지 인과 경로를 지

닌다는 것을 나타낸다. 먼저 X와 Y 사이의 화살표만 보자. 이 화살표가 나타내는 인과 경로는 X가 Y의 원인이고 X가 발생함으로써 직접적으로 Y가 발생할 가능성을 변화시킨다는 것을 나타낸다. 그렇게 변화한 정도를 m이라고 할 때, X가 직접적인 원인이 되어 Y에 미친 영향력을 m이라고 할 수 있다. 이제 X와 Z, 그리고 Y로 이어지는 화살표들을 보자. 이 인과 경로에서는 X는 Z의 원인이고 Z는 Y의 원인이며 X가 발생함으로써 Z를 통해 Y가 발생할 가능성이 변화된다. 이렇게 X가 간접적인 원인이 되어 Y에 미친 영향력을 $-m$이라고 해보자. 그럼 X가 발생함으로써 Y가 발생할 가능성은 전체적으로 0이 된다. 즉 X에 의한 개입으로 인한 Y의 변화가 두 가지 인과 경로를 통해서 일어날 때, Y의 최종적인 변화가 상쇄되어 버리는 것이다. X가 Y에 아무런 영향을 끼치지 못한다는 것이다. 원인에 해당하는 X를 변화시키는 개입 I가 있지만 I에 의한 X의 변화는 Y의 값을 바꾸지 못하기 때문에, 즉 개입 I 아래에서 X와 Y 사이에 상관관계가 성립하지 않기 때문에, X가 Y의 원인이라고 판단할 수 없다. 하지만 우리는 여전히 X가 Y의 원인이라고 판단해야 한다는 직관을 지니기에 ICT1은 해당 인과관계가 성립한다는 것에 대한 필요조건일 수 없는 것이다.

　이 문제를 해결하기 위해서 전체 원인(total cause)과 기여 원인(contributing cause)을 구분하는 방식으로 개입 이론을 옹호할 수 있다. 이것은 펄, 히치콕, 우드워드 등 개입 이론의 주요 옹호자들이 제안하는 것인데, 위의 사례에처럼 X가 Y에 미치는 영향력이 전체를 통틀어서 볼 때 0이 아니어야 한다는 조건을 명백하게 밝혀 전체 원인을 정의할 수 있다. 이 조건은 사실 ICT1이 함축하고 있는 것이기도 하다. 전체 원인과 달리 기여 원인은 결과에 해당하는 Y에 미치는 영향력이 전체를 통틀어서 볼 때 0이더라도 원인에 해당하는 X가 각각의 인과 경로에 따라 Y에 미치는 영향력이 0이 아니라면 X를 원인으로 인정해야 한다는 것이다. ICT1이 문제가 된 것은 이러한 기여 원인을 제대로 포착하지 못해서라고 할 수 있다.

개입 이론은 이렇게 전체 원인과 기여 원인을 구분해서 따져봐야 한다는 입장이 된다. 일단 전체 원인은 앞의 ICT1에 다음 조건, E에 미치는 인과적 영향력의 총합은 0이 아님을 추가해서 다음처럼 수정할 수 있다.

ICT2-1.   C가 E의 전체 원인이다. ⟺

    (i)   C를 변화시키는 개입 I가 있고,

    (ii) 개입 I 아래에서 C와 E 사이에 상관관계가 성립하며,

    (iii) C가 E에 미치는 영향력은 전체를 통틀어서 볼 때 0이 아니다.

이 정의에 따르면, 위 〈그림 6-2〉에서 X는 Y의 전체 원인이라고 할 수 없다. 왜냐하면 X에서 Y로 이어지는 두 개의 인과 경로에 의해 X가 Y에 미치는 영향력이 전체를 통틀어서 볼 때 0이 되기 때문이다. 그렇게 되면, 전체를 통틀어서 볼 때 X와 Y 사이에 상관관계가 성립하지 않기 때문이다. 따라서 X는 Y의 전체 원인이라고 할 수 없다. 하지만 어떤 점에서는 우리는 여전히 X는 Y의 원인이라고 해야 할 것 같다. 전체를 통틀어서 보지 않고 인과 경로를 구분하여 보면, X가 Y에 미치는 영향력이 0이 아니기 때문인데, 이러한 기여 원인 개념을 설명하기 위해서는 먼저 '직접 원인'(direct cause)이란 개념을 도입할 필요가 있다. 두 원인 개념은 차례로 다음과 같이 도입할 수 있다.

ICT2-2. C가 E의 직접 원인이다. ⟺

(i) C를 변화시키는 개입 I가 있고,

(ii) C와 E를 제외한 다른 모든 사건의 발생 여부는 고정되며,

(iii) 개입 I 아래에서 C와 E 사이에 상관관계가 성립한다.

ICT2-3. C가 E의 기여 원인이다. ⟺

(i) C는 E의 원인(즉 C는 E의 직접 원인의 직접 원인이 되는 경로, E의 직접 원인 D_n, D_n의 직접 원인 D_{n-1}, …, D_1의 직접 원인 C로 연결되는 경로로 E와 연결되어 있음)이고,

(ii) (i)의 방식 이외의 방법으로 C가 E의 원인일 수 있는 것은 C가 E의 직접 원인이어야 하고,

(iii) C를 변화시키는 개입 I가 있고,

(iv) C와 E를 제외한 다른 모든 사건의 발생 여부는 고정되며,

(v) 개입 I 아래에서 C와 E 사이에 상관관계가 성립한다.

이런 원인 개념들에 따르면 〈그림 6-2〉의 X는 Y의 어떤 원인인가? 해당 그림의 X에 대한 개입이 있다고 해보자. 즉 ICT2-2의 (i)이 만족된다고 하자. 그리고 X에 대한 개입에 의해서 Z가 바뀌지 못하도록 Z를 고정한다고 해보자. 즉 ICT2-2의 (ii)가 만족된다고 하자. 만약 이런 경우, X가 바뀌었을 때 Y 또한 바뀐다면, 즉 ICT2-2의 (iii)이 만족된다면 X는 Y의 직접 원인이라고 말해야 한다. 이제 〈그림 6-2〉의 X는 Y의

기여 원인이라고 말할 수 있는지를 살펴보자. 이를 위해서는 ICT2-3의 두 조건 (i)과 (ii)가 만족되는지만 보면 된다. 왜냐하면 ICT 2-3의 세 조건 (iii) ~ (v)는 바로 앞에서 따져본 ICT2-2의 세 조건 (i) ~ (iii) 과 같은 것이기 때문이다. 우선 X와 Y는 Z를 매개로 연결되어 있다. 즉 ICT2-3의 (i)이 만족된다. 그리고 그림이 드러내는 것처럼 다른 방식으로 X가 Y의 원인일 수 있는 것은 직접 원인을 제외하고는 없다. 따라서 ICT2-3의 (ii)가 만족된다. 이에 따라 우리는 이때 ICT2-3의 모든 조건이 만족되므로 X는 Y의 기여 원인이라고 말할 수 있음을 알 수 있다.

6.4 베이즈망

우리는 앞에서 〈그림 6-2〉와 같은 도식을 이용해 각 사건들 사이의 인과관계를 추적하고 그 관계들 속 가능한 개입과 그 개입의 영향에 대해서 살펴보았다. 이런 식으로 도식을 이용해 인과관계를 추론하는 방식은 20세기 후반 이후 크게 발전하였다. 이런 인과관계에 대한 추론은 이른바 '베이즈망'(Bayes Nets)이라는 도식을 이용한 것으로, '인과 모형 이론'(Causal Model Theory)이라 불리기도 한다. 이 이론의 개발 및 발전은 1993년 스퍼츠, 글리모어 및 샤인스(P. Spirtes, C. Glymour, and R. Scheines)의 작업과 2000년 펄(J. Pearl)의 작업에서 출발했다고 할 수 있다. 아래에서 우리는 이런 인과 모형 이론, 혹은 베이즈망 이론을 이용해서 개입주의 인과 이론 속 '개입'이 실제로 혹은 수학적으로 어떻게 탐구될 수 있는지 살펴볼 것이다. 이를 통해 우리는 개입주의 인과 이론이 실제 인과적 판단에서 어떻게 응용되는지 확인할 수 있을 것이다.

베이즈망 이론은 기본적으로 앞에서 다룬 도식과 유사한 DAG (Directed Acyclic Graph)에 의해 제시된다. DAG는 각 사건들의 인과관계를 화살표로 나타내는데, 그 화살표는 원인으로부터 결과로 향하는 방향성(directed)을 가지지만 자기 자신을 향하지는 않는다 (acyclic)는 점에서 재귀적이지 않다는 특징을 지닌다. 무엇보다 DAG 는 각각의 사건이 발생할 확률도 포함하는데, 이때 화살표로 연결된 사건들 사이의 확률 관계까지도 조건부 확률을 이용해 제시함으로써 사건들 사이의 인과관계를 추론할 수 있게 하는 것이다.

베이즈망은 추론의 틀만을 제공하기에 개입의 주체가 인간 행위자인지 그렇지 않은지에 관심을 두지 않는다. 베이즈망은 오로지 어떤 사건이 발생할 확률이 바뀌면 그 사건으로부터 화살표로 연결된 다른 사건의 확률이 달라질 수 있음을 조건부 확률을 통해 드러내고, 이로부터 인과관계를 추론할 수 있도록 도와준다. 물론 추론의 틀만 제공하기에 베이즈망은 특정 인과 이론을 옹호하거나 선호하지 않는다. 이에 베이즈망은 개입주의 인과 이론 이외에도 확률 인과 이론 및 반사실적 인과 이론 모두를 발전시키는 데에 활용되고 있다.

베이즈망의 DAG는 변수, 화살표, 확률의 세 가지 요소로 구성된다. 먼저 변수는 원인과 결과에 해당하는 사건에 대응하고, 화살표는 그 변수들 사이의 인과관계를 나타낸다. 이것은 앞서 소개한 다른 인과 이론에서 인과관계를 나타내기 위해 사용한 도식과 별 차이가 없어 보인다 (〈상자 2-1〉 참조). 하지만 한 가지 점에서는 중요한 차이가 있다. 그 차이란 베이즈망에 등장하는 원들은 해당 사건의 발생 여부를 표현하고 있지 않다는 것이다. 달리 말하자면, 베이즈망은 '발생 여부가 결정된 사건들'이 아니라 '발생 여부가 결정되지 않은 변수들' 사이의 관계를 도식적으로 나타낸다.

이를 이해하기 위해서 아래 그림을 보자. (이 그림은 베이즈망 이론의 전형적인 방식은 아니다. 우리는 그 핵심 내용을 훼손하지 않는 범위 내에서 도식을 약간 수정하였다.)

〈그림 6-3〉 베이즈망의 구성 요소

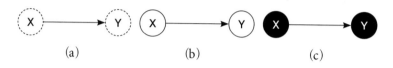

(a)　　　　　　　　(b)　　　　　　　　(c)

이전 설명에서 (b)의 흰색 원들은 사건 X와 Y가 모두 발생했다는 것을 나타냈고, (c)의 검은색 원들은 X와 Y가 모두 발생하지 않았다는 것을 나타냈다. 하지만 베이즈망은 이렇게 발생 여부가 결정된 사건들 사이의 관계를 도식적으로 표현하지 않는다. 이런 점을 표현하기 위해서 우리는 〈그림 6-3〉의 (a)에 등장하는 것과 같은 원을 이용할 것이다. 즉 점선으로 이루어진 원은 해당 기호가 가리키는 사건의 발생 여부가 결정되지 않았다는 것을 나타낸다. 그리고 점선의 원이 실선의 색깔 칠해진 원들로 바뀌면 그 발생 여부가 결정된 것으로 간주된다. 달리 말해, 〈그림 6-3〉의 베이즈망 (a)는 변수 X와 Y 사이에 인과관계가 성립한다는 것을 나타낸다.

　이런 도식이 어떻게 구성되는지, 그리고 그 도식이 개입을 어떻게 다루는지 확인하기 위해서 예를 들어보자. 사격 대회가 개최되었다. 이 사격 대회는 한 팀에 두 명의 선수가 있으며, 각 선수가 맞추려는 표적은 동일하다. 이 대회에 팀 k가 참가했다. 이 팀에는 두 명의 선수 a와 b가 있다. 대회 심판이 경기의 시작을 알리면 팀 k의 코치가 선수 a와 b에게 사격을 명령한다. 그럼 a와 b는 모두 동일한 표적을 향해 총을 쏜다. 그 후 표적에 총알이 맞았는지 여부가 결정된다.

이런 상황에는 어떤 인과관계가 성립할까? 심판이 경기의 시작을 알리는 사건을 R, 코치가 사격을 명령하는 사건을 C라고 하자. 그리고 a가 사격하는 사건을 A, b가 사격하는 사건을 B라고 하자. 마지막으로 표적에 총알이 맞는 사건을 S라고 하자. 이런 상황에서 'R의 발생 여부와 C의 발생 여부', 'C의 발생 여부와 A의 발생 여부', 'C의 발생 여부와 B의 발생 여부', 'A의 발생 여부와 S의 발생 여부', 'B의 발생 여부와 S의 발생 여부' 사이에 인과관계가 성립할 것이다. 그것을 베이즈망, 즉 DAG를 이용해 나타내면 다음과 같다.

〈그림 6-4〉 사격 대회의 베이즈망

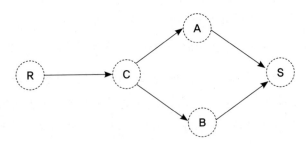

앞에서 설명한 대로 위 베이즈망은 해당 사건의 발생 여부가 표현되어 있지 않다. 단지 특정 두 사건의 발생 여부 사이에 성립하는 인과관계, 다른 말로 해당 변수들 사이에 성립하는 인과관계만을 표현하고 있을 뿐이다.

그러나 이 베이즈망을 이용하면 특정 사건의 발생 여부, 혹은 그 사건에 대한 개입이 관련 결과에 어떤 영향을 미치는지 확인할 수 있다. 물론 이를 확인하기 위해서는 추가 정보, 즉 앞에서 말한 확률 정보가 필요하다. 우리가 다루는 사격 경기 사례에서, a가 총을 쏘는 사건이 일어나면 표적에 총알이 맞는 사건이 반드시 일어나는 것은 아니다. 이 두 사건 사이의 관계는 확률적이다. 이런 점 때문에, 특정 사건이 다른 사건에 어떤 영향을 주는지 확인하기 위해서는 몇몇 사건들이 일어날 확률과 여러 사건들 사이에 성립하는 조건부 확률에 대한 정보가 필요하다.

　사격 경기의 사례로 돌아가 보자. 대회는 날씨에 따라서 시작될 수도 있고 그렇지 않을 수도 있다. 따라서 R이 발생할 확률은 1보다 작다. 그리고 대회가 시작되면 k 팀의 코치는 선수들의 상태를 확인하고 a와 b에게 사격을 명령할 수도 있고, 그렇지 않을 수도 있다. 하지만 대부분의 경우 코치는 두 선수에게 사격을 명령한다. 즉 R이 발생했을 때 C가 발생할 확률은 제법 크지만 1은 아니다. 그리고 코치가 사격을 명령했을 때 선수 a와 b가 사격을 할 확률은 거의 1에 가깝다. 하지만 때때로 의사소통의 문제 때문에 명령이 있었음에도 사격이 일어나지 않는 경우가 있다. 즉 C가 발생했을 때 A가 발생할 확률, 혹은 B가 발생할 확률은 1보다 작다. 한편, 선수 a와 선수 b의 사격 실력은 비슷하다. 그들은 모두 꽤 명사수이다. 물론 그들의 사격이 표적을 벗어날 수도 있다. 하지만 둘이 모두 사격을 했을 때 표적을 맞힐 확률이 둘 중 하나만 사격을 했을 때 표적을 맞힐 확률보다 더 크다. 물론 이 두 확률은 거의 1에 가깝다.

　위와 같은 사항들은 관련 사건들 사이의 확률 정보로 나타낼 수 있다. 다음 〈그림 6-5〉에는 인과관계를 보여주는 베이즈망과 더불어, 관련 확률 정보가 포함되어 있다. 베이즈망 이론가들은 이러한 확률 정보와 인과관계에 대한 도식적 정보, 즉 DAG를 이용하여 각 사건들 사이에 성립하는 인과관계와 관련된 여러 정보들을 추론한다.

〈그림 6-5〉 사격 대회의 베이즈망과 확률분포

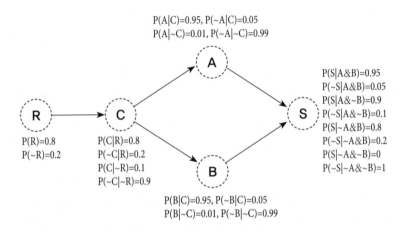

우선 위 정보들을 이용해서 우리는 특정 방식으로 S가 일어날 확률을 계산할 수 있다. 이 계산을 위해서 먼저 어떤 경로를 통해 S가 일어날 수 있는지 확인해야 한다. S의 발생은 예를 들어 다음과 같은 방식으로 일어날 수 있다.

〈그림 6-5a〉

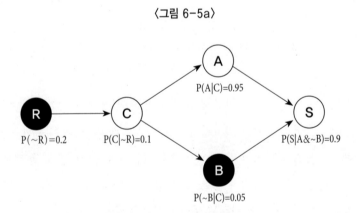

〈그림 6-3〉에서 설명한 대로 위 그림은 R, B는 발생하지 않았다는 것을, C, A, S는 발생했다는 것을 나타낸다. 즉 위 도식은 대회 심판이

경기의 시작을 선언하지 않았음에도 착오에 의해서 코치가 사격을 명
령한 경우를 표현하고 있다. 그런 경우, 선수 a는 코치의 명령대로 사
격을 했지만, b는 문제가 발생한 것을 알고 사격을 하지 않았다. 그 뒤
총알이 표적에 맞는 사건이 일어난 것이다.

이런 일련의 사건들이 일어날 확률은 얼마인가? 이는 위 그림에 표
현된 확률 정보를 이용하면 다음과 같이 계산할 수 있다. (사실, 아래
계산 자체는 수학적으로 올바르지 않다. 이 계산에는 인과관계와 확률
관계에 대한 중요한 가정이 포함되어 있다. 해당 가정에 대해서는 뒤에
나오는 〈상자 6-2〉를 참조하라.)

$$P(\sim R \& C \& A \& \sim B \& S) = P(\sim R)P(C|\sim R)P(A|C)P(\sim B|C)P(S|A \& \sim B)$$
$$= 0.2 \times 0.1 \times 0.95 \times 0.05 \times 0.9 = 0.000855 \qquad (1)$$

이 계산에서 흥미로운 점은 위와 같은 일련의 사건이 일어날 확률을 구
하는 데 있어, 최초의 사건, 즉 R에 대한 확률과 화살표로 연결되는 두
사건의 조건부 확률을 모두 곱한다는 사실이다. 이렇게 베이즈망 이론
가들은 (1)과 같은 단순한 계산을 이용하여 특정한 방식으로 인과관계
가 실현되는 확률을 계산해 낼 수 있다.

두 번째로 〈그림 6-5〉의 정보를 이용하면 특정 사건에 대한 개입이
결과에 어떤 영향을 미치는지 확인할 수 있다. 예를 들어, 심판이 아직
경기 시작을 알리지 않아 코치가 사격을 명령하지 않았다고 하자. 그런
데 그때 관람객 중 한 사람이 개입하여 a로 하여금 사격을 하게 만들었
다고 하자. 이 개입을 '$\mathcal{I}_A$'라고 하자. 한편 개입 $\mathcal{I}_A$는 b가 사격하도록
만들지는 못했다. 그리고 a의 사격 이후 표적에 총알이 맞는 사건 S가
발생하였다. 이 사례에서 발생한 사건은 A와 S이며, R, C, B는 모두

발생하지 않았다. 이때 우리가 묻고 싶은 것은 개입 $\mathcal{I}_A$가 발생했을 때 위와 같은 일이 벌어질 확률이다. 즉 우리가 알고 싶은 것은 다음 확률 이다.

$$P(\sim R\&\sim C\&A\&\sim B\&S|\mathcal{I}_A)$$

(개입과 관련하여, 베이즈망 이론의 발전을 주도하고 있는 펄은 'do' 라는 기호를 사용한다. 'do(A)'는 개입에 의해 A가 발생했다는 것을 뜻 한다. 그의 기호법에 따르면 우리가 계산해야 할 확률은 'P(⋯|do(A))' 와 같이 표현된다.) 일단 이런 상황은 다음과 같이 나타낼 수 있다는 것 을 확인하자.

〈그림 6-5b〉

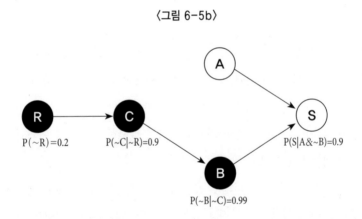

위 그림과 〈그림 6-5〉의 중요 차이점은 C와 A를 잇는 화살표가 사라졌 다는 것이다. 이렇게 화살표가 사라진 것은 개입 $\mathcal{I}_A$가 일어난 이후 더 이상 C는 A에 영향을 줄 수 없기 때문이다. 그리고 우리는 A에 대한 개입이 R과 C, C와 B 사이의 확률적 관계를 바꾸지 못한다는 것도 확 인할 필요가 있다. 왜냐하면 개입 $\mathcal{I}_A$는 A에만 영향을 주었을 뿐 다른

6. 인과와 조종   211

어떤 것에도 영향을 주지 않았기 때문이다.

이런 사항들을 고려하고, 더불어 추가적인 가정을 바탕으로 베이즈망 이론가들은 해당 확률을 다음과 같이 계산한다. (이 계산 역시 중요한 가정이 포함되어 있다. 그 가정에 대해서는 〈상자 6-2〉를 참조하라.)

$$P(\sim R \& \sim C \& A \& \sim B \& S \,|\, \mathcal{I}_A)$$
$$= P(\sim R \,|\, \mathcal{I}_A)P(\sim C \,|\, \sim R \& \mathcal{I}_A)P(\sim B \,|\, \sim C \& \mathcal{I}_A)P(S \,|\, A \& \sim B \& \mathcal{I}_A)$$
$$= P(\sim R)P(\sim C \,|\, \sim R)P(\sim B \,|\, \sim C)P(S \,|\, A \& \sim B)$$
$$= 0.2 \times 0.9 \times 0.99 \times 0.9 = 0.16038 \qquad (2)$$

위 식에서 조건에 $\mathcal{I}_A$가 들어 있는 $P(\sim C \,|\, \sim R \& \mathcal{I}_A)$과 같은 항들은 개입이 일어난 이후 관련 확률들이 변화된 값을 나타낸다. 가령, (2)의 'P$(\sim C \,|\, \sim R \& \mathcal{I}_A)$'는 'R이 일어나지 않았다는 조건 아래에서 C가 일어나지 않을 확률'의 개입 이후 변화된 값을 나타낸다. 앞에서 설명했듯이 이런 값은 개입에 의해서 영향을 받지 않아, 원래의 값을 유지하게 된다. (2)의 두 번째 등식이 포착하고 있는 것이 바로 이런 점이다.

이번 절에서 우리는 최근 여러 학문적 성과를 거두고 있는 인과 모형 이론, 혹은 베이즈망 이론이 무엇인지를 간단하게 살펴보았다. 우리가 이런 이론을 살펴본 것은 '개입주의 인과 이론'이 발전해 가는 과정에서 '개입'이라는 것이 실제로 혹은 수학적으로 어떻게 탐구될 수 있는지 확인하기 위함이었다. 그리고 (비록 엄격한 형태는 아니었지만) 마지막 부분을 통해 우리는 베이즈망 이론은 '개입'을 체계적인 방식으로 다룰 수 있음을 살펴보았다. 이런 이유에서 베이즈망 이론의 진화는 여전히 계속되고 있다. (베이즈망은 7.3절에서 다시 한번 언급된다. 참조하라.)

이제 우리는 다시 개입주의 인과 이론으로 돌아갈 것이다. 특히 우리는 다음 절에서 개입이론이 가지고 있는 대표적인 문제점, 즉 반사실적 이론과의 관련성과 순환성의 문제를 살펴볼 것이다.

〈상자 6-2〉 베이즈망과 마코프 조건

식 (1)을 다시 생각해 보자. 우리가 확률 규칙만을 적용한다면 (1)이 아니라 다음과 같은 방식으로 해당 확률값을 계산해야 한다. (아래 식은 조건부 확률의 정의로부터 도출된다. 해당 정의에 대해서는 4.1.2절을 참조하라.)

$$P(\sim R\&C\&A\&\sim B\&S)$$
$$= P(\sim R)P(C|\sim R)P(A|C\&\sim R)P(\sim B|C\&\sim R\&A)P(S|C\&\sim R\&A\&\sim B) \quad (1a)$$

우선 'P(A|C&~R)'에 주목해 보자. 〈그림 6-5a〉는 R, C, A 사이에 다음과 같은 인과관계가 성립한다고 말하고 있다.

이 그림은 4장에서 차폐관계를 다룰 때 소개되었던 인과관계와 흡사하다. 4.2.2절에서 설명했듯이, 위와 같은 인과관계가 성립할 때에는 C는 ~R로부터 A를 차폐하게 된다. 그리고 이럴 때, 다음과 같은 확률 관계가 성립한다.

$$P(A|C\&\sim R) = P(A|C\&R) = P(A|C)$$

이런 이유 때문에 식 (1a)의 'P(A|C&~R)', 'P(~B|C&~R&A)', 'P(S|C&~R&A&~B)' 각각은 'P(A|C)', 'P(~B|C&A)', 'P(S|C&A&~B)'로 바뀌어 다음 식이 성립하게 된다.

P(~R&C&A&~B&S)

= P(~R)P(C|~R)P(A|C)P(~B|C&A)P(S|C&A&~B)   (1b)

= P(~R)P(C|~R)P(A|C)P(~B|C&A)P(S|A&~B)   (1c)

즉 C가 조건에 있게 되면 ~R이 다른 사건에 미치는 영향이 사라져 버리는 것이다. 이런 추론은 (1b)의 'P(S|C&A&~B)' 에도 적용될 수 있다. 〈그림 6-5a〉가 보여주듯이 C와 S 사이의 인과관계를 A 또는 ~B가 매개하고 있다. 이런 경우 역시 A 또는 ~B가 조건에 들어 있는 조건부 확률의 경우, S에 대한 C의 영향은 사라져 버린다. 따라서 (1b)의 P(S|C&A&~B) 역시 P(S|A&~B)로 바뀌게 된다. 그렇게 해서 만들어진 식이 바로 (1c)이다.

이제 (1c)의 P(~B|C&A)를 생각해 보자. 〈그림 6-5a〉가 보여주듯이 C는 A와 ~B의 공통원인이다. 따라서 이런 경우 역시 C는 A로부터 ~B를 차폐한다. 따라서 (1c)의 P(~B|C&A)는 P(~B|C)로 바뀌어 다음과 같이 본문의 식 (1)이 성립하게 된다.

P(~R&C&A&~B&S)

= P(~R)P(C|~R)P(A|C)P(~B|C)P(S|A&~B)

위에서 우리는 (1)을 도출하기 위해 특별한 가정에 의존하였다. 그 가정이란, 두 사건들이 특정한 인과적 구조를 가진 경우, 즉 한 사건이 다른 두 개의 사건을 매개한 경우이거나 하나의 사건이 다른 두 사건의 공통원인인 경우에는 특별한 확률 관계, 즉 차폐관계가 성립해야 한다는 것이다. 이것은 소위 '마코프 조건'(Markov Condition)이라 불리는 것을 아주 거칠게 서술한 것이다.

베이즈망 이론가들은 이 마코프 조건을 '사건들 사이의 확률 관계'

와 'DAG로 나타낸 인과적 구조' 사이에 성립해야 할 필수적인 가정으로 받아들이고 있다. 물론 베이즈망 이론가들이 받아들이는 가정이 이것만 있는 것은 아니다. 이외에도 최소성 조건(Minimality Condition), 충실성 조건(Faithfulness Condition) 등이 있다. 이런 각 조건들이 받아들일 만한 것인지에 대해서는 여전히 논쟁 중이다.

6.5 개입주의 인과 이론의 문제점

앞서 설명했듯이, 베이즈망을 활용하는 개입주의 인과 이론은 인과관계를 발견해 내거나 새로운 예측을 하는 등의 실용적인 측면에서 높은 점수를 받고 있다. 이러한 실용성은 인과의 본성을 탐구하려는 개입 이론을 충분히 정당화할 수 있는 것인가? 인과 추론의 방법을 밝히고 그로부터 인과의 특성을 이해하려는 작업은 결국 인과의 본성을 밝혀줄 수 있는 것일까?

6.5.1 반사실적 인과 이론과의 비교

먼저 행위자 조종 이론의 문제점으로 제기되었던 것들이 개입 이론에 대해서도 문제점으로 제기되는 것은 아닌지, 그와 같은 문제점에 대해 개입 이론은 어떤 해결책을 지니고 있는지 등을 살펴보자. 앞서 예로 든 초신성 폭발과 같이 인간이 개입할 수 없는 현상에 대해, 우리는 어떻게 "C를 변화시키면 E를 바꿀 수 있다."를 정당한 주장으로 받아들일 수 있는가? 이에 대한 우드워드의 답변은, 우리에게 예를 들면 뉴턴 역학과 같이 이미 잘 입증된 과학 이론이 주어져 있다는 것이고, 개입주의 인과 주장은 그러한 과학 이론에 의해 정당화된다는 것이다. 행위자 조종 이론이 인과관계에 대한 테스트 과정만큼은 과학자의 실험실 안에 있다고 주장한 것에서 이제 과학자를 더 이상 언급할 필요가 없는 개입 이론은 발전된 과학 자체에 의존할 수 있게 된 것이다.

하지만 이러한 답변에 대해서 다시 다음의 질문이 가능하다. 만약 개입주의가 원인의 변화 및 결과의 변화를 평가하는 인식 주체를 전제하지 않는다면, 이 이론이 반사실적 인과 이론과 대체 무엇이 다르냐는 지적이다. 3장에서 살펴본 것처럼, "만약 C가 일어나지 않았더라면, E는 일어나지 않았을 것이다."라는 반사실적 조건문이 뜻하는 것은, 비록 C는 현실에서 실현되었지만, C가 일어나기 직전까지의 현실의 모든 과거 역사들 그리고 C가 일어나는 순간의 모든 조건들을 현실과 똑같이 고정시킨 수많은 가능한 경우들 중에서, 오로지 C만을 일어나지 않도록 고정시켰을 때 E가 발생하지 않는다는 변화가 뒤따른다는 것이다. 여기서 다른 모든 조건들이 현실과 똑같음에도 C가 발생하지 않는다는 것은 결정론적 법칙하에서는 일종의 기적에 해당한다. 왜냐하면 문제의 그 가능 세계를 현실 세계와 비교해 보니 C가 일어나는 시점까지의 모든 과거가 완전히 똑같다면 그 세계에서도 역시 C는 일어날 수밖에 없을 것이기 때문이다. 하지만 어떤 이유에서인지 그 세계에서는 C가 일어나지 않았고 그에 따라 E가 일어나지 않는 변화가 뒤따를 수 있다. 이 반사실적 조건문이 참이라고 받아들이기 위해서, 우리가 이런 기적을 실제로 일으킬 수 있는 개입 능력이 있어야 한다거나, 혹은 C가 일어나지 않으면서 E가 일어나지 않는 그 가상의 상황을 우리가 원칙적으로라도 경험할 수 있어야 한다는 조건은 필요치 않다. 따라서 반사실적 이론의 '기적'을 개입 이론에서의 '개입'으로 생각한다면, 개입 이론은 반사실적 이론과 아무런 차이가 없다는 것이다.

우드워드도 개입 이론과 반사실적 이론 사이의 유사성을 부정하지 않지만, 두 가지 중요한 차이를 지적하며 개입 이론을 옹호한다. 첫째, 개입 이론은 반사실적 이론과 달리 인과에 대해 환원적 정의를 내리지 않는다. 반사실적 이론은 인과를 가능 세계 사이의 유사성 비교에 의한 반사실적 의존의 판정에 기초하여 해명하는데, 그 과정에서 인과 혹은 법칙적 필연성의 개념은 전혀 포함되지 않는다. 반면에 개입 이론에서 반사실적 조건문의 진위를 판단하는 근거는 우리에게 이미 주어진 잘 확립된 과학 이론인데 그 안에는 이미 인과의 개념이 포함되어 있다. 이 점에서 개입 이론은 환원적 분석을 시도하는 폰 라이트의 행위자 조종 이론과 다르다. (〈상자 6-1〉 참조.)

둘째, 개입 이론은 반사실적 이론을 위협하는 몇몇 문제들로부터 자유롭다고 우드워드는 주장한다. 예를 들어 〈그림 6-6〉에 표현된 베이즈망을 보자.

〈그림 6-6〉 개입 이론과 반사실적 인과 이론

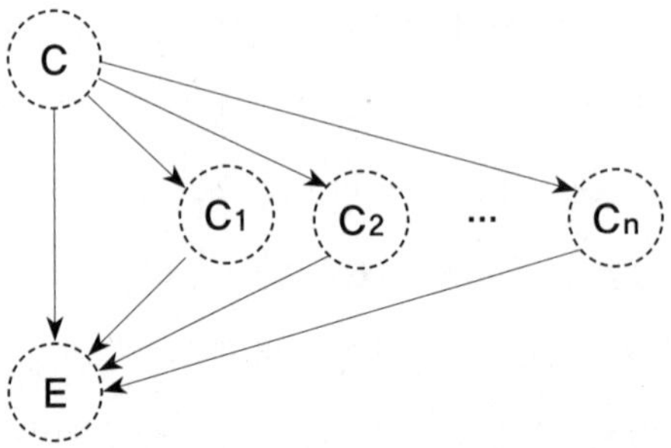

C는 E의 직접적인 인과적 원인이다. 그러면서도 C는 다른 간접적 경로인 C_1, $\cdots$, C_n을 통해서 E를 일으킬 수도 있다. 그리고 다음의 반사실적 조건문은 물론 거짓이다.

만약 C_1, $\cdots$, C_n이 일어나지 않았더라면, E는 일어나지 않았을 것이다.

개입 이론은 이 반사실적 조건문이 거짓이라는 것과 잘 조화된다. 왜냐하면 이 반사실적 조건문의 전건이 참이라면, 예를 들면 C_1, $\cdots$, C_n의 발생을 차단하는 개입이 가해졌더라도, E는 일어났을 것이기 때문이다. 즉, C_1, $\cdots$, C_n이 아닌 C가 E의 발생의 원인이다.

반면에 루이스의 이론에 따르면 위 반사실적 조건문은 부당하게도 참이 되어야 한다고 우드워드는 주장한다. 그 이유를 알아보기 위해 두 가능 세계 w_1과 w_2를 비교해 보자. w_1에서는 단 하나의 기적이 일어나 C가 발생하지 않았다. 그에 따라서 C_1, $\cdots$, C_n도 발생하지 않았으며 E 역시 발생하지 않았다. 반면에 w_2에서는 C가 일어나지만, 모든 간접적 경로 각각에 대해 총 n개의 기적이 일어나서 C_1, $\cdots$, C_n가 발생하지 않는다. 이 세계에서는 E가 일어날 것이다. 두 세계의 기적의 수를 비교하면 w_2가 훨씬 더 많으므로 우리의 현실 세계와 더 유사한 가능 세계는 w_1이다. 따라서 개입 이론과 달리 반사실적 이론에 따르면 위 반사실적 조건문은 부당하게도 참이 된다고 우드워드는 비판한다.

6.5.2 순환성

다음으로 개입 이론을 겨냥하는 두 번째 주요한 비판인 순환성을 생각해 보자. 어째서 개입에 의해 C의 변화를 일으키면 그에 따라 E의 변화가 나타나는가? 이에 대한 가장 직설적이고 명쾌한 대답은, C가 E의 원인이기 때문이라는 것이다. 이는 C와 E 사이의 인과관계에 의해서 개입을 정의하고, 다시 개입에 의해서 인과관계를 정의하는 것이므로 순환적이라는 비판이다.

이 비판에 대한 우드워드의 답변은 다음과 같다. 우리가 원하는 것은 X가 Y의 원인인가를 확인하는 것이다. 이를 확인하기 위해 우리는 개입 I를 통해서 X를 변화시킨다. 그런데 이 과정이 X가 Y의 원인이라는 것을 사전에 전제하고 있다면, 이는 명백한 악성 순환이 될 것이다. 하지만 우드워드에 의하면, 이 과정은 그러한 전제를 필요로 하지 않는다. 이 과정에서 우리가 받아들여야 하는 가정은 다음의 두 진술이 거짓이라는 가정이다.

(ㄱ) 개입 I는 Y의 변화의 원인이다.

(ㄴ) 개입 I는, X를 변화시키지 않으면서 Y의 변화를 일으키는 또 다른 제3의 원인 C의 결과이다.

만약 (ㄱ)이 참이라면 X는 Y의 원인이 되지 못할 것이다. 그리고 만약 (ㄴ)이 참이라면 C는 I와 Y의 공통원인이 될 것이며 따라서 X는 Y의 원인이 아닐 것이다. 앞 6.3절에서 제시된 개입이 만족해야 할 조건 ①~④를 생각해 볼 때 위 두 가정이 배제된다는 것은 분명하다. 특히, (ㄱ)은 ②에 의해서 배제되며, (ㄴ)은 ③에 의해서 배제된다. 아무튼, X가 Y의 원인이라는 점을 개입 I를 통해 확인하기 위해서는, 이 두 가지 경우를 배제한다는 가정 이외에 다른 가정은 필요치 않으며, 따라서 악성 순환에 빠지지 않는다는 것이 우드워드의 답변이다.

물론 이러한 가정들은 인과관계에 관한 진술을 포함한다. 앞서 강조한 것처럼, 개입 이론이 다른 이론들로부터 두드러지는 차이는 인과를 인과 개념을 포함하지 않는 무언가로 환원하지 않는다는 것이다. 우드워드에 따르면 철학의 다른 많은 개념들은, 우리가 그 개념에 대해 순환이 전혀 없는 환원을 제공하는 것이 불가능한 경우에조차도, 그 개념을 포함하는 진술을 그 개념과 연결된 다른 개념들을 포함하는 진술들을 가지고 어떻게 테스트해야 하는지를 우리는 알고 있다. 그러한 개념의 대표적인 예가 '확률'이다. 철학자들은 확률 개념에 대해 완전히 비순환적인 환원을 제공하지 못한다. 그럼에도 불구하고 확률 개념을 포함하는 진술을 어떻게 테스트하고 검증하고 이해해야 하는지 잘 알고 있다. 그러한 테스트는 확률과 관련된 다른 개념들을 포함하는 진술들을 통해 이루어진다는 것이다.

개입 이론으로 대표되는 인과의 조종 이론은 인과의 본질을 환원주의적인 작업을 통해 밝혀내고자 하는 시도를 포기하고, 인과관계를 어떻게 추론할 것인지 등의 실용적인 문제를 다루며 인과의 다양한 특성을 파악하려 한다. 무엇보다도 단 하나의 인과 개념을 포기하고 서로 다른 인과 개념을 구분하여 정의하려는 시도는 자연과학자들과 사회과학자들의 연구 현장에서 환영할 만한 접근 방식이라고 할 수 있다. 지금까지 제시된 여러 인과 이론들이 각자 나름대로의 심각한 난제를 해결하지 못하고 있는 상황에서 다양한 인과 개념을 인정하려는 시도는 올바른 해결 방향이라고 평가할 수 있다.

다양한 학문 분야에서 베이즈망이 널리 활용되는 최근의 상황에서 인과에 대한 철학적 분석 역시 베이즈망을 중심으로 많은 연구가 진행되고 있다. 그것은 베이즈망의 실용적인 성과 때문이다. 베이즈망은 개입주의 인과 이론을 포함한 모든 종류의 인과 이론에 의해서 활용될 수 있다. 이에 확률 인과 이론과 반사실적 인과 이론, 그리고 나아가 과정 인과 이론의 논의도 베이즈망의 활용 방안을 모색하고 있다. 하지만 베이즈망이 아무리 실용적인 성과를 거두었다고 해도 그것만으로는 인과의 본성을 밝히려는 작업이 성공할 수 있다고 단정할 수는 없다. 인과의 본성을 밝혀내려는 작업으로서의 개입주의는 아직 많은 철학적 논의를 남겨두고 있다.

더 읽을거리

개입 이론을 소개하는 대표적인 글과 책은 다음을 들 수 있다.

Woodward, J. (2016), "Causation and Manipulability", *The Stanford Encyclopedia of Philosophy*, Edward N. Zalta (ed.), https://plato.stanford.edu/archives/win2016/entries/causation-mani/

Woodward, J. (2003), *Making Things Happen: A Theory of Causal Explanation*, Oxford Univ. Press.

베이즈망 이론을 소개하는 대표적인 책은 다음을 들 수 있다.

Pearl, J. (2009), *Causation: Models, Reasoning and Inference*, 2nd ed, Cambridge Univ. Press.

Spirtes, P., Glymour, C., and Scheines, R. (2000), *Causation, Prediction and Search*, 2nd ed, MIT Press.

7

남은 문제와 전망

우리는 지금까지 인과의 본성을 밝히려는 대표적인 철학적 이론들을
살펴보았다. 이 책의 마지막 부분인 이번 장에서는 지금까지의 논의를
정리하면서, 우리의 연구가 남긴 문제와 향후 연구의 방향을 가늠해 보
기로 한다. 먼저 우리는 인과 이론이라면 무시할 수 없는 공통원인의
문제에 대해서 그 이론들이 어떻게 답하는지 검토할 것이다. 이런 검토
를 통해서 우리는 그것들의 장단점을 파악할 수 있다. 그다음 우리는
인과에 관한 철학적 논의에서 중요하지만 이 책에서 다루지 않은 몇 가
지 형이상학적 주제를 언급할 것이다.

7.1 공통원인

이제 인과의 다섯 이론을 간략하게 정리하는 차원에서 공통원인의 문
제에 대한 각 이론의 해결책을 평가해 보기로 한다. 이 책에서 검토한
'열대성 저기압의 발생—기압계 눈금 하락—태풍 발생'이라는 공통

원인의 사례를 기억해 보자. 앞에서 다루었던 것처럼 기압계의 눈금이 떨어지는 사건을 E_B, 태풍이 몰아치는 사건을 E_S, 그리고 대기압이 낮아지는 사건을 C_L이라 하고, 아래 그림과 같이 나타내자.

〈그림 7-1〉 공통원인: 기압계의 사례

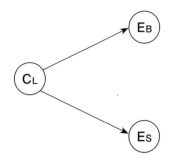

여기서 C_L은 E_B와 E_S의 공통원인이며, E_B와 E_S는 상관관계에 있지만 인과관계에 있지 않다. E_B와 E_S 사이에 인과관계가 있다고 착각하는 것이 바로 공통원인의 문제이다.

규칙성 인과 이론

제일 먼저 소개한 흄의 규칙성 이론에 따르면, 인과관계는 원인과 결과에 해당하는 두 사건 사이의 시간적 선행성과 공간적 근접성, 항상적 결합이라는 세 가지 조건으로 정의된다. 그에 따라, 흄의 규칙성 이론은 "C는 E의 원인이다."를 "C가 일어나면 규칙적으로 E가 뒤따라 일어난다."로 분석했다. 하지만 흄의 이론은 공통원인에 따른 결과들 사이의 관계를 인과관계와 구분하지 못한다는 문제를 지닌다. 즉 흄의 이론은 공통원인의 문제 사례를 두고, "기압계의 눈금이 내려가는 일이 발생하면 규칙적으로 태풍의 발생이 뒤따른다."라고 말하지 말아야 할 명확한 이유를 제시하지 못했다.

흄의 규칙성 이론을 현대적인 이론으로 발전시킨 매키는 "C가 일어나면 규칙적으로 E가 뒤따라 일어난다."라는 흄의 분석에서 찾을 수 있는 규칙성의 의미를 필요조건과 충분조건 등의 상식적인 개념으로 보완했다. 매키는 원인이 갖춰야 할 최소한의 조건으로 INUS 조건을 제시했는데, 여기서 INUS 조건은 대략 말해 어떤 충분조건의 필수 불가결한 요소를 말한다. 이제 공통원인의 문제 사례에 대해 매키의 이론을 적용할 경우, "열대성 저기압의 발생은 기압계의 눈금이 내려가기 위한 어떤 충분조건의 필수 불가결한 요소를 이룬다." 또는 "열대성 저기압의 발생은 태풍이 발생하기 위한 어떤 충분조건의 필수 불가결한 요소를 이룬다."라고 말할 수 있을 것이다. 하지만 이 이론에서도 "기압계의 눈금이 내려가는 일은 태풍이 발생하기 위한 어떤 충분조건의 필수 불가결한 요소를 이룬다."라고 말하는 것을 부정해야 하는 적절한 이유를 제시하지 못한다는 점에서 난점이 있다.

반사실적 인과 이론

두 번째로 소개한 루이스의 전기 반사실적 이론에 따르면, "C는 E의 원인이다."는 "C로부터 E까지 이어지는 인과적 의존의 연쇄가 있다."로 분석된다. 여기서 E가 C에 인과적으로 의존한다는 것은, C와 E가 모두 일어난 사건이면서 "C가 일어나지 않았더라면 E가 일어나지 않았을 것이다."라는 진술이 참이라는 것이다. 루이스는 반사실적 조건문을 가능 세계 의미론을 통해 엄밀하게 분석했고, 그러한 분석에 따라 원인이 발생하지 않았다면 결과의 무엇인가가 달라졌을 것이라고 하는 반사실적 의존관계에서 인과관계의 주요 특징을 찾았다. 하지만 루이스는 반사실적 의존관계를 정교화하는 과정에서 반사실적 의존관계가 그 자체로 인과적 의존관계인 것은 아니라는 점을 분명히 한다. 그러므

로 루이스는 반사실적 의존관계를 인과적 연쇄가 존재한다는 의미로
이해한다. 즉 C가 D_1의 원인이고, D_1이 D_2의 원인이고, D_2가 D_3의
원인이 되는 연쇄 과정이 계속 이어져서 결국 D_n이 E의 원인이 될 때,
C로부터 E로 이어지는 인과적 연쇄가 존재하는 것이고, 그 경우에 인
과적 의존관계가 성립한다는 것이다. 루이스의 반사실적 인과 이론은
"C가 E의 원인이다."를 "C에서 E로 이어지는 인과적 의존의 연쇄가
존재한다."로 정의하게 되는 것이다.

   이제 공통원인의 문제 사례에 대해 반사실적 인과 이론을 적용해 보
면, "열대성 저기압의 발생이 기압계의 눈금이 내려가는 사건의 원인
이다."라는 진술은, 열대성 저기압이 발생하는 사건으로부터 기압계의
눈금이 내려가는 사건에 이르는 인과적 의존의 연쇄가 존재한다는 것
을 의미한다. 열대성 저기압이 발생하는 사건(C_L)과 기압계의 눈금이
내려가는 사건(E_B) 사이에는 여러 가지 사건들(P, Q, R, …)이 시간의
흐름에 따라 발생한다. 만약 C_L이 발생하지 않았더라면 P는 발생하지
않았을 것이고, P가 발생하지 않았더라면 Q도 발생하지 않았을 것이
다. 이와 같은 연쇄가 이어져서 마지막에는 R이 발생하지 않았더라면
E_B가 발생하지 않았을 것이라는 의존관계가 성립한다.

   그런데 우리의 사례에서 열대성 저기압의 형성은 기압계 눈금이 내
려가는 사건과 태풍이 오는 사건(E_S)의 공통원인이다. 하지만 E_B가 E_S
의 원인은 아니다. 이를 반사실적 이론은 다음과 같이 설명한다. E_S와
E_B 사이에는 인과적 의존의 연쇄가 없다. 문제를 간단히 하기 위해, E_S
와 E_B만을 고려해 보자. "만약 E_B가 일어나지 않았더라면 E_S는 일어나
지 않았을 것이다."라는 진술이 참이려면, E_B가 일어나지 않는 가능 세
계들을 비교하면 E_S도 일어나지 않는 가능 세계가 현실 세계와 가장 유
사해야 한다. 하지만 그렇지 않다. 앞에서 논의되었듯이 현실 세계에서

도 기압계의 눈금은 고장이 날 수 있으며 그 경우 자연의 결정론적 법칙에 따르면 눈금이 고장이 나더라도 태풍이 발생하는 것이 현실 세계의 모습이기 때문이다. 따라서 "만약 E_B가 일어나지 않았더라면 E_S는 일어나지 않았을 것이다."라는 진술은 거짓이며, E_S는 E_B에 반사실적으로 의존하지 않는다. 그러므로 E_B는 E_S의 원인이 아니다. 반사실적 이론은 공통원인의 문제에 이상과 같이 대처할 수 있다.

확률 인과 이론

세 번째로 소개한 확률 이론은 "C는 E의 원인이다."를 "C는 E가 일어날 확률을 높인다."로 분석했는데, 그 핵심은 원인과 결과에 해당하는 두 사건 사이의 확률적 독립성과 의존성을 통해 인과관계를 이해한 것이다. 공통원인의 문제 사례에 대해 PTC3에서 규정된 확률 이론에 따르면, '열대성 저기압이 발생한 것'이 '기압계의 눈금이 내려간 것'의 원인이라는 것은 다음 두 가지가 만족된다는 것이다. 첫째, 열대성 저기압이 발생한 것이 기압계의 눈금이 내려가는 것보다 먼저 일어났다는 것이다. 둘째, 어떤 조건에서든 열대성 저기압이 발생하면 기압계의 눈금이 내려갈 확률이 증가한다는 것이다.

그러므로 인과관계가 성립하기 위해서는 어떤 조건에서든 기압계의 눈금이 내려가면 태풍이 발생할 확률이 증가해야 한다. 그러나 열대성 저기압이 발생했다는 조건에서 기압계의 눈금이 내려가는 것과 상관없이 태풍이 발생할 확률에는 변화가 없으므로, 기압계의 눈금이 내려간 것은 태풍이 발생한 것의 원인이라고 말할 수 없다. 여기서 우리는 열대성 저기압 발생, 기압계 눈금 하강, 태풍 발생 사이에는 확률적 차폐 관계가 성립한다는 점에 주목할 필요가 있다. 즉, 열대성 저기압의 발생은 태풍 발생으로부터 기압계 눈금의 하강을 차폐한다. 따라서 공통원인에 대한 확률 이론의 규정 PCT2*의 (iii)에 따라, 기압계의 눈금 하강과 태풍 발생은 하나의 공통원인, 즉 열대성 저기압의 발생을 공통 원인으로 갖는 두 개의 결과라고 보아야 한다.

인과 과정 이론

네 번째로 소개한 과정 이론에 따르면, "C는 E의 원인이다."는 "C로 부터 E로 이어지는 물리적 과정이 있다."로 분석된다. 그 물리적 과정 을 표지의 전달로 설명하려던 새먼의 초기 입장은 표지의 전달이라는 설명 대신 운동량, 에너지, 전하량 등과 같은 물리량의 보존이라는 설 명으로 수정됐다.

공통원인의 문제에 대해 새먼의 이론은 단순히 세 가지 사건 간 확률 적 관계의 해명에 머물지 않고, 그것들 간 실제적인 물리적 과정의 차 이까지를 밝힐 수 있는 장점이 있다. 이 점을 기압계의 사례에 적용해 보면 다음과 같다. 에너지의 전달 과정으로 볼 때, 저기압의 발생과 기 압계의 눈금 작동, 저기압의 발생과 태풍의 발생 사이의 관계는 진정한 인과관계이다. 반면에 기압계의 눈금 작동과 태풍의 발생 사이에는 이 와 같은 에너지의 전달 과정이 없으므로 그것들 사이에 어떤 통계적 상 관관계가 성립하더라도, 그 관계는 진정한 인과관계라고 볼 수 없다.

조종 인과 이론

마지막으로 소개한 조종 이론에 따르면, "C는 E의 원인이다."는 "C 를 조종하면 E를 바꿀 수 있다."로 분석된다. 조종 이론은 인간의 행위 를 통해 원인을 조종할 수 있다는 행위자 조종 이론에서 출발해서 그러 한 원인을 조종할 수 있게 하는 간섭 과정에 인간 행위자를 필요로 하 지 않는 개입주의 이론으로 발전했다.

이제 공통원인의 문제 사례는 조종 이론에 의해 다음과 같이 설명된다. 열대성 저기압을 변화시키는 개입이 있고, 그런 개입 이외의 다른 요소들(특히, 기압계의 눈금)은 고정한다고 하자. 여기서 실제로 인간 능력이 전제될 필요는 없다. 이 경우 그러한 개입과 태풍 발생 사이에는 상관관계가 있으므로 열대성 저기압의 발생은 태풍 발생의 원인이다. 비슷한 개입과 상관관계가 열대성 저기압의 발생과 기압계의 눈금 변화 사이에도 성립한다. 반면에 기압계의 눈금을 변화시키는 개입을 가한다고 하자. 예를 들어 눈금을 손으로 움직이는 것 등이 그러한 개입에 해당한다. 그리고 이 개입 이외의 다른 요소들을 모두 고정한다고 하자. 앞의 경우와는 달리 이런 경우 개입과 태풍 발생 사이에는 상관관계가 없다. 따라서 기압계의 눈금이 내려간 것은 태풍이 발생한 것의 원인이 아니다.

인식적 한계

위에서 볼 수 있듯이, 규칙성 이론을 제외한 다른 이론들은 그들 나름대로 공통원인의 문제를 해명하고 있는 것으로 보인다. 그렇다면, 규칙성 이론을 제외한 다른 이론들에서는 공통원인의 문제가 충분히 해명되었다고 보아야 하는가?

그렇지 않다. 공통원인의 문제는 인간 지식의 한계로 나타난다는 점에서 그것은 비단 인과 이론에 국한되지 않고 귀납 문제를 비롯한 크고 작은 인식적 문제와 관련되어 있다. 공통원인의 문제는 그 본성에서 인과관계와 상관관계를 구별하는 문제이고 그것은 다시 제3의 원인의 존재 여부를 확인하는 문제이다. 우리는 경험을 통해 다양한 상관을 경험하고 그중 일부는 인과관계에 있다고 가정하고, 상관관계로부터 인과법칙을 발견하려고 노력한다. 그러나 흄이 강조했듯이 우리는 인과를 직접 경험하지 못한다. 경험을 통해 드러난 C와 E 사이의 상관관계는 통계적으로 표현될 수 있고, 그런 통계적 상관관계는 C와 E 사이에 성립하는 인과관계에 대한 일반 법칙을 유도하거나 정당화하는 근거로 작용한다. '열대성 저기압의 발생―기압계 눈금 하락―태풍 발생'의 사례에서 볼 수 있듯이, 공통원인이 존재하는 때도 있다.

그러나 어떤 이유로 우리에게 공통원인이 드러나지 않을 수도 있다. 게다가 상관관계와 인과관계를 정확하게 구분할 수 있는지에 대해 논란이 있을 수 있다. 예를 들어, '흡연-폐암'의 경우, 흡연이 폐암의 원인이라는 주장에 대해 담배회사들은 그 둘은 상관관계에 있을 뿐 인과관계에 있는 것은 아니라고 주장하기도 한다. 다시 말하면 흡연과 폐암을 동시에 일으키는, 아직 과학적으로 밝혀지지 않았거나 인간이 결코 알 수 없는, 제3의 원인이 존재한다는 것이다. 담배회사의 주장에 따르면, 그런 공통원인은 흡연뿐만 아니라 폐암을 야기하지만, "흡연이 폐암을 야기한다."라고 주장하는 것은 마치 "기압계 눈금의 하락이 태풍 발생을 야기한다."라는 주장처럼 불합리하다.

이런 상황을 고려하면, 우리는 대립하는 두 가지 주장의 진위가 공통원인의 존재 여부에 달려 있으므로 공통원인의 존재 여부를 판정하는 기준이 필요하다는 것을 알게 된다. 우리는 앞에서 그런 기준으로서 라이헨바흐가 제시한 차폐원리를 살펴보았는데, 그 원리의 문제점은 차폐관계가 성립하는 두 가지 경우, 즉 D가 C와 E의 공통원인인 경우와 D가 C와 E를 인과적으로 매개하는 경우를 경험적으로 결정하는 것이 어렵다는 것이다. 이 지점에서 인간 인식의 한계가 드러난다.

이처럼 공통원인의 문제는 인과 이론만의 문제가 아니라 인간의 인식능력에 관한 문제이고, 이는 다시 세계의 구조에 대한 이해와 관련된다. 우리는 이 책에서 인과 실재론자의 입장을 취해 왔으며, 공통원인

의 문제에 대해 제시된 위의 분석은 그런 입장에 따른 것이다. 실재론
의 입장에서 보았을 때 공통원인의 문제는 인간의 인식능력의 한계 때
문에 해결 불가능한 문제이다. 반면 우리는 반실재론자의 입장에서 인
과성을 세계의 내재적 구조가 아니라 인간이 세계를 경험하기 위한 선
험적 범주로 보고, 공통원인의 문제를 구성주의 관점에서 접근할 수도
있다.

7.2 형이상학적 문제들

지금까지 우리는 다섯 가지 인과 이론이 공통원인의 문제를 어떻게 다
루는지 확인했다. 그 이론들은 대개 인과 진술의 정의를 제시하려는 시
도라고 할 수 있는데, 인과관계에 대한 철학적 논의에는 이런 주제만
있는 것이 아니다. 우리의 논의에서 종종 언급되었지만 충분히 다루지
않은 형이상학적 주제로 다음과 같은 것들이 있다.

인과의 관계항

인과를 원인과 결과 사이의 관계로 이해한다면, 원인과 결과의 역할
을 하는 것은 무엇인가? 인과의 관계항(relata)은 인과관계에서 원인과
결과의 자리를 차지하는 것을 말하는데, 그것이 정확히 무엇인지 하는
문제는 인과의 형이상학에서 주로 다루는 주제 가운데 하나이다. 이 책
에서 우리는 그것을 사건(event)으로 가정하고 논의해 왔는데, 그것이
표준적인 입장이다(1.3절 참조). 반사실적 이론이나 확률 이론 또는 조
종 이론에서는 이러한 가정에 대해 특별히 반대하지 않겠지만, 흄은 그
것을 대상이라고 생각했고, 무엇보다 과정 이론에서는 그것을 전혀 다
른 방식으로 파악해야 한다고 주장했다. 즉 과정 이론에서는 원인과 결

과가 사건 간의 관계가 아니라 과정들이라고 분석했다. 원인과 결과는 과정에 포함되는 것이라고 본 것이다. 그 외에도 인과의 관계항을 사실 (facts), 사태(states of affairs), 상황(situations), 측면(aspects) 등으로 보는 다양한 입장이 있다.

인과의 관계항을 무엇으로 파악하는지는 인과의 본성을 탐구하는 작업에서 흥미로운 실마리가 될 수 있다. 인과 진술을 유형(type)과 개별자(token)의 구분에 따라 "열대성 저기압의 형성은 태풍 발생의 원인이다."와 같은 법칙 인과와 "존 윌크스 부스가 권총을 발사한 것은 링컨 대통령의 사망 원인이다."와 같은 개별 인과를 구분할 때, 무엇이 더 근본적인 인과 진술인지 물어볼 수 있다. 관계항을 사건으로 보면 개별 인과가 더 근본적이라고 주장하는 견해가 있다. 이 견해에 따르면, 법칙 인과는 개별 인과의 일반화를 통해 구성된다. 그러나 인과의 관계항을 사건이 아니라 사실로 보는 견해에 따르면, 법칙 인과를 더 근본적이라고 보기 쉽다. 그것은 관계항을 사건으로 볼 때 나타나는 문제점, 예를 들어, 동시에 발생하는 사건들을 개별화하는 문제, 중복되는 사건들을 구분하는 문제, 사건의 본질적 성질과 우연적 성질을 구분하는 문제들을 피할 수 있는 장점이 있다. 이러한 논의는 그 나름대로 흥미로운 주제이지만, 우리는 이 책에서 인과관계를 직접 이해하려고 시도했고, 법칙 인과와 개별 인과 중 무엇이 더 근본적인가라는 문제에 대해서는 중립적 입장을 취했다.

인과의 실재성

인과는 마음 밖 세계에 실재하는가, 아니면 단지 마음의 구성물에 불과한가? 이 질문에 대한 대답에 따라 인과 실재론과 반실재론이 구별된다. 흄은 일반적으로 인과 실재론자라고 이해되어 왔지만, 인과 관념은 자연이 아니라 전적으로 마음속에 존재한다고 주장했다는 점에서 그는 인과 반실재론자로 분류될 수도 있다. 인과의 실재성과 관련하여, 규칙성 이론, 반사실적 이론, 과정 이론, 조종 이론은, 그것들이 어떤 형태로 제시되건 간에, 모두 인과 실재론에 속한다. 반면에 확률 이론은 배경이 되는 확률 이론에 따라 인과 실재론이 될 수도 있고 그렇지 않을 수도 있다. 확률을 세계의 객관적 특성으로 보는 빈도 이론(frequency theory)이나 성향 이론(propensity theory)에 기반을 둔 확률 이론은 인과 실재론을 지지하지만, 확률을 개인의 '믿음의 정도'라고 보는 베이즈주의에 기반을 둔 확률 이론은 인과 비실재론을 표방하게 될 것이다. 인과 실재론에 따르면, 우리가 검토한 다섯 가지 이론들은 인과를 제대로 설명하는지에 따라 참의 정도가 달라질 것이다. 그중 어떤 이론은 상대적으로 다른 이론들에 비해 참일 가능성이 크지만 다른 이론은 상대적으로 다른 이론들에 비해 거짓일 가능성이 크다. 이와 반면에 인과 비실재론에 따르면 인과는 우리가 세계를 이해하기 위한 서로 다른 이론적 도구이므로 인과 이론들은 참과 거짓의 기준이 아니라 세계를 이해하기 위한 '유용성'의 기준에 따라 평가될 것이다. 우리는 이 책에서 인과를 객관적 확률과 인과 실재론적 입장에서 논의해 왔다.

역행인과와 심성인과

역행인과(backward causation)는 문자 그대로 결과가 원인에 시간상으로 선행하는 경우에 성립한다. 다시 말하면, C가 E의 원인이지만, E가 C보다 시간상으로 앞서 있다. 흔히 역행인과는 인과의 비대칭성(asymmetry)과 내용상 같거나 그것에 의해 함축되는 것으로 이해되고 있는데, 그 두 가지는 구별되어야 한다. 인과의 비대칭성은 "C가 E의 원인이라면, E는 C의 원인이 될 수 없다."라는 것을 의미한다. 흄은 인과의 방향과 시간의 방향이 일치한다고 주장함으로써 역행인과의 가능성을 부정했지만, 인과의 비대칭성이 반드시 역행인과의 불가능성을 함축하지는 않는다는 점이 드러났다. 다시 말하면, 인과의 비대칭성이 성립하더라도 역행인과는 성립할 수 있다.

우리는 이 책에서 물리적 세계에서 성립하는 인과, 즉 물리적 인과(physical causation)를 중점적으로 다루었다. 그런데 인과에 대한 이론 중 상당수는 심성인과(mental causation)를 논의하고 있다. 심성인과는 마음과 세계 사이에 성립하는 인과로서, 마음속 믿음 사이에 성립하는 인과와 믿음과 행위 사이에 성립하는 인과를 총칭한다. 심성인과는 크게 몸으로부터 마음으로 진행하는 인과와 마음으로부터 몸으로 진행하는 인과로 구분된다. 일반적으로 전자를 상향인과(upward causation), 후자를 하향인과(downward causation)라고 한다. 환원적 물리주의에 따르면, 인과는 물리계에서만 작용하므로 몸 상태는 마음 상태에 인과적 영향을 미칠 수 있지만, 그 역은 성립하지 않는다. 김재권은 "물리적 사건 E가 시점 t에서 발생적 원인을 갖는다면, E는 t에서 발생한 물리적 원인을 갖는다."라는 인과적 폐쇄 원리(Principle of causal closure)와 "물리적 사건 E가 시점 t에서 C를 충분 원인으로 갖는다면, 인과적 중복 결정의 사례가 아닌 한, C와 구별되는 어떤 사건도 t에서 E의 원인이 될 수 없다."라는 인과적 배제 원리(Principle of causal exclusion)를 중심으로 물리적 환원주의의 불가피성을 정당화하고, 하향인과의 불가능성을 주장했다. 이처럼 환원적 물리주의가 하향인과를 강력히 부정하고 있음에도 불구하고 하향인과는 역사학, 심리학, 생물학과 같이 생명체의 행위를 연구하는 분야에서는 그 필요성을 인정받아 왔다. 그러나 하향인과를 인정하면 에너지 보존 법칙과 같은 물리학의 기본 법칙들이 무너지기 때문에 하향인과의 가능성은 현재 우리가 가진 과학의 타당성을 위협하는 중요한 위험 요소이다.

7.3 전망

앞으로 인과에 대한 논의는 어떤 방향으로 전개될 것인가? 우리는 이 질문에 대해 크게 두 가지 방향을 가늠해 볼 수 있다. 첫째, 인과의 본성을 다루는 형이상학적 연구는 지속될 것으로 전망된다. 둘째, 인과의 본성을 탐구하되 그 접근 방식은 확률 이론, 과정 이론, 조종 이론에서 구체화하고 있듯이 전통적인 형이상학적 탐구와는 구분되는 방법론적 접근이 강화될 것으로 전망된다. 무엇보다도 베이즈망 및 빅 데이터를 활용한 연구가 널리 주목받고 있기에 여기서 베이즈망 연구를 간단히 살펴보기로 한다(6.4절 참조).

인과에 대한 우리의 논의를 통해 드러난, 인과의 본성에 관한 또 다른 문제로 세계의 구조가 있다. 그 문제는 세계의 구조가 결정론적인지 아니면 비결정론적인지에 관한 것이다. 이 책에서 논의된 인과 이론 중 규칙성 이론은 결정론적 세계를 전제로 하고 있지만, 확률 이론은 비결정론적 세계관에 바탕을 두고 있다. 나머지 이론들은 그 두 가지 중 어느 하나에 속할 수 있다. 세계에 관한 확률적 접근은 고전역학과 양자역학의 사례에서 볼 수 있듯이 이론적으로 결정론적 접근보다 더 완전한 이해를 낳는다고 볼 수도 있지만, 인과에 대한 확률적 접근의 경우는 사정이 다르다. 인과에 관한 확률 이론은 비결정론적 세계관을 전제로 하므로 방법론적 차원에서 마땅히 그런 접근에 부합하는 인과 이론을 제시해야 하는데 실제로는 그렇지 못하다. 확률 이론이 현재까지 제시한 방법론적 이론 중 가장 유력한 이론은 사회과학, 생의학, 인공지능 분야에서 활발히 논의되고 활용되고 있는 인과 모형 이론과 베이즈망 이론이다.

6장에서 보았듯이, 베이즈망 이론은 탐구 공간을 구성하는 사건의 발생 여부에 대응하는 변수 간 성립하는 확률적 관계를 이용하여 그 변수 간 성립된다고 가정되는 인과관계를 추리하는 데 이용된다. 여기서 우리는 베이즈망 이론이 확률 이론뿐만 아니라 과정 이론이나 조종 이론에서 중요한 발견법으로 활용될 수 있다는 점을 알게 된다. 베이즈망 이론은 몇 가지 핵심 원리를 갖고 있는데 그중 가장 중요한 것은 인과적 마코프 조건이다. 인과적 마코프 조건에 따르면, 인과 그래프에서 나타난 모든 확률적 의존성은 인과관계를 함축하게 된다(《상자 6-2》 참조). 인과적 마코프 조건은 공통원인의 원리를 함축한다는 점에서 베이즈망은 적어도 결정론적 세계에서의 인과에 대한 믿을 만한 설명을 제공한다. 이는 곧 인과 그래프를 통해 인과관계를 파악하는 것이 결정론적 세계에서는 가능하다는 견해다. 그러나 5장에서 언급되었듯이, 양자 세계와 같은 완전히 비결정론적 체계에서 그 조건이 성립하는지는 분명치 않다. 인과적 마코프 조건은 변수 간 확률적 독립성을 전제로 하여 인과를 규정하기 때문에 그런 독립성이 충족되지 않으면 적용될 수 없다. 예를 들어, 카트라이트는 인과는 본질에서 확률적으로 작동한다고 보고 결과적으로 인과적 마코프 조건은 양자 상태에서는 성립될 수 없다고 지적한다.

지금까지의 논의를 정리하면, 우리가 논의한 이론들은 방법론적 차원에서 결정론적 세계에서 성립하는 인과관계를 잘 설명할 수 있지만, 비결정론적 세계에서 성립하는 인과를 제대로 해명하지 못한다는 한계를 지닌다. 인과 이론이 형이상학적 차원을 넘어 방법론적 차원에서 사건 또는 사실 사이의 인과관계를 설명하기 위해서는 현재까지 개발된 베이즈망 이론을 넘어서는 이론 체계가 필요하다.

그리 많지 않은 분량의 책에서 인과에 관한 모든 이론을 다루는 것은 사실상 불가능한 일이다. 우리는 이 책에서 인과에 관한 이론 중 대표적 이론을 선택하여 그 중심 내용을 검토하고, 문제점을 드러내고, 그것들 간 연관성을 제시하고자 했다. 지금까지 논의를 통해서 이런 제한적인 목표도 모두 달성하기가 어렵다는 점이 드러났다. 그렇지만 우리는 이것이 우리의 문제라고 생각지는 않는다. 인과는 일상적 담론뿐만 아니라 과학, 철학, 종교 등의 다양한 맥락에서 사용되고 있지만, 누구도 인과에 관한 표준적 이론을 제시하지 못하고 있다는 점을 고려하면, 우리의 도전은 인과에 관한 '표준적 이해'를 지향하는 작은 발걸음으로 이해되어야 한다.

| 찾아보기 |